大学生劳动教育与实践

郑耿忠 袁德辉 冯健文 主编

清华大学出版社
北京

内 容 简 介

本书依据教育部《大中小学劳动教育指导纲要（试行）》编写，系"广东省深化新时代教育评价改革试点项目"之劳动教育清单试点项目建设成果。以培养大学生劳动素养为导向，分为理论和实践两部分，包括劳动素养与劳动价值观、劳动精神、劳动关系与法规、劳动安全保障、劳动教育管理与评价以及劳动实践。本书特色在于重视劳动素养，强化劳动教育清单内容与实践，覆盖劳动教育评价与信息化管理，理论与实践相结合，可操作性强。

本书可用作本科和高职院校劳动教育课程教材，也可供劳动教育教师和学者研究借鉴。

图书在版编目(CIP)数据

大学生劳动教育与实践/郑耿忠，袁德辉，冯健文主编. —北京：清华大学出版社，2022.9(2025.8重印)
ISBN 978-7-302-61939-0

Ⅰ.①大… Ⅱ.①郑… ②袁… ③冯… Ⅲ.①大学生－劳动教育 Ⅳ.①G40-015

中国版本图书馆 CIP 数据核字(2022)第 176128 号

责任编辑：贾　斌
封面设计：常雪影
责任校对：申晓焕
责任印制：杨　艳

出版发行：清华大学出版社
　　　　网　　址：https://www.tup.com.cn, https://www.wqxuetang.com
　　　　地　　址：北京清华大学学研大厦 A 座　　邮　　编：100084
　　　　社 总 机：010-83470000　　　　邮　　购：010-62786544
　　　　投稿与读者服务：010-62776969, c-service@tup.tsinghua.edu.cn
　　　　质量反馈：010-62772015, zhiliang@tup.tsinghua.edu.cn
　　　　课件下载：https://www.tup.com.cn, 010-83470236
印 装 者：大厂回族自治县彩虹印刷有限公司
经　　销：全国新华书店
开　　本：185mm×260mm　　印　张：10　　　　　　字　　数：239 千字
版　　次：2022 年 9 月第 1 版　　　　　　　　　　印　　次：2025 年 8 月第 6 次印刷
印　　数：27001～30000
定　　价：45.00 元

产品编号：098240-01

编　委　会

　　劳动教育是以促进学生形成劳动价值观、养成良好劳动素养和促进学生全面发展为目的的教育活动。习近平总书记在 2018 年中国教育大会上提出要"培养德智体美劳全面发展的社会主义建设者和接班人"。2020 年教育部《大中小学劳动教育指导纲要(试行)》提出了劳动教育的总体目标:"全面提高学生劳动素养,树立正确的劳动观念,培养积极的劳动精神,具备必备的劳动能力,养成良好的劳动习惯与品质。"这表明劳动素养成为大学生核心素养的必要组成部分。

　　为深入贯彻落实《中共中央、国务院深化新时代教育评价改革总体方案》《中共中央、国务院关于全面加强新时代大中小学劳动教育的意见》和教育部《大中小学劳动教育指导纲要(试行)》等文件精神,韩山师范学院制定了《加强劳动教育实施方案(试行)》,积极开展劳动教育评价工作,引导学生崇尚劳动、尊重劳动、热爱劳动,"基于劳动素养的劳动教育清单制度及评价方式改革"项目入选广东省深化新时代教育评价改革试点项目。该项目以习近平新时代中国特色社会主义思想为指导,围绕落实立德树人根本任务,聚焦劳动教育融合理念、劳动教育融合机制和劳动教育融合评价方法,以"劳动教育"为引领,将劳动教育融入全员全过程全方位育人格局,实现"以劳树德、以劳增智、以劳强体、以劳育美和以劳促创",构建"马克思主义劳动观教育＋个性化劳动＋集体劳动＋特色劳动"的劳动教育清单制度和劳动教育评价机制,培养学生勤俭、奋斗、创新、奉献的劳动精神,增强学生生存发展需要的基本劳动能力,形成良好的劳动习惯,促进学生形成正确的世界观、人生观、价值观。

　　基于上述时代背景、政策要求和研究成果,本编写组成员合作编写了这部教材,以满足高等院校开展劳动教育需要。本教材以培养大学生劳动素养为导向,分为理论和实践两部分,包括劳动素养与劳动价值观、劳动精神、劳动关系与法规、劳动安全保障、劳动教育管理与评价以及劳动实践。本书特色在于重视劳动素养,强化劳动教育清单内容与实践,覆盖劳动教育评价与信息化管理,理论与实践相结合,可操作性强。

全书由郑耿忠、袁德辉、冯健文整体策划、制订提纲、统稿和定稿。各章分工如下:第一章由郑耿忠、袁德辉、吴晓纯编写,第二章由郑耿忠、冯健文、杨伟荣编写,第三章由袁德辉、许程明编写,第四章由钟广宏编写,第五章由冯健文、吴晓纯编写,第六、七章由冯健文、丁晓萍编写,第八章由丁晓萍、吴丹英编写,附录部分由冯健文、丁晓萍、吴晓纯整理。

本教材是在清华大学出版社相关领导和专家、编辑的信任、指导、支持和帮助下完稿并出版,同时,本教材是 2021 年度广东省高校思想政治教育课题"五育融合视域下高校劳动教育协同育人机制研究"(2021GXSZ068)的研究成果,也参考了国内劳动教育研究及相关教材。在此,谨致谢意!

郑耿忠　袁德辉　冯健文

于 2022 年"五一"国际劳动节

目录

CONTENTS

第一部分 五育融合

第一部分

五育融合

第一章

劳动与劳动教育

学习目标

1. 掌握劳动的概念、分类；
2. 理解劳动的本质；
3. 理解劳动发展观及新时代劳动形态；
4. 掌握新时代劳动教育的重要论述；
5. 掌握劳动教育的发展和基本内涵；
6. 了解劳动教育五育融合的理念；
7. 掌握劳动教育五育融合观与人的全面发展的关系。

第一节　认识劳动

一、什么是劳动：劳动的本质

劳动的形式包罗万象，我们如何认识劳动呢？不同的标准不同的维度下劳动的分类各不相同，但劳动的本质并没有变。我们需要用科学的眼光看待劳动，用科学的方法研究劳动的形态和劳动发展。那么新时代的劳动是怎样的劳动？本节通过阐述劳动、劳动的分类及劳动本质、劳动形态发展到新时代劳动的重要论述，从现象到本质，从过去到未来，让我们逐步对劳动形成清晰正确的认识。

（一）劳动的概述

人类有史以来，一直都在劳动，但古代并没有"劳动"这个概念，只有"洒扫""耕织""渔猎"等表示具体劳动形式的说法。从人类发展的历史看，早期的劳动主要还是指体力劳动，随着生产力的发展和提高，原始社会后期出现了人类社会历史上的第一次大分工——畜牧业与农业。农牧业分工为社会分工的进一步发展奠定了基础，有力推动了商品交换的发展，随着青铜器和铁器的应用，生产力水平得到发展，原始社会末期发生社会历史上第二次大分工——手工业和农业的分工，这次分工使得劳动生产率提高，生产规模扩大。以交换为目的的商品生产开始出现。商品交换规模扩大，品种增多，生产者和消费者之间直接的产品交换需要中间人——商人,商人的出现,脑力劳动开始从体力劳动中分离出来。这是人类历史上的第三次社会大分工。

由此可见,人类根据自己的客观需要,有目的地加工改造自然界,解决吃喝住穿等基本生存问题,克服自然界赋予自然食物不足的困难,出现了畜牧业和农业,为了制造人类从事畜牧业农业的生产工具,由原始石器到金石并用发展到青铜铁器,产生了手工业。为了满足不同劳动群体劳动和不同生活需要,开始了物品交换的商业活动。人类的生存和发展都以劳动为前提。劳动是人类社会最普遍的活动。

劳动是人们自身活动引起、调整和控制物质变换的过程,为了占有自然物质,人们通过对自身生活有用的形式来使用身上的自然力,比如头、手、臂、腿运动起来,并通过这种运动作用改变自然和人自身的自然。

《辞海》中对劳动的定义为:"人们改变劳动对象使之适合自己需要的有目的的活动,即劳动力的支出或使用,是人类社会存在和发展的最基本条件,在人类形成过程中起了决定性作用。人类的祖先类人猿经长期劳动实践才变成制造工具的人,劳动者的劳动表现为奴隶劳动、农奴劳动和雇佣劳动,是不同性质的受剥削的劳动;在社会主义公有制下,劳动者成了国家和企业的主人,不再受剥削;进入共产主义后,劳动不仅是谋生的手段,而且将成为人们生活的第一需要。"

随着社会的发展,劳动将成为人类的第一需要。劳动是人类赖以生存和发展的基础,是人类有目的地能动地借助于一定的生产工具作用于劳动对象的社会实践活动,劳动对人类社会发展起推动作用。

李申俊认为:"劳动就是人们耗费一定的劳动力进行的创造物质财富和精神财富的活动,是人类生存和发展的最基本的条件。"[①]陈俊宏以劳动的物质规定性和社会规定性为依据,将劳动表述为:"劳动是人们在一定的社会关系下,制造和使用工具来改造自然物,使其满足自己需要的有目的的活动。"[②]李太森则认为:"劳动是人类通过改变外在与劳动主体的客观条件以满足人类生存、发展、享受等多层次消费需要的有目的的体力和脑力劳动。"[③]

综上,劳动是在一定的社会关系中,人类实现人和自然条件的物质变换,以满足人类需要的有目的的创造物质财富和精神财富的社会实践活动。

(二)劳动的分类

在马克思主义劳动理论中,如生产衣服的活动,涉及生产的目的、操作方式、操作对象、操作手段和操作结果,这样的一种生产活动,我们通常称之为劳动。但不同历史时期,由于生产关系以及生产力发展水平的不同,生产的目的、方式、对象、手段和结果等也大不相同。而生产出来的结果在不同程度上具有有用的效果这一特征,尽管可能不是具体的劳动产品,比如理发师的劳动使得他人的发型整洁而美观的有用效果。

按照不同方式标准,劳动主要可以分为以下几类:

(1)按劳动的复杂程度不同,可以分为简单劳动和复杂劳动。简单的劳动是在一定的社会条件下不需要经过特别的专门训练,每个普通劳动者都能从事的劳动。复杂劳动是需

---

① 李申俊.劳动的定义应该是什么?[J].国内动态哲学,1981(10):27-29.

② 陈俊宏.论马克思主义劳动概念的形成及其在创立唯物史观过程中的作用[J].哲学研究,1984(5):9-16,23.

③ 李太森.刍论劳动范畴[J].汉江论坛,2003(1):41-45.

要经过专门学习和训练,从而在技术上比简单劳动复杂的劳动。复杂劳动可以折合为若干倍简单劳动,耗费较少时间的复杂劳动生产的产品可以与耗费较多时间的简单劳动生产的产品等价交换。在同等时间里,复杂劳动比简单劳动能创造更多的价值,原因在于:从事复杂劳动的劳动力需要花费更多的劳动才能被生产出来,是一种较高级的劳动力。

(2)按劳动力的消耗方式不同,可以分为体力劳动和脑力劳动。

体力劳动是劳动者以运动系统为主要运动器官的劳动,是劳动最基本、最一般、最直接的形式,也是最初的形式。

而脑力劳动是对人的脑力的消耗的劳动,劳动者生产中运用的是智力、科学文化知识和生产技能的劳动,也是质量较高的复杂劳动。

(3)按劳动者的技术、操作水平的差别,可以分为熟练劳动和非熟练劳动。

(4)按劳动的存在方式不同,可以分为潜在形态的劳动,即人的劳动力;流动形态的劳动,即劳动力的实际消耗过程;凝结的劳动,即劳动成果。

(三)劳动的本质

劳动是人类区别于其他动物的本质活动。马克思在《资本论》中指出:"劳动首先是人和自然之间的过程,是人以自身的活动来中介、调整和控制人和自然之间的物质变换的过程。"从哲学层面上讲,劳动是人的本质,是人的自我实现。从经济学上,强调劳动是人类改造自然的物质活动,是满足人的需要、创造物质价值的活动。在漫长的人类发展岁月中,劳动范围的扩大和感知器官的发育导致产生越来越多的信息,这些信息的处理需要大脑来处理,随着大脑的发育和语言的发展,人类发展出区别于原始类似猿猴群居狩猎的生存方式,创造出满足需要的各种行业,如农业、畜牧业、纺织、冶金等。这些是所有动物模仿中所不能比拟的。

1. 劳动是人类有目的的活动

劳动是人类主观能动性的表现,人的对自然界的改造是经过事先认知和思考判断的,区别于动物,是人类的本质属性,动物只能被动地适应自然,利用自然界,简单地通过自身的存在在自然界中引起变化;人类是主动地改造自然,通过自己的改变使自然更好地满足人的需求,支配自然界。虽然蜘蛛的活动与织工的活动有异曲同工之妙,蜜蜂筑巢的本领让人类建筑师惊叹,但是最普通的织工和建筑师与之不同的是,从一开始,就已经在自己的头脑中构建了织图或房屋的表象,这种有意识、有目的的劳动不仅使自然物发生变化,同时还形成观念、计划,引导自然物实现自己的目的。如老牛耕田,牛直接耕了田,却不是以耕田为目的,而是为了吃草生存。而人是有目的地通过对自然界土地的认知及自然规律的了解,引导牛耕田,从而达到自己的目标。只有人类社会才存在真正意义上的劳动,因为人类具有明确的目的性,劳动是人类社会存在和发展的基础。劳动是人类活动的一种特殊形式,在商品生产体系中,劳动是劳动力的支出和使用。无论如何变更劳动的方式,劳动本质方式都是劳动力的消耗,尤其本质的特征。马克思这样定义:"劳动力的使用就是劳动本身。劳动力的买者消费劳动力,就是叫劳动力的卖者劳动。"

2. 劳动是人和自然之间的物质变换

劳动是由人们自身活动引起、调整和控制物质变换的过程,为了占有自然物质,人们通过对自身生活有用的形式来使用身上的自然力,比如头、手、臂、腿运动起来,并通过这种运动作用改变自然和人自身的自然。马克思指出:"任何一种不是天然存在的物质财富要素,总是必须通过某种专门的,使特殊的自然物质适合于特殊的人类需要的、有目的的生产活动创造出来。因此,劳动作为使用价值的创造者,作为有用劳动,是不以一切社会形式为转移的人类生存条件,是人与自然之间的物质变换,即人类生活得以实现的永恒的自然必然性。"

3. 劳动是制造使用价值的活动

马克思指出:"劳动力的使用就是劳动本身。"而劳动力则被理解为"一个人的身体即活的人体中存在的、每当他生产某种使用价值时就运用的体力和智力的总和"。劳动的过程就是个体运用其智力和体力的过程。正是在这个过程中,人不仅改变着自然对象,同时人自身的自然也得到了重塑和改善。人的身体活动目的是使对象物发生形式上的改变,劳动要素的不同组合形成不同的劳动形式。这些不同的形式都是体力作用于自然物的方式,即人借助一定的工具使物发生形式上的改变,从而使形式得到改变的物成为对人来说有用的东西。物品之所以有价值,是因为它们都凝结着劳动。

(四)劳动科学

劳动科学是人类在认识和改造自然的过程中,通过观察、思考、抽象和概括劳动的本质以及人的劳动实践同周围事物的现象之间的关系而逐渐形成和不断完善的。劳动科学以揭示劳动全面规定为目的,是对人的本质的深刻探索。劳动科学作为一个科学系统,是以人类劳动为研究对象,从不同学科角度对劳动问题及其发展规律,以及与劳动问题密切相关的社会关系进行分门别类地研究,从而形成的一个系列的各具专业特色的学科群。根据各门学科的基本属性进行划分,可以将劳动科学视域下的各门具体的劳动学科按其同上层建筑、意识形态与经济基础的关系,相应地划分为三类:一类为劳动理论学科,如劳动哲学、劳动伦理学、劳动美学、劳动文化学、劳动未来学等;一类为具有工具意义的可操作性的劳动学科,如劳动法学、劳动保险学、劳动统计学、劳动心理学、劳动生理学、劳动卫生学、劳动保护学、劳动定额学等;还有一类是介于两者之间的劳动学科,这些学科的共同特点是既有理论色彩,也有可操作性,如劳动经济学、劳动社会学、劳动管理学、社会保障学等。需要提及的一点是:这种划分还可以继续进行下去。比如,劳动经济学和劳动法学作为劳动科学领域的具体学科,其外延广泛。劳动经济学是一门与劳动者经济利益密切相关的学科,它覆盖了一切同劳动问题密切相关的经济现象,因此,劳动经济学还可以继续划分为劳动就业学、劳动报酬学等更加具体的、专业更强的学科。

二、劳动形态的历史变迁与劳动发展观

劳动离不开劳动工具,是人们认识世界和改造世界的实践活动。随着劳动工具的发展和多样性,使得现代社会中的劳动形态也是多样的。工业革命前的劳动工具,主要表现为人体器官的功能放大或延伸,因此可以将其统一归为手工劳动工具。两次工业革命的推进,劳动工具从手工劳动工具发展到机械化发展工具。机械化劳动工具的进一步发展促进了智能化劳动工具的出现与升级。据此,人类劳动的形态可分为手工劳动形态、机械化劳动形态和智能劳动形态。

"劳动"是一个动态、发展的概念。当代,劳动形态变迁已发展到多元化并存的状态,主要推力是科技的不断发展和人的需求的日益丰富多样化。党的十九大报告会指出:"中国特色社会主义进入新时代,我国社会主要矛盾已经转化为人民日益增长的美好生活需要和不平衡不充分的发展之间的矛盾。"人类社会发展的历史,实际上是一部以人类劳动实践为

基础的变迁史。

（一）手工劳动与当代形态

手工劳动是劳动最初、最重要的表现形式之一。手工劳动是指人运用劳动器官或借助手工工具而开展的劳动。人的劳动器官包括手、臂等身体部位,手工工具则指人可以直接从自然界取用的工具或对自然物予以改造所生产的工具,如木棍、铁锤等。

人可以直接决定手工工具的运动,并随意改变工具的运动状况或随意中断劳动过程,通过手工工具的中介作用,劳动者改造自然界的过程,是"手—工具—物",手工工具本质上是躯体的延伸或器官的外化。在手工劳动中,劳动者相对于手工工具而言占据主导地位。

随着手工劳动的不断发展,也带来了技术的不断分化。虽然手工劳动的劳动过程主要是劳动者自然力量的付出,但根据使用工具程度的差异,可以将手工劳动大致分为3类:完全手工或使用简单工具进行的简单手工劳动、使用半机械的简单手工劳动、精细复杂的手工劳动。首先,完全手工或使用简单工具进行的简单手工劳动需要一定的劳动技术,但更多的是需要付出体力,劳动效果主要取决于劳动者自然力量的付出情况。其次,使用半机械的简单手工劳动的开展需要依靠工具,但工具往往又需要人手直接操纵。相对于完全手工或使用简单工具进行的简单手工劳动,半机械的简单手工劳动更需要劳动者与劳动工具的配合,劳动生产率一方面受到工具本身的制约,另一方面也受到劳动者熟练程度与体力的限制。最后,精细复杂的手工劳动虽然使用的劳动工具并不一定非常复杂,但却可以加工较为复杂的劳动对象,能够生产出技术水平较高、附加值较高的产品。手工劳动的不断发展,也带来了劳动组织形式的变化。手工劳动最初是完全手工或依靠简单工具进行的小规模手工劳动,主要以家庭为单位。伴随技术的不断发展、劳动分工的不断细化,手工工场作为新的手工劳动组织形式出现。通过行业内的分工协作,劳动生产率得到较大的提高,生产部门不断增加,生产规模不断扩大。

伴随社会生产力的不断发展,新型劳动工具的不断涌现,手工劳动逐渐减少成为不可避免的趋势,但手工劳动并不是落后的代名词。在很大程度上,手工劳动与其他劳动形态具有很大的互补性。当前,手工劳动日益表现出更加人性化与个性化的新趋势,人们已不仅仅将其视为谋生手段,而更多地将其视为展示个性的途径。手工劳动能够充分接纳和体现劳动者的创意,满足人们日益多样化的生活需求。在今天,手工劳动还发生了文化转向,以文化传承和文化创造的形态继续存在并得到发展。在我国,手工劳动具有深厚的传统,也形成了有地方特色的手工技艺。传统手工艺在为当地居民提供持久、稳定的经济来源的同时,也增进了人们对包括乡土手工艺在内的乡土文化的自豪感,如潮州刺绣、手拉朱泥壶等传统工艺。

（二）机械化劳动与当代形态

自18世纪60年代起,机器劳动逐步取代手工劳动。机器的使用展示了人类认识和改造自然的能力与效力的又一大飞跃。伴随两次工业革命的兴起,机器劳动逐渐推广,甚至影响到人类的政治、文化、国际关系等。机器劳动主要指的是由看管工作机器的人来完成辅助作用的劳动形态。第一,机器劳动是以工作机器为中介进行的劳动。机械化工具本身具备了部分替代人类劳动器官的功能。劳动者通过旋转按钮、控制开关等方式,摆脱了对劳动工具的直接物理控制,实现了对劳动过程的一般控制,推动社会生产力和生产关系发展到机器时代。第二,在机器劳动中,人的作用在于"看管",也就是说机器劳动的主体在理论上依然是人,在劳动中发挥的却是"辅助"功能。在机器按照物理学规律运动起来后,劳动者由劳动过程的主导者转变为辅助者。劳动者运用技术与经验配合并协助机器实现其功能。

机器劳动的不断发展也带来了劳动组织形式的变化。在机器劳动发展过程中,劳动组织形式由家庭手工作坊和手工工场转变为机器化大工厂。在这一阶段,工厂制度成为最普遍的劳动组织形式。工厂是高度组织化、制度化的,它将生产资料和工人集中在一起,通过使用机器进行大规模生产。为保证工厂各个环节的正常运行以及更高经济效益的产出,工人必须严格控制劳动时间与劳动效率。

机器劳动的不断发展,不仅影响到人与人、人与社会的关系,也影响到人与自然的关系。机器劳动的发展不断使人摆脱自然的束缚,也增强了人改造自然的能力,但人类却在改造自然的同时导致资源短缺、环境污染、生态破坏的问题日益严重。

无论是从劳动发展的基本趋势来看,还是从当前国家产业体系来看,机器劳动仍然是主要劳动形态。不断提高劳动的机械化程度与机械化水平依然是当前劳动发展的方向,机械化程度与机械化水平依然是当前各行业发展的重要指标。未来,机器劳动不再只是"加工"产品,取而代之的是,机器劳动不断向实现物体、数据、服务无缝连接的互联网(物联网、数据网和服务互联网)方向发展。

在今天,机器劳动的重要地位首先表现在与其直接相关的产业依然占据经济社会的主导地位。以制造业这一典型的机器劳动产业为例,制造业极大地促进了我国经济的高速增长,创造了"中国制造"中的奇迹。2010年以后,我国成为世界第一制造大国,2018年我国制造业增加值占世界总额的28%,是美国和日本两国制造业增加值的总和。机器劳动的智能化发展并不是简单地提高机器劳动的比重,而是通过现代技术与传统机器劳动相融合来提高复杂产品的制造能力以及满足消费者个性化需求的能力,赋予机器劳动新的竞争优势。

(三)智能劳动与当代形态

智能劳动是以智能技术为基础、通过技术产业化而形成的新的劳动形态。智能劳动是随着劳动工具迭代升级到智能化阶段而逐渐发展起来的劳动形态。具体来说,就是运用物联网、大数据、云计算、移动互联等新一代信息技术和智能装备对劳动诸要素进行深入、广泛、持久的改造与提升,推动产品与设备的智能化、生产方式的智能化、管理的智能化和服务的智能化。智能技术的发展,标志着劳动工具开始从机械化向智能化转变。从"人的劳动功能的物化"到"工具的人格化"这一劳动工具的发展过程来看,智能化劳动工具的发展相较于机械化劳动工具有了显著性的进步和本质性的差异。

从当前技术发展的进程来看,与人类智能相当的人工智能尚未出现。按照人工智能发展趋向进行划分,智能劳动大致有两种发展方向:弱人工智能劳动与强人工智能劳动。弱人工智能劳动所使用的劳动工具仅仅是借鉴人类的智能行为,专注于在某些特定领域解决实际问题。目前,弱人工智能在劳动中的应用已经相当广泛。强人工智能劳动则试图使智能劳动工具代替人的技能,劳动工具甚至是具有超越人类某一智能水平的人造物,能够在无人介入的情况下自动处理信息,并自主地执行智能功能。

智能劳动的不断发展,带来了劳动组织形式的变化。智能劳动工具的出现,促使劳动组织从集中走向集中与分散的统一。智能化劳动工具的出现加强了劳动者与劳动工具之间的信息联系,削弱了人与机器之间的物理联系。劳动者可以通过智能技术从终端获取任务并在线完成,灵活的工作方式逐渐成为可能。也就是说,虽然劳动者与劳动组织在物理或时空上是分散的,但在信息或逻辑上是集中的。

智能劳动在促进劳动者进一步解放的同时,也对劳动者的价值提出了新的挑战。智能劳动的发展,使越来越多的劳动者从枯燥、繁重、危险的劳动中进一步解放出来。借助智能化劳动工具,劳动者的生存状况得到持续改善,这也为劳动者的自由、全面发展创造了条件。劳动者职业选择的可能性正在不断增加,劳动形式的自由化程度正在不断提高,劳动关系更加灵活、更加具有弹性。部分劳动者从固定职业者转变为自由劳动者。劳动者选择、从事劳动越来越与个性发展相联系。而伴随强人工智能的发展,智能化劳动工具"自主意识"不断增强,甚至可以取代人在劳动现场的地位。在此种情形下,人作为生产和创造的主体将受到严重挑战。

(四)当代劳动形态的多元并存

一般而言,高级形态的劳动方式是从低一级的劳动方式中发展而来的。但是,高级劳动形态方式的出现并不意味着低级劳动形态的消失。相反,低一级的劳动形态在作出适应性的调整之后,可以与高一级的劳动形态交融并存。虽然新的劳动形态在某种程度上是对旧的劳动形态的革新,但手工劳动、机器劳动、智能劳动这3种主要劳动形态的"共存"与"融合"是新时代劳动形态的典型特征。

劳动起源于人的生存与发展的需要,人的需求也成为推动劳动形态变化发展的重要力量。一方面,人具有满足自身物质生存的基本需求,这也成为推动劳动形态变化发展的重要推动力。劳动形态的不断发展揭示了社会生产力的持续进步,而生产力不断提高的最终目的在于解放人,将人从劳动本身的消极性中解放出来,即将人从劳动所产生的劳累中解放出来。在今天,劳动在满足人们精神需求方面的价值被持续发掘。例如,手工劳动在生产力不断发展的过程中逐渐消解其本身的消极性,而展现人的个体独特性、满足人自我发展需求等方面的价值不断凸显。也正是人的需求的多样性,使不同形态的劳动在迭代发展的过程中能够并行不悖、互为补充。人一旦开始劳动,生活就已不再是自然物质世界的循环过程和必然过程,而是由人自觉参与、推动和提升的创造过程。劳动形态的发展需要满足人民群众的基本需求,又需要满足人民群众多样化、个性化的发展需求。人们既需要流水线式、批量化机器劳动创造丰富的物质生产生活资料,又需要智能劳动的不断发展带来产业结构的优化与升级,实现高水平、高质量、高效益发展,还需要手工劳动、智能劳动等不断满足人的个性化、多样性的物质与精神需求。

从马克思主义的观点来看,生产力和生产关系、经济基础和上层建筑这两对社会基本矛盾的运动推动了人类社会的发展。在这两对社会基本矛盾中,生产力是最活跃的因素,是对人类社会发展起决定作用的因素。生产力的发展决定生产关系的变革,生产关系即经济基础的进步,又推动了上层建筑的变革。因此,人类社会每前进一步,都是生产力发展的结果,人类社会就是在新的生产力不断取代旧的生产力的变革中不断向前发展的。劳动是人类生存和发展的基础,是人维持自我生存和自我发展的唯一手段。不同生产方式决定着不同的社会形态。整个社会的经济、政治、精神面貌,归根到底都源于生产方式。生产方式决定社会历史的变化和更替,决定社会由低级到高级的发展。唯物史观关于社会存在决定社会意识的基本原理,主要是建立在物质资料生产方式是社会发展的决定力量这一基本事实的基础之上的。

劳动是人以自身的活动来引起、调整、控制人和自然之间的物质变换的过程,是人对自然界的积极改造。劳动就是人的生产方式,劳动的发展史就是人类生产方式的发展史,这是人类社会存在和发展的基础。因此,劳动发展是理解人类社会的钥匙,就是劳动发展史。①

三、新时代关于劳动的重要论述

党的十八大以来,习近平总书记将"坚持社会公平正义,排除阻碍劳动者参与发展、分享发展成果的障碍,努力让劳动者实现体面劳动、全面发展"作为施政目标之一,将"人民日益增长的美好需要和不平衡不充分的发展之间的矛盾"视为中国特色社会主义进入新时代后我国社会的主要矛盾,强调"坚持以人民为中心的发展思想,不断促进人的全面发展、全体人民共同富裕"。

2012年11月15日,习近平等十八届中共中央政治局常委同中外记者见面时指出:"我们的人民是伟大的人民,在漫长的历史进程中,中国人民依靠自己的勤劳、勇敢、智慧、开创了各民族和睦共处的美好家园,培育了历久弥新的优秀文化。"习近平强调:"人民对美好生活的向往,就是我们的奋斗目标""人世间的一切幸福都需要靠辛勤的劳动来创造"。

在继承和发展马克思主义劳动观的基础上,立足中国国情和发展实际的时代要求,2013—2016年的"五一"国际劳动节,习近平总书记连续四年发表系列重要讲话。从劳动的本质、劳动主体、劳动精神、劳动价值等几方面入手,形成了成熟的新时代中国特色社会主义劳动教育体系,为实现中华民族伟大复兴的中国梦提供了强大的思想引领和行动指南。2020年3月,中共中央、国务院发布《关于全面加强新时代大中小学劳动教育的意见》(以下简称《意见》),《意见》要求,以习近平新时代中国特色社会主义思想为指导,全面贯彻党的教育方针。

(一)劳动本质观的继承与发展

习近平新时代中国特色社会主义劳动思想是对马克思主义劳动哲学的继承与发展,是马克思主义中国化最新成果,是新时代中国特色社会主义理论体系的重要组成部分。

1. 人类是劳动创造的,社会是劳动创造的

这一论述立足唯物史观,强调了劳动对人类的重要性,进一步指出无论时代条件如何变化,人类文明进步的历史事实告诉我们,劳动不仅创造了人类,还创造了社会,是人类基本的实践活动和存在方式、人类生存和发展的最基本条件,以及人类创造物质财富和精神财富的基本途径。近代以来,中华民族实现了站起来、富起来、强起来的根本转变,依靠的正是一代又一代中国人的辛勤劳动和坚持奋斗。我们所处的时代是催人奋进的伟大时代,我们进行的事业是前无古人的伟大事业,我们正在从事的中国特色社会主义事业是全体人民的共同事业。全面建成小康社会,进而建成富强民主文明和谐的社会主义现代化国家,根本上靠劳动、劳动者创造。② 社会主义是干出来的,新时代也是干出来的。③ 正是因为劳动创造,我们拥有了历史的辉煌;也正是因为劳动创造,我们拥有了今天的成就。习近平深刻指出:"劳动是人类的本质活动,劳动光荣、创造伟大是对人类文明进步规律的重要诠释"。从恩格斯

① 班建武,曾妮.大学生劳动教育[M].北京:人民邮电出版社,2021.
② 习近平.给中国劳动关系学院劳模本科班学员的回信[N].人民日报,2018-05-01.
③ 同上.

的"劳动创造了人本身"到习近平强调"劳动是人类的本质活动",既是对唯物史观劳动思想的继承与发展,也是"劳动是人类的本质活动"这一思想在新时代中国特色社会主义伟大事业中的生动体现。

习近平指出:要坚持实干兴邦,始终坚持和发展中国特色社会主义。只有在全社会牢固树立崇尚劳动、劳动光荣的"实干"精神,才能实现"兴邦"的伟大梦想,鼓励以辛勤劳动、诚实劳动、创造性劳动成就伟大梦想。

2. 劳动是推动人类社会进步的根本力量

这一论述深刻阐释了劳动创造的哲学意义,重申和强调了劳动创造的历史价值和重要意义,丰富和发展了马克思主义劳动观。劳动不仅创造了人类,而且创造了社会,并推动着社会历史滚滚向前发展,习近平指出:"人民创造历史,劳动开创未来",党的十九大报告在对决胜全面建成小康社会作出全面部署时,明确了从 2020 年到 21 世纪中叶分两步走全面建设社会主义现代化国家的新目标。这一目标描绘了建成富强民主文明和谐美丽的社会主义现代化强国的宏伟蓝图,并对新时代中国特色社会主义发展作出战略安排。实现中华民族伟大复兴是中国未来的发展方向,而劳动则是实现社会发展走向民族复兴的根本路径。从马克思认为"劳动是人和人类社会存在和发展的基础"到习近平的"劳动开创未来"进一步揭示了劳动与社会发展的本质联系,全面建成小康社会、实现中华民族的伟大复兴,根本上需要依靠劳动,依靠劳动者创造。"劳动是一切成功的必由之路",只有通过全国各族人民的辛勤劳动、诚实劳动、创造性劳动,才能让美好愿景变成现实,从而最终实现中华民族的伟大复兴。

习近平总书记指出:"劳动是财富的源泉,也是幸福的源泉,人世间的美好梦想,只有通过诚实劳动才能实现;发展中的各种难题,只有通过诚实劳动才能破解;生命里的一切辉煌,只有通过诚实劳动才能铸就。"中国正走在实现中华民族伟大复兴的历史征程中,这一伟大的"中国梦"的最终实现,建立在每一位劳动者兢兢业业的工作基础上,在劳动中彰显人的本质力量,以自己的劳动托起"中国梦"。

（二）劳动主体观的明确与深化

习近平的劳动观立足中国特色社会主义的全体劳动者,形成了"亿万劳动群众是主体力量"的劳动主体观。劳动主体是指享受劳动权利和承担劳动义务,且能够自由支配自己的劳动力的劳动者。习近平强调要始终坚持人民主体地位,反复强调"要始终重视发挥工人阶级和广大劳动群众的主力军作用",充分调动工人阶级和广大劳动群众的积极性、主动性、创造性,深化尊重劳动、重视劳动主体的自身价值和崇尚劳动、造福劳动者的重要内涵。

1. 尊重劳动和劳动者自身的价值

习近平强调:"全社会都要以辛勤劳动为荣、以好逸恶劳为耻,任何时候任何人都不能看不起普通劳动者,都不能贪图不劳而获的生活"尊重劳动者是新时代对待劳动者应有的态度。不同岗位的劳动者,从事不同类型的劳动,劳动收入各有差异但是都是中国特色社会主义事业建设者,都应得到尊重。劳动平凡而伟大,各行各业的劳动者的实践活动是社会平稳运行的前提。"在我们社会主义国家,一切劳动,无论是体力劳动还是脑力劳动,都值得尊重和鼓励。"在尊重广大劳动者的权益上,习近平多次强调:"全心全意为工人阶级和广大劳动群众谋利益,是我国社会主义制度的根本要求,是党和国家的神圣职责,也是发挥我国工人阶级和广大劳动群众主力军作用最重要最基础的工作"。基于这一出发点,强调劳动应以人为中心,重视劳动对劳动者自身的价值和作用。

2020 年 11 月 24 日,习近平在全国劳动模范和先进工作者表彰大会上讲话指出:"工人阶级是我国的领导阶级,是先进生产力和生产关系的代表,是坚持和发展中国特色社会主义的主力军。"2015 年 9 月,习近平在全球妇女峰会上高度赞美了广大妇女默默无闻辛勤劳动对社会发展的重要作用。2018 年 1 月,在给全国个体劳动者第五次代表大会致信中肯定个体劳动者对社会主义建设的伟大贡献。综上所述,习近平的劳动主体观涵盖了各行各业劳动者,每一个辛勤工作的人都是劳动主体,其劳动都值得尊重,同时重视劳动者的自身价值,习近平对劳动者给予厚望,不仅希望他们树立强烈的主人翁意识,而且希望能够不断提高自身素质和技能,培养储备劳动人才,打造一支强大的劳动主力军。他指出,"劳动者素质对一个国家、一个民族发展至关重要。劳动者的知识和才能积累越多,创造能力就越大"。提高包括广大劳动者在内的全民族素质,是民族发展的长远大计。深化劳动主体价值,发展劳动主体教育是国家和民族的重要的未来发展计划。

2. 崇尚劳动和造福劳动者

习近平在多个场合、多次讲话中阐述了劳动态度、劳动模范、劳模精神在中国特色社会主义事业中的重要作用,他号召全社会应始终弘扬劳模精神、劳动精神、工匠精神,为中国经济社会发展汇聚强大正能量,为实现中国梦提供崇尚劳动的价值引领。这三种精神体现了社会主义核心价值观的基本要求,强调发挥劳动模范等先进人物的带头作用,在社会营造劳动最光荣、劳动最崇高、劳动最伟大、劳动最美丽的文化氛围。劳动者不仅值得尊重,劳动模范和先进工作者是"民族的精英、人民的楷模""是我国劳动人民的杰出代表,是祖国和人民的骄傲""是坚持中国道路、弘扬中国精神、凝聚中国力量的楷模""是劳动群众的杰出代表,是最美的劳动者","他们以高度的主人翁责任感、卓越的劳动创造、忘我的拼搏奉献,为全国各族人民树立了光辉的学习榜样"。这些论述强调了对劳动模范成绩的高度认可和殷切关怀,肯定贡献的同时,将劳模精神诠释为"丰富了民族精神和时代的内涵,是我们极为宝贵的精神财富""是伟大时代精神的生动体现"。劳动精神是所有劳动者都应拥有的精神,劳模精神和工匠精神是所有劳动者都应该学习和追求的精神,劳模精神是引领劳动者从普通走向杰出的外部力量,工匠精神是引领劳动者从平凡追求卓越的内在动力,习近平深刻阐述三大精神之于新时代的重要意义。在 2020 年全国劳动模范和先进工作者表彰大会上,习近平指出:"全社会要崇尚劳动、见贤思齐"。

习近平同时注重"国家建设是全体人民的共同的事业,国家发展过程也是全体人民共享成果的过程""坚持社会主义公平正义,排除阻碍劳动者参与发展、分享发展成果的障碍,努力让劳动者实现体面劳动、全面发展"。实现好、维护好、发展好最大广大人民根本利益,造福劳动者是习近平新时代中国特色社会主义劳动思想的重要内涵之一。

(三)劳动形态观的构建与创新

在社会主义国家,人民是国家的主人,我们的劳动形态是体现人民价值、人民满意的劳动形态。步入新时代,习近平提出要构建和谐的劳动关系,提倡创新劳动,讲求科学劳动,体现了中国特色社会主义的劳动形态是让劳动者实现体面劳动、全面发展的劳动形态。

1. 构建和谐的劳动关系形态

劳动关系是人类社会中最基本和最重要的关系之一。劳动关系是否和谐关系着一个社会能否健康发展,是维护社会稳定、促进社会发展的重要方面。习近平根据现实国情和现状,提出了构建和谐劳动关系的必要性。早在习近平的知青岁月,就萌发了构建和谐劳动关系形态的理念,并以实际行动促进生产队劳动者之间的和谐关系。他在《摆脱贫困》一书中指出:"社会主义的劳动者是生产资料的主人,这种主人翁地位决定了劳动者之间的平等互助的同志式关系。"

随着市场经济的发展,劳动关系不仅产生和局限于劳动者之间,劳动者和用人单位之间的关系日益成为最主要的劳动关系。习近平在"五一"国际劳动节的讲话中不断提到要保护劳动者的合法权益,积极构建和谐的劳动关系。党的十九大报告中指出要"完善政府、工会、企业共同参与的协商协调机制,构建和谐劳动关系",说明构建和谐劳动关系需要社会各类力量协同推进,体现了多元参与治理的现代化治理理念。习近平对和谐劳动关系的坚持和发展,充分展现了社会主义劳动形态的优越性。

2. 提倡多样的创新劳动形态

创新劳动是推进社会经济转型的重要力量,创新劳动是社会主义劳动的应然形态,是社会主义劳动发展的必然趋势。我国经济发展进入新常态,意味着我们要以更少的资源消耗生产出更多满足人民需要的高质量产品。习近平在党的十八届五中全会和中央经济工作会议中,强调了要增加创新劳动力供给,创新劳动是实现经济转型升级的重要动力。创新劳动是不同于一般的重复性劳动,而是提高劳动生产率,节约劳动成本,逐渐将人类从简单、重复的劳动中解放出来,创造更大的社会财富。劳动是人类特有的活动,习近平不仅看到了创新对个人发展的重要作用,还看到创新对国家发展的重要意义,他指出:"创新是一个民族进步的灵魂,是一个国家兴旺发达的不竭动力。"创新劳动是消除脑力劳动和体力劳动差别的重要方式。习近平在省部级主要领导干部学习党的十八届五中全会研讨班上提到:"要全面调动人的积极性、主动性、创造性,为各行各业各方面的劳动者、企业家、创新人才、各级干部创造发挥作用的舞台和环境。"

第二节　新时代劳动教育要求

新时代高校劳动教育是党对教育的新要求,是中国特色社会主义教育制度的重要内容,是全面发展教育体系的重要组成部分,是大中小学必须开展的教育活动。新时代劳动教育的目标具有新的内涵,提倡五育融合的劳动教育观,促进人的全面发展。

一、劳动教育基本内涵

新时代发展劳动教育的基本内涵不断发生变化,新中国成立以来,我国劳动教育发展分为五个阶段:劳动教育的确立(1949—1956),并侧重于劳动技术教育;劳动教育的发展(1957—1977),更加强调劳动实践;劳动教育的重塑(1978—2000),强调劳动技术教育与生产劳动相结合;劳动教育的深化(2001—2012),劳动教育与生产劳动和社会实践相结合;劳动教育体系的全新构建(2013年至今),形成了五育并举五育融合的新时代劳动教育体系。新时代劳动教育立足于人的整体性,融合多学科知识,对人、社会和自然进行整合,将理论知识有机融入现实社会,对学生健全人格发展起着重要作用。但是,一段时期以来,劳动的独特育人价值在一定程度上被忽视。《意见》充分肯定劳动教育"具有树德、增智、强体、育美的综合育人价值",要求全党全社会必须高度重视,"坚持立德树人""把劳动教育纳入人才培养全过程,贯通大中小学各学段,贯穿家庭、学校、社会各方面,与德育、智育、体育、美育相融合",为全面加强新时代劳动教育提供了根本遵循。

(一)新时代劳动教育的内涵探讨

准确理解新时代劳动教育的内涵,把握其与以往劳动教育的不同,是推动新时代劳动教育健康发展的重要前提。从《意见》看,新时代劳动教育的内涵至少表现为三个层面:通过劳动的教育、关于劳动的教育和为了劳动的教育。

1. 通过劳动的教育,强调劳动教育是让学生参加劳动实践进行锻炼的教育

新中国成立以来,一直坚持"教育与生产劳动相结合"的方针,劳动教育是学生全面发展的重要载体和途径。《意见》强调:劳动教育"是学生成长的必要途径,具有树德、增智、强体、育美的综合育人价值";"实施劳动教育重点是在系统的文化知识学习之外,有目的、有计划地组织学生参加日常生活劳动、生产劳动和服务性劳动,让学生动手实践、出力流汗,接受锻炼、磨炼意志";要"强化实践体验,让学生亲历劳动过程"。这表明,新时代劳动教育高度重视"通过劳动的教育",而且明确了实施重点。

2. 关于劳动的教育,强调劳动教育是引导学生全面、正确地认识劳动的教育

新时代劳动教育不仅仅是促进学生全面发展的途径,更是国民教育体系的重要内容。因此,不能仅强调劳动教育的综合育人价值,更要重视劳动教育的独特育人价值。《意见》多次强调要培养学生正确的劳动观,引导学生崇尚劳动、尊重劳动,增强对劳动人民的感情,牢固树立劳动最光荣、劳动最崇高、劳动最伟大、劳动最美丽的观念。这一目标的实现,固然离不开劳动实践锻炼,但也离不开关于劳动的正确认识。加强马克思主义劳动观和劳动科学教育,让学生全面认识劳动的本质属性、劳动的多维价值、社会主义社会的劳动价值观念、知识经济时代的劳动样态与发展趋势等,对培养学生正确的劳动观念至关重要。《意见》提出,劳动教育要使学生"理解和形成马克思主义劳动观";要"适应科技发展和产业变革,针对劳动新形态,注重新兴技术支撑和社会服务新变化",这些都离不开"关于劳动的教育"。

3. 为了劳动的教育,强调劳动教育是让学生真正做好参加劳动的准备的教育

苏霍姆林斯基强调,学校教育的主要任务是让学生做好参加劳动的准备,这绝不只是一个传授知识和技能的问题,更重要的是让学生在道德上做好劳动的准备,即热爱劳动,对某种劳动形成一定的经验,能够自觉地参加劳动,并有意识地确定自己从事某种劳动的志向。当前,我国部分青少年中出现的不珍惜劳动成果、不想劳动、不会劳动的现象,正是劳动准备不足的典型表现。《意见》强调,"劳动教育是中国特色社会主义教育制度的重要内容,直接决定社会主义建设者和接班人的劳动精神面貌、劳动价值取向和劳动技能水平"。这既凸显了新时代劳动教育的重要意义,又从劳动精神面貌、劳动价值取向和劳动技能水平三方面指出了让学生做好劳动准备的方向。

探索有中国特色的新时代劳动教育模式,不仅要强调"通过劳动的教育",注重劳动实践锻炼,而且要围绕培养社会主义建设者和接班人的劳动精神面貌、劳动价值取向和劳动技能水平这一根本方向,从目标、内容、方式等维度进行系统设计,形成互为支撑的劳动教育实施体系。劳动教育重点是要让学生在系统的文化知识学习之外有目的、有计划地参加劳动实践,出力流汗,实现知行合一,获得身心全面发展。

(二)劳动教育的内容

新时代劳动教育是社会主义教育的重要内容,是我国教育体系不可缺少的一部分,是学校教育教学工作的重要一环。劳动的本身是实践性。我们发现劳动存在多种形式,包括家务劳动,服务性、公益性劳动,生产劳动,探索性劳动,艺术性劳动,军事劳动,管理劳动等,传统的生产劳动只是劳动中的一种。在基础教育阶段,家务劳动、学校综合实践课程是劳动教育的主要形式,学生还有机会参与其他各种劳动。在高等教育阶段,真实劳动、探索性、创造性劳动成为劳动教育需关注的特征。

随着时代的发展,劳动的构成更加复杂多元,现代化、信息化、智能化的劳动内容不断增加。《意见》强调要以日常生活劳动、生产劳动和服务性劳动为主,特别强调要"结合产业新业态、劳动新形态,注重选择新型服务性劳动的内容"。

传统劳动教育主要侧重教授学生与劳动有关的《意见》知识、技能、方法等,而忽视劳动价值观、劳动精神、劳动思维等更深层次素养的培养,容易导致"有劳动无教育"的现象,难以使学生养成终身热爱劳动、尊重劳动的良好品质。新时代劳动教育突破传统劳动教育局限,着眼于学生的终身幸福和全面发展,以培养学生劳动素养为核心,对"劳动精神面貌、劳动价值取向和劳动技能水平"进行全面建构。

(1)在劳动价值观方面,要让"劳动最光荣、劳动最崇高、劳动最伟大、劳动最美丽"的观念内化于心、外化于行。

(2)在劳动情感态度方面,要大力培植"热爱劳动""热爱创造"的真挚情感和积极的劳动精神。

(3)在劳动品德方面,要在辛勤劳动、诚实劳动的基础上,强调创造性劳动、体面劳动。

(4)在劳动习惯方面,要着力引导青少年养成良好的生产和生活劳动习惯、公益服务习惯和勤俭节约的消费习惯。

(5)在劳动知识与技能方面,要用系统的科学知识与技能的教育教学,为劳动素养的提升奠定坚实基础。

二、五育融合的劳动教育观

(一)五育融合的教育理念

高校"五育"融合的教育理念使教师从源头上、意识上将"五育"视为一个整体的教育,以整体的教育发挥"五育"的功能,整体地促进学生的全面发展,将学生视为完整的、活生生的人。高校"五育"融合的教育理念,不仅注重社会市场对大学生专业技术的要求,还注重大学生作为社会人所必备的心灵、情感、道德等各方面素质的完整发展。只有在观念上变革,确立正确的"五育"融合的教育理念,才能培养出具有创新精神、实践能力的全面发展的高素质人才。

1986 年 10 月,时任国家教委副主任彭珮云在中学德育大纲研讨会上的讲话中明确提出:"把德育作为德智体美劳五育全面发展的一个有机组成部分,使五育互相配合、互相渗透。""五育"全面发展的理念被正式提出。

2018 年,习近平总书记在全国教育大会上强调,"要培养德智体美劳全面发展的社会主义建设者和接班人""努力构建德智体美劳全面培养的教育体系,形成更高水平的人才培养体系"。"五育并举"的理念被重新正式提出,赋予人才全面发展新的内涵。

2019 年,中共中央、国务院出台了《关于深化教育教学改革全面提高义务教育质量的意见》,提出了"坚持五育并举",强调"突出德育实效""提升智育水平""强化体育锻炼""增强美育熏陶""加强劳动教育",以此"全面发展素质教育","五育"之间既各自独立又内在统一,是手段也是目的;《意见》强调"把劳动教育纳入人才培养全过程,贯通大中小学各学段,贯穿家庭、学校、社会各方面,与德育、智育、体育、美育相融合","五育"并不是简单意义上的德智体美劳并列发展,而是通过德育、智育、体育、美育、劳育之间的相互渗透、相互支撑、相互促进,形成育人合力,生成新的"五育并举"的全面发展有机整体。劳动教育纳入人才培养的全过程,为高等学校人才培养目标指明了方向。

(二)五育融合的劳动教育观

人的劳动能力发展程度直接影响着其综合素质的发展,即能够实现人的全面发展。新时代对人民全面发展提出了新的要求。习近平总书记指出:"劳动是财富的源泉,也是幸福的源泉,人世间美好的梦想,只有通过诚实劳动才能实现;发展中的各种难题,只有通过诚实劳动才能破解;生命里的一切辉煌,只有通过诚实劳动才能铸就。"中国正走在实现中华民族伟大复兴的历史征程中,这一伟大的"中国梦"的最终实现,建立在每一位劳动者兢兢业业的工作基础上,在劳动中彰显人的本质力量,以自己的劳动托起"中国梦"。

劳动教育是构建全面发展教育体系不可或缺的一环,劳动具有"树德、增智、强体、美育"的综合育人价值,大学生通过积极参与劳动不断提升德智体美劳各项综合素质,促进自身的全面发展。建立新时代中国特色劳动教育价值体系,既基于重视劳动教育之于"培养社会主义建设者和接班人"的社会功能,也彰显了劳动教育之于五育所具有的促进性、融通性的内在价值,实现了"促进社会进步"的外在价值与"人的全面发展"内在价值的辩证统一。"以劳树德、以劳增智、以劳强体、以劳育美、以劳求新"的"五育融合"思想,不仅是新时代中国特色社会主义劳动教育的重要特征,更是对新中国成立以来劳动教育实践经验和话语体系的深刻总结,劳动教育开始从"工具价值"走向社会价值与自身价值相结合的"存在价值"。

1. 以劳树德

"立德树人"是德育的根本任务。品德修养是一个人的立身之本,成才之要,劳动教育是贯彻"立德树人"宗旨的有效途径,在劳动教育的过程中,学生学习劳动精神,在劳动实践中磨炼意志,锤炼高尚品格。劳动教育让学生理解劳动是人类发展和社会进步的根本力量,是幸福源泉,是美好梦想实现的必经之路。学生通过劳动教育懂得尊重劳动,尊重劳动者,正确树立劳动最光荣、劳动最美丽的思想,养成良好的劳动习惯,终将投身于中华民族伟大复兴的宏伟事业中,秉着坚定的信念,持续发展和奋斗。

中央颁布的《中国教育现代化2035》吸纳五育并举的思想,提出更加注重以德为先,更加注重全面发展,广泛开展理想信念教育,厚植爱国主义情怀,加强品德修养等,明确了立德树人的落实任务和目标。德育在学校教育占首位,是人们共同生活及行为的准则和规范内化为学生的心念甚至是信念的过程,但这一过程不能仅停留在纸上,可在实践活动中完成内化的过程,如食堂墙上标识"锄禾日当午,汗滴禾下土。谁知盘中餐,粒粒皆辛苦",类似宣传标语,而学校通过学农劳动教育,学生通过参与粮食蔬菜花果的种植过程,则能体悟劳动过程的辛劳和幸福感,既能热爱劳动,尊重劳动者,也能珍惜劳动成果。

《辞海》对劳动教育的定义是:"劳动教育是德育的内容之一,对学生进行热爱劳动和劳动人民、珍惜劳动成果、树立正确的劳动观点和劳动态度、通过日常生活培养劳动习惯和技能的教育活动。"

2. 以劳增智

劳动教育之所以称为教育而不是单纯劳动,就在于劳动教育中的劳动既需要动手,也需要动脑,其目标不在于提高劳动生产率,而在于促进手和脑的协调发展。从这个意义上讲,与劳动分工以追求更高生产力的目标不同,劳动教育需要促进学生手脑并用,需要促进个体的人在不同分工环节、不同工种间不断变换以对劳动的总目标和各环节都有第一手的认识,并且能够不断思考劳动中遇到的现象和问题、不断主动提出问题。劳动的第一因素是手,第二因素是脑。在劳动教育实践中,学生可以发现问题、提出问题、研究问题、解决问题、把单一的体力劳动转变成极具逻辑思维含量的创造性劳动。劳动是一项技能,学会一项劳动,需要学习劳动的现代化知识,储备劳动能力,在劳动中不断完善自身。知识本身就是源于劳动实践,又服务于劳动实践。学生通过劳动将习得的理论知识应用到劳动实践中,并在实践中强化对知识的理解,从而实现知行合一。随着社会的不断发展,人们认识和改造社会的能力不断提升,智力也得到开拓和发展。

从古代的钻木取火到现代的宇宙遨游,从古代的洞穴栖居到现代的高屋建瓴,从刀耕火种到科学种植,都充满着人类智慧的结晶。教育学家苏霍姆林斯基认为:"学校领导生产劳动,首先就是领导学生的精神生活",即"每一个少年都完成过要求耗费大量体力和精力的工作",视为"劳动教育的规律"。

3. 以劳强体

劳动与人的身心健康密切相关。通过劳动,人们能够强健体魄,促进心理健康发展。在劳动教育的技能教育实践过程中,通过劳动实践使劳动者的肌肉得到锻炼,运动系统得到发展,通过劳动调节脑力活动,促进神经系统的协调和身体机能发育。在劳动过程中,心理健康的个体具有健全的性格、必要的心理承受能力和对社会环境有较强的适应能力,内在动力强大而积极。劳动教育的实施,有利于发展锻炼学生的心理健康,缓解学习焦虑,通过劳动成果增强自信心。

劳动教育应把握体力劳动和脑力劳动的平衡,通过科学健康的劳动方式促进身心健康发展,发挥好劳动的"强体"功能。恰当的劳动,身心同时发展,通过"劳其筋骨,饿其体肤"的劳动锻炼,使学生达到"动心忍性,增益其所不能"的目的,达到"强身益豪气,健体增灵性"的境界。在劳动实践中强身健体,发扬传统吃苦耐劳精神,塑造积极向上的品格,热爱劳动、锲而不舍的品质。不恰当的劳动,如过度劳动、恶劣环境下劳动、不注意安全劳动则可能对劳动者健康造成不可逆转的损伤。

教育与劳动相结合是马克思主义教育的基本思想,也是我国《教育法》规定的明确要求。然而,由于应试教育的惯性作用,教育与劳动分离,导致一些学生身心发展失衡,不能健康成长。因此,《意见》强调劳动教育重点是要让学生在系统的文化知识学习之外有目的、有计划地参加劳动实践,出力流汗,实现知行合一,获得身心全面发展。

4. 以劳育美

马克思认为"美是人的本质力量的对象化",这种对象化是通过劳动实现的。劳动可以帮助人们形成对美的认知,获得美感和审美能力,并通过劳动来创造美。新时代的劳动教育倡导一种基于劳动上的现代审美人格培育,让人在劳动中发现美和创造美,在自我价值感的获得中达到美的人生境界。

通过劳动发现美。劳动过程就是发现美、感受美和体验美的过程。随着人对客观自然界规律的认识,征服自然以实现人类的主观需要满足的实践活动,就是自然美到自然审美的过程,劳动主观性和客观性和谐统一的美的体验。劳动美是人们在生产劳动中形成和表现的美,是社会美最基本的内容。

通过劳动创造美。劳动之美,美在创造。劳动引领劳动者通过劳动实践,以美好的形式展现劳动成果。而劳动教育提升理性思考能力和思辨精神,深刻领会劳动创造历史,创造未来的恢宏之美,感悟"实干兴邦"的历史真谛,弘扬劳动精神、劳模精神和工匠精神,做最美劳动者。

5. 以劳求新

以"五育融合"为出发点,探索劳动教育的新路径:以劳动教育作为击破应试教育壁垒着力点,深入促进学生综合核心素养与学业能力的提高,探寻以劳树德;建立并持续完善劳动教育课程体系,以劳动教育促进学生对其他学科课程的掌握,实现以劳增智;立足实际需要,建立社会、家庭、学校"三位一体"劳动教育实施协同创新体系,以劳强体;使劳动者在合目的性与合规律性统一的劳动中获得自我确证,探索以劳育美;教育治理重心下移,多方持续进行中国特色劳动教育育人体系的实践基地和法律制度建设,保障劳动教育有效可持续实施。

复习和思考题

1. 简述劳动的内涵。
2. 简述劳动的本质。
3. 习近平新时代关于劳动的重要论述有哪些?
4. 简述劳动教育的内涵。
5. 阐述五育融合理念发展及五育融合教育观。

第二章

劳动素养与劳动价值观

学习目标

1. 掌握素质、素养、劳动素养的概念；
2. 理解劳动素养构成要素关系；
3. 理解劳动教育清单内容；
4. 理解马克思主义劳动价值观的内涵；
5. 理解并掌握习近平新时代中国特色社会主义劳动价值观的基本内涵。

第一节　劳 动 素 养

马克思人的全面发展理论[①]认为：人的素质分为自然素质和社会素质两大方面，自然素质是人的先天机能，而社会素质是人在实践过程中形成和发展的后天品质。社会素质的高低是人的发展程度及社会发展程度的体现，因此必须重视对人的社会素质的培养，以达到促进人的自由全面发展的目的。素养代表人的社会素质以及培养，其内涵包括：

（1）素养是一种发挥人主观能动性的后天行为模式；

（2）素养是在特定情境发展过程中实施激励、激发与引导；

（3）素养体现个人内隐的价值认知和情感态度[②]；

（4）素养体现个人外显的发现和解决复杂问题的意愿和能力。

那么，新时代的大学生应该具备什么素养呢？

2014年教育部首次提出要组织研究各学段学生发展核心素养体系，明确学生应具备的适应终身发展和社会发展需要的必备品格和关键能力[③]，2016年《中国学生发展核心素养》正式发布[④]，将大学生素养定义为核心素养。《中国学生发展核心素养》分为文化基础、自主

---

① 孙宇. 马克思人的全面发展理论研究[D]. 大连：辽宁师范大学，2013.

② 蔡瑞林，宋君. 烙印理论视角下大学生劳动素养的提升对策研究[J]. 山东工会论坛，2021，27(06)：22-29.

③ 教育部. 关于全面深化课程改革 落实立德树人根本任务的意见[EB/OL]. (2014-04-08)[2022-05-01]. http://www.moe.gov.cn/srcsite/A26/jcj_kcjcgh/201404/t20140408_167226.html.

④ 人民日报.《中国学生发展核心素养》发布[J]. 上海教育科研，2016(10)：85.

发展、社会参与三方面,综合表现为人文底蕴、科学精神、学会学习、健康生活、责任担当、实践创新六大素养,具体细化为国家认同的 18 个基本要点。各素养之间相互联系、互相补充、相互促进,在不同情境中整体发挥作用。其中在"实践创新"素养中正式提出大学生要具备"劳动意识",即尊重劳动,具有积极的劳动态度和良好的劳动习惯;具有动手操作能力,掌握一定的劳动技能;在主动参加的家务劳动、生产劳动、公益活动和社会实践中,具有改进和创新劳动方式、提高劳动效率的意识;具有通过诚实合法劳动创造成功生活的意识和行动等。

因此,"劳动教育"是以促进学生形成劳动价值观、养成良好劳动素养和促进学生全面发展的教育活动。① 大学生劳动教育是素养导向的劳动教育体系,培养大学生劳动素养是劳动教育的核心目标。从我国劳动教育发展历史看,当前劳动教育已经开始从生产劳动技能向劳动素养培育转变,从社会和政治本位向个人和社会发展,以及民族复兴齐驱并驾的全面育人取向转变。② 那么大学生的劳动素养包括什么,如何培养呢?

一、劳动素养内涵

(一)劳动素养定义

世界各国十分重视劳动教育,对劳动素养的定义有以下多种类型。

1. 劳动能力为主型

马克思认为劳动是物质生产活动,是"人和自然之间的物质变换过程",是一种自由的、自觉的活动,劳动教育即"做中学"模式,强调生活实践能力和工作就业能力对于个人生活与社会发展的重要性。此时劳动素养理解为"人类综合运用体力、智力和劳动工具,面对真实社会现象进行的有目的的改变外部世界和周围环境所需要的多维复杂能力"③。劳动能力型主要以经合组织、欧盟、美国等国家和国际组织为代表。如加拿大的劳动教育旨在培养学生的设计思维、应用技能与技术素养,其评价维度包括查询和调查、识别并获取、规划和创造、应用和连接、分析和反思五个维度④;经合组织(OECD)强调身体技能与实践技能,认为身体技能是使用物理工具进行操作的手工技能等,而实践技能指使用工具、人工制品等达到特定目的的能力⑤;欧盟则将劳动思维与技能的培养渗透于创业素养之中,主要指动手能力以及方法、材料、工具的运用能力等⑥。劳动能力为主型的劳动素养主要体现为技术教育,关注人的具体技能获得与发展,劳动教育是支撑道德和智力等教育,因此其教育意义和作用被降低。

2. 劳动品格为主型

劳动品格为主型侧重劳动品格与精神的培养,强调劳动的育人功能。如新加坡"德育在

---

① 檀传宝.劳动教育的概念理解——如何认识劳动教育概念的基本内涵与基本特征[J].中国教育学刊,2019(2):82-84.

② 李欢欢.高校劳动教育价值取向的百年嬗变:教育方针与政策的视角[J].江苏高教,2021(11):39-44.

③ 蔡瑞林,宋君.烙印理论视角下大学生劳动素养的提升对策研究[J].山东工会论坛,2021,27(06):22-29.

④ 陈晓菲.加拿大不列颠哥伦比亚省基础教育课程改革[J].外国教育研究,2019,46(11):44-59.

⑤ 臧玲玲.构建新的学习生态系统——OECD学习框架2030述评与反思[J].比较教育研究,2020,42(01):11-18,32.

⑥ 常飒飒,王占仁.欧盟核心素养发展的新动向及动因——基于对《欧盟终身学习核心素养建议框架2018》的解读[J].比较教育研究,2019,41(08):35-43.

于行动计划"强调在劳动实践中进行价值观教育,涉及尊重、诚信、关爱、抗逆、和谐、负责六大方面①。劳动品格为主型容易过于强化说教而降低劳动技能的培养。

3. 综合素养型

综合素养型是指在重视劳动技能的基础上,劳动素养还强调了对品格和价值观的培养。苏联教育家苏霍姆林斯基强调劳动教育的目的不仅要培养具有生产技能的劳动者,而且要让学生有热爱劳动的劳动情感,有坚强的意志和实干精神,从而使学生的劳动情感、劳动技能等方面更加健全,促进学生道德品格的发展。② 檀传宝认为,劳动素养指经过生活和教育活动形成的与劳动有关的人的素养,包括劳动价值观(态度)、劳动知识与能力等维度。③ 曲霞、刘向兵认为,劳动素养的构成要素主要有劳动价值观、劳动情感态度、劳动品德、劳动习惯和劳动知识技能。④ 邵长威认为,劳动素养是实践主体在掌握一定知识储备和劳动技能基础上,在开展实践活动中所展现的优良品质的集合,包括劳动意识、劳动精神、劳动能力以及知识储备和创新精神等维度。⑤ 大学生劳动素养包括四个要素:劳动意识、劳动价值观、劳动知识和技能。⑥ 劳动观念、劳动能力、劳动习惯和品格,以全面反映和体现学生在劳动学习与实践过程中逐步形成的精神与价值观、必备品格和关键能力的发展状况。⑦ 刘向兵提出"劳动情怀深厚"的劳动素养理念⑧,包括崇尚劳动的观念、热爱劳动的情感、尊重劳动的态度、劳动创造的意识与能力及良好的劳动习惯与品质。

综合素养型把劳动品格和劳动技能置于同等地位,强化人的劳动素养全面发展,但对于劳动素养与德智体美素养的关系划分不清晰,造成劳动教育实施中容易混乱。

4. 五育融合型

在 2018 年中国教育大会上,习近平总书记提出"培养德智体美劳全面发展的社会主义建设者和接班人",表明大学生核心素养必须覆盖"德智体美劳","全面发展"的要求表明不仅要"五育并举",更要达成"五育融合"。2020 年习近平总书记在全国劳动模范和先进工作者表彰大会上强调,劳动者素质对国家、民族发展极其重要。2020 年教育部下发的《大中小学劳动教育指导纲要(试行)》提出了劳动教育的总体目标:"全面提高学生劳动素养,树立正确的劳动观念,培养积极的劳动精神,具备必备的劳动能力,养成良好的劳动习惯与品质。"

因此,现阶段我国劳动教育的指导思想是"五育融合",要将劳动教育融入全员全过程全方位"三全育人"格局,促使劳动教育与德育、智育、体育、美育相融合,实现"以劳树德、以劳增智、以劳强体、以劳育美和以劳促创",劳动素养与德智体美素养育人价值同等重要。

---

① 黄慧.解码新加坡德育[J].中学政治教学参考,2018(26):17-19.

② 苏霍姆林斯基.关于人的全面发展[M].纪强,等,译.北京:教育科学出版社,1984:122.

③ 檀传宝.劳动教育的概念理解——如何认识劳动教育概念的基本内涵与基本特征[J].中国教育学刊,2019(02):82-84.

④ 曲霞,刘向兵.新时代高校劳动教育的内涵辨析与体系建构[J].中国高教研究,2019(2):73-77.

⑤ 邵长威.思想政治教育视域下提升大学生劳动素养的途径探索[J].辽宁工业大学学报(社会科学版),2019(4):98-100.

⑥ 孙悦.高校大学生劳动素养培育研究[D].大连:辽宁师范大学,2021.

⑦ 王泉泉,刘霞,陈子循,等.核心素养视域下劳动素养的内涵与结构[J].北京师范大学学报(社会科学版),2021(02):37-42.

⑧ 刘向兵,曲霞,黄国萍.高校劳动教育体系化构建的学理与实践[J].中国大学教学,2021(09):30-36.

综上所述,根据已有学者研究和新时代劳动教育要求,大学生劳动素养定义为[1][2]：大学生在教育与生活中形成的与劳动有关的个人的素养,包括劳动意识、劳动精神、劳动能力、劳动习惯和品质。劳动情感、态度、价值取向正确,掌握生活、生产、社会实践的知识与技能并在此基础上具备相应的创新能力是当代大学生劳动素养高的主要表现。

大学生劳动素养的构成要素主要有劳动意识、劳动精神、劳动能力、劳动习惯和品质四方面。

1. 劳动意识

劳动意识指大学生在劳动教育知识学习与实践中逐渐形成的对劳动、劳动者和劳动成果等的价值观,是劳动素养在认知、情感、价值观层面的体现,是大学生劳动教育的基础。2018 年 9 月,习近平在全国教育大会上强调"要在学生中弘扬劳动精神,教育引导学生崇尚劳动、尊重劳动,懂得劳动最光荣、劳动最崇高、劳动最伟大、劳动最美丽的道理,长大后能够辛勤劳动、诚实劳动、创造性劳动"。这是对劳动意识的高度凝练和本质总结。

劳动意识是劳动者在劳动实施过程中的自觉性体现,是对待劳动形式的感知性与选择性,也是对待自己和他人劳动成果的综合反映。劳动意识是否主动决定着大学生在劳动过程中是否发挥主观能动性,因此强化劳动意识对提升大学生劳动教育成效有根本性的意义。

劳动意识主要体现为认识劳动、尊重劳动、崇尚劳动、创造劳动等方面,作为一名大学生,必须具备：

(1) 系统的马克思主义劳动观。科学认识劳动的目的和意义,理解劳动是人类的本质活动,具有通过劳动主动创造物质财富和精神财富的意识。

(2) 深厚的劳动情怀。具有持续参加劳动的热情和积极性,具有强烈的劳动荣誉感,认可劳动对个人、社会发展和国家繁荣富强的价值,具有为中华民族伟大复兴不断奋斗、担当奉献的意识。

(3) 平等的劳动意识。崇尚劳动,尊重劳动者,树立劳动者平等,不予区别对待的价值观念,重视和维护各行各业劳动者的劳动成果所有权,自觉尊重各种形式的劳动成果,自觉向优秀劳动榜样学习,传承和弘扬劳动精神的意识。

(4) 诚实的劳动意识。勤俭节约,积极参与服务性劳动和志愿者服务工作,具有通过诚实合法劳动创造成功生活的意识。

(5) 创造的劳动意识。强化自立自强意识,具有改进和创新劳动方式、提高劳动效率的意识,在进行劳动过程中创造美好生活、塑造美好品格。

2. 劳动精神

劳动精神是指人们对劳动的热爱态度以及劳动者在劳动过程中体现出来的积极人格气质[3]。劳模精神、工匠精神是劳动精神的重要体现。习近平总书记指出："劳动模范身上体现的'爱岗敬业、争创一流、艰苦奋斗、勇于创新、淡泊名利、甘于奉献'的劳模精神,是伟大时代精神的生动体现。"

①　王正青,刘涛,杜娇阳,等. 新时代大学生劳动素养测评模型构建与测度研究[J]. 现代教育管理,2021(06)：81-89.

②　孙悦. 高校大学生劳动素养培育研究[D]. 大连：辽宁师范大学,2021.

③　檀传宝. 劳动教育的概念理解——如何认识劳动教育概念的基本内涵与基本特征[J]. 中国教育学刊,2019(02)：82-84.

3. 劳动能力

劳动能力主要体现为劳动知识、劳动技能和劳动创造等方面,决定大学生在从事生产劳动、服务性劳动过程中,改造客观物质世界的能力。劳动知识包括三方面:理论性劳动知识;专业性劳动知识;与大学生自身权利义务息息相关的劳动法律知识。大学生应熟练掌握日常生活和专业工作中的基本劳动技能;能根据现实资源条件,灵活运用所掌握的劳动技能解决复杂问题;主动发现劳动中有价值的问题,积极运用多学科知识和多方面经验提出最优实践方案。

4. 劳动习惯和品质

劳动习惯和品质指大学生通过经常性劳动实践而内化形成的稳定行为倾向和积极人格特征,主要表现为劳动行为习惯、意志品质、道德品质等方面。大学生应亲历劳动过程,在劳动实践中养成自觉主动、安全规范、坚持不懈、注重效率的良好劳动习惯与吃苦耐劳、诚实守信、担当奉献等的良好品质。

(二)劳动素养特征

劳动素养具有以下多方面特征[1][2]:

(1)育人性。劳动是人类生存、发展和进步的支柱,人类个体正是在劳动的过程中实现自身的全部及最高价值。劳动素养必须引导学生树立正确的劳动观,崇尚劳动、尊重劳动,成为担当民族复兴大任的时代新人。

(2)实践性。劳动素养不是先天具备的,是在后天学习实践中培育的。劳动素养培育、形成是动态过程,要坚持知行统一。

(3)时代性。劳动素养的培育随着时代变迁具有发展性特征,是未来发展所需的关键素养,具有个体发展的连续性,在科技高速发展的新时代,就意味着劳动者需要有更高的劳动素养,来适应社会的发展需求和满足自身的发展需求。

(4)具身性。劳动主体通过教育学习与训练,对劳动素养的各项细化指标加以分析,用接受标准对客体进行评价,对素质结构进行建构和重建。人的行为所呈现的劳动意识、态度、动机通过人的内在心理存在,由于个体理解接受信息的程度、自身受教育程度不同,表达能力有所差异。

(5)综合性。劳动素养各构成要素之间是相互关联的,只有采取综合的劳动素养培育体系,才能使劳动者的劳动素养得以提升,在培育劳动素养过程中,也需要进行身体锻炼,美学教育、制度教育等一系列各种形式的教育。劳动素养并不是简单的生存发展技能,也不指向某一学科知识,与其他学科渗透、交叉,对于存在的问题,也需要多方配合,综合治理。

二、劳动教育清单

(一)大学生劳动教育内容

"五育融合"下的劳动教育实施,必须解决劳动教育融合机制问题,即要明晰劳动素养的培养模式、内容、方法、评价等方面,并结合实际制定具体的劳动教育清单,使劳动教育落到

---

[1] 孙悦. 高校大学生劳动素养培育研究[D]. 大连:辽宁师范大学,2021.

[2] 王泉泉,刘霞,陈子循,等. 核心素养视域下劳动素养的内涵与结构[J]. 北京师范大学学报(社会科学版),2021(02):37-42.

实处。

教育部《大中小学劳动教育指导纲要》提出劳动教育清单的组成要素：劳动教育主要内容包括日常生活劳动、生产劳动和服务性劳动。

（1）日常生活劳动教育：立足个人生活事务处理，结合开展新时代校园爱国卫生运动，注重生活能力和良好卫生习惯培养，树立自立自强意识。

（2）生产劳动教育：要让学生在工农业生产过程中直接经历物质财富的创造过程，体验从简单劳动、原始劳动向复杂劳动、创造性劳动的发展过程，学会使用工具，掌握相关技术，感受劳动创造价值，增强产品质量意识，体会平凡劳动中的伟大。

（3）服务性劳动教育：让学生利用知识、技能等为他人和社会提供服务，在服务性岗位上见习实习，树立服务意识，实践服务技能；在公益劳动、志愿服务中强化社会责任感。

对于普通高等学校学生，还要求：强化马克思主义劳动观教育，注重围绕创新创业，结合学科专业开展生产劳动和服务性劳动，积累职业经验，培育创造性劳动能力和诚实守信的合法劳动意识。使学生：

① 掌握通用劳动科学知识，深刻理解马克思主义劳动观和社会主义劳动关系，树立正确的择业就业创业观，具有到艰苦地区和行业工作的奋斗精神。

② 巩固良好日常生活劳动习惯，自觉做好宿舍卫生保洁，独立处理个人生活事务，积极参加勤工助学活动，提高劳动自立自强能力。

③ 强化服务性劳动，自觉参与教室、食堂、校园场所的卫生保洁、绿化美化和管理服务等，结合"三支一扶"、大学生志愿服务西部计划、"青年红色筑梦之旅""三下乡"等社会实践活动开展服务性劳动，强化公共服务意识和面对重大疫情、灾害等危机主动作为的奉献精神。

④ 重视生产劳动锻炼，积极参加实习实训、专业服务和创新创业活动，重视新知识、新技术、新工艺、新方法的运用，提高在生产实践中发现问题和创造性解决问题的能力，在动手实践的过程中创造有价值的物化劳动成果。

（二）"三位一体"的劳动教育清单

"三位一体"的劳动教育清单以"马克思主义劳动观教育＋个性化劳动（志愿服务、学科专业教育）＋集体劳动（劳动实践教学、生活劳动）"为主要内容，明确大学生参加劳动的具体内容和要求，形成学期学校至个人多层次的劳动教育清单。具体如下：

1. 设置劳动教育公共必修课

将劳动教育纳入本专科专业人才培养方案，独立设置劳动教育公共必修课程，本科阶段不少于32学时，专科不少于16学时。

2. 马克思主义劳动观教育

采用线上教学方式进行马克思主义劳动观教育。主要做法是在网络学习平台开设劳动观教育模块，学生必须完成线上马克思主义劳动观教育、劳动相关法律法规与政策教育。

3. 个性化劳动（志愿服务、学科专业教育）

坚持劳动教育与专业教育相结合，学生大学期间必须参与志愿服务活动（指向团委报备登记的服务公共场所或开展社会性公益活动），原则上志愿服务时长应满30小时。

同时，必须参加一次学科专业教育生产劳动和服务性劳动项目活动（例如假期三下乡社会实践活动、假期招生宣传活动、勤工俭学、学科技能竞赛、创新创业活动、社团活动、志愿服务活动等）。

4. 集中劳动（劳动实践教学、生活劳动）

结合新时代校园爱国卫生运动，开展"文明公共场所""文明宿舍"创建活动，展现学生风采，树立"一室之不治，何以天下家国为"的理念。

（1）劳动实践教学以公共场所劳动教育开展。公共场所劳动可以是"文明教室"创建劳动或者体育场馆等公共场所劳动。每个自然班必须承担一学年的公共场所劳动，并开展"文明公共场所"创建活动。

（2）生活劳动以"文明宿舍"创建活动开展。学生大学期间必须参与学生宿舍卫生劳动，学生宿舍劳动以常规考核、突击考核相结合的方式，学生宿舍卫生考核情况作为集中劳动学分获取的依据。每次学生宿舍卫生情况考核结果分 A、B、C 三个等级，其中，85 分以上为 A 级，60～85 分为 B 级，60 分以下为 C 级，按 1 个 A 等同于 2 个 B 计。原则上本科生必须取得 16 个达标（即 B 级）成绩、专科生取得 12 个达标成绩。

"三位一体"涵盖了"马克思主义劳动观教育＋劳动实践教学＋学科专业教育＋公益服务＋生活劳动"，并鼓励学生自主选择和增加劳动任务，增强学生劳动意识，倡导劳动精神，锻炼劳动能力，培养劳动习惯和品质，鼓励创造性劳动，体现"五育融合"的劳动素养要求，实现树德、增智、强体、育美的综合育人价值。

第二节　劳动价值观

一般而言，价值观作为一种意识，反映的是主体和客体属性之间的关系，是关于客体满足主体需要以及多大程度满足主体需要的总的看法与根本观点。而劳动价值观作为价值观一个不可或缺的部分，则是人们在实现个人愿望、满足自身和社会需要时对劳动价值的定位和根本看法，它决定着劳动者的价值认知、价值判断和价值选择，是世界观、人生观、价值观的重要组成部分。具体而言，劳动价值观的主要内容有：人们对劳动价值的认识；人们对劳动的情感、态度和价值的取向；人们对个人劳动与社会劳动的价值及关系的认识。而马克思主义劳动价值观始终以劳动对人类和人类社会的作用和意义的全人类视野来审视劳动的价值和意义，并在对劳动价值全面认知的基础上形成了对劳动本质、作用及情感、态度的根本认识和总的观点。

一、马克思主义劳动价值观的基本内涵

马克思主义劳动价值观其基本内容主要包括：劳动创造了人和人类历史；劳动是价值和财富产生的源泉；劳动是实现人全面发展的基本途径。

（一）劳动创造了人，同时推动人类社会的形成和发展

1. 劳动创造了人本身

"劳动创造了人本身"是恩格斯在劳动与人类的关系问题上提出的一个著名论断，这一论断主要集中在《劳动在从猿到人的转变过程中的作用》一文中的阐述。为了论述劳动在从猿到人的转变中的作用，恩格斯通过严密的逻辑推理逐层深入地再现了从猿到人转变的这一历史过程。人类的祖先在从古猿转变到人的漫长几十万年的过程中逐渐学会了用后肢支撑身体并直立行走，学会了用前肢（即后来的手）做一些即使非常简单的动作。随后，由于这

些人类的祖先在劳动中的共同协作交流逐渐增多,产生了客观的需要,使得类人猿的发音器官的机能也逐渐地发展和完善,从而产生了语言,这是人与动物区分的一个重要标志。后来,仍然经由劳动的继续推动和影响,类人猿的脑髓就逐渐地变成了人的脑髓。这时,经由劳动,实现了直立行走、手的解放和自由运用、脑髓的完善和语言、思维能力的形成,标志着人从自然界中分化出来成了一个生物人。而这远远不够,因为成为一个真正意义的人,不仅仅是一个生物人,更重要的是成为一个社会人。而在由生物人转变为社会人的历程中,同样印证了劳动所起的决定性作用,因为通过人类的劳动才形成了简单或复杂的社会关系,而建立在这一定的社会关系之上才得以由生物人转化为社会人。

可见,劳动无论在从古猿到生物人的转变,还是由生物人转化为社会人的过程中都发挥了决定性的作用。正如恩格斯在《劳动在从猿到人的转变过程中的作用》一文指出了"劳动是一切财富的源泉"之后紧接着所点明的:"但是劳动还远不止如此。它是整个人类生活的第一个基本条件,而且达到这样的程度,以至我们在某种意义上不得不说:劳动创造了人本身。"[①]

2.劳动推动人类社会的形成和发展

劳动是人类和人类社会存在和发展的基本条件,也就是说,人类和人类社会的存在和发展都是以劳动为前提的。马克思在《德意志意识形态》一书中指出,"我们首先应当确定一切人类生存的第一个前提,也就是一切历史的第一个前提,这个前提是:人们为了能够'创造历史',必须能够生活。但是为了生活,首先就需要吃喝住穿以及其他一些东西。因此第一个历史活动就是生产满足这些需要的资料,即生产物质生活本身,而且这是这样的历史活动,一切历史的一种基本条件,人们单是为了能够生活就必须每日每时去完成它,现在和几千年前都是这样"[②]。这段话的逻辑是:为了能够"创造历史",人类必须能够生存和发展;而人类要求得生存和发展,就必须"生产物质生活本身",即生产满足生存和发展所需要的资料;而要"生产物质生活本身",即生产满足生存和发展所需要的资料,就必须通过劳动才能实现。这充分印证了劳动确实是创造一切历史的基本条件。只有有了人类劳动的这个前提和条件,才有了满足人类生存必需的资料;而有了满足人类生存必需的资料,才能够维持人类和人类社会的存在和发展。马克思从唯物主义立场出发,指出劳动不仅创造了人类和人类社会,而且是人类和人类社会赖以存在和发展的基础,充分肯定了在人类和人类社会形成和发展过程中起决定作用的劳动。毫无疑义,"任何一个民族,如果停止劳动,不用说一年,就是几个星期,也要灭亡,这是每一个小孩都知道的。"[③]

劳动对人类和人类社会的意义体现在,一是解决了人类的基本生存和维持人类社会的基本存在;二是为人类和人类社会的发展奠定更坚实的基础和条件。

(二)劳动是价值产生的源泉

1.商品的二重性

列宁指出,"马克思在《资本论》中首先分析资产阶级社会(商品社会)里最简单、最普通、最基本、最常见、最平凡,碰到过亿万次的关系:商品交换。这一分析从这个最简单的现象

---

①　恩格斯.劳动在从猿到人的转变过程中的作用[M].北京:人民出版社,1971.
②　中共中央马克思恩格斯列宁斯大林著作编译局.马克思恩格斯选集:第1卷[M].北京:人民出版社,1995.
③　中共中央马克思恩格斯列宁斯大林著作编译局.马克思恩格斯选集:第4卷[M].北京:人民出版社,1995.

中(从资产阶级社会的这个'细胞'中)揭示出现代社会的一切矛盾(或一切矛盾的萌芽)。"①
是否从商品开始进行剖析,是马克思主义政治经济学尤其是它的劳动价值论区别于资产阶级政治经济学及其价值理论的根本标志之一。

马克思主义劳动价值学说一般认为,当劳动产品转化为商品之后,商品就具有二因素,即商品的使用价值和商品的价值,商品其实是使用价值与价值的矛盾对立统一体。一方面,使用价值与价值具有统一性,二者统一在商品内部。所谓统一性是指二者相互依存,互为条件、互相联系,彼此不能分割。使用价值是价值的物质载体。没有使用价值,也就没有价值。商品生产者为了实现价值,首先必须生产出使用价值,并把它销售出去,让渡给人。反之,一个劳动产品,虽有使用价值,但没有价值;它是劳动产品,但不是商品,因为它不具有商品所应该具有的社会属性,只具商品的自然属性即使用价值。商品必须同时具有使用价值与价值的二重性,两者缺一不可。另一方面,使用价值与价值既是统一的,又是矛盾的、互相排斥的。商品生产者只能占据其中一个,不能兼而有之,要么要使用价值,要么要价值。而要取得价值必须把使用价值让渡给他人;反之,要取得使用价值,必须把价值让渡给他人。商品的二重作用是矛盾的、相互排斥的,不能兼而有之。

2. 劳动的二重性

马克思说:"一切劳动,一方面是人类劳动力在生理学意义上的耗费;就相同的或抽象的人类劳动这个属性来说,它形成商品价值。一切劳动,另一方面是人类劳动力在特殊的有一定目的的形式上的耗费;就具体的有用的劳动这个属性来说,它生产使用价值。"②这里揭示出一切劳动所具有的二重性,即生产商品的劳动所具有的二重性,既是具体劳动,又是抽象劳动。其中,"人类劳动力在生理学意义上的耗费"属于抽象劳动,"人类劳动力在特殊的有一定目的的形式上的耗费"则属于具体劳动。人类的一切劳动,都是二者的有机统一。

3. 劳动的二重性与商品的二重性的关系

建立在价值和使用价值二重性、抽象劳动和具体劳动二重性的基本认识基础之上,马克思认为,商品的二重性是由生产商品的劳动二重性决定的。在上述的经典著作中,我们看到了:价值是由属于抽象劳动的"人类劳动力在生理学意义上的耗费"的此类"相同的或抽象的人类劳动",即无差别劳动所创造和凝结的;使用价值则是属于具体劳动的"人类劳动力在特殊的有一定目的的形式上的耗费"的另一类"具体的有用的劳动",即具体有别的劳动所生产的。在生产商品的实际劳动中,社会的、相同的或抽象的劳动创造出商品的价值;个人的、具体的劳动则创造商品的使用价值。

4. 劳动是商品价值的源泉

一切有价值的商品都是建立在劳动创造的基础上,劳动是商品价值的源泉。前述提到,正是由于对劳动二重性的分析,马克思研究了劳动所具有的创造价值的特性,第一次确定了什么样的劳动形成了价值,即生产商品的劳动的二重性决定了商品的二重性,具体劳动和抽象劳动决定着商品的使用价值和价值,而价值是人类抽象劳动的凝结,是凝结在商品中的无差别的人类劳动。

在衡量劳动价值的大小方面,马克思将抽象劳动的形成价值视为商品价值的一般尺度,

① 中共中央马克思恩格斯列宁斯大林著作编译局.列宁选集:第2卷[M].北京:人民出版社,1995.
② 马克思.资本论:第1卷[M].北京:人民出版社,2004.

而劳动的自然尺度则是劳动时间,因而就可以用抽象劳动时间量来衡量商品的价值量。马克思指出,商品的价值或它的相对价值的大小,取决于它所含的社会实体量的多少,也就是说,取决于生产它所必需的相对劳动量。所以,各个商品的相对价值,是由耗费于、体现于、凝固于该商品中的相应的劳动数量或劳动量决定的。这表明商品的价值是由劳动者创造的,要生产出一个商品,就必须在这个商品上投入或耗费一定量的劳动。所以说,劳动是商品价值的源泉。

(三)劳动是促进人全面发展的基本途径和方式

1. 劳动解放了人,也为人的全面发展提供了客观的现实的条件

在资本主义生产方式以前的生产中,人们主要从事的是农业和小手工业生产,这种生产的技术结合是手工工具和手工操作技艺的结合。马克思、恩格斯在系统地考察了分工发展与人的发展关系的基础上,指出旧式分工造成人的智力劳动与体力劳动的分离与对立,导致人的劳动能力逐渐丧失整体性,从而使人陷入片面的畸形发展。体力劳动和脑力劳动的分离,以及体力、脑力的各自片面发展在一定程度上都将限制和破坏人发展的全面性。这种情形在资本主义大工业生产背景下得到一定的改观,从而在人的解放上有一定的发展。第一次产业革命改变了之前的一切,使劳动资料由人的手工工具转变为机器体系,改变人力在生产过程中的地位。"科学通过机器的构造驱使那些没有生命的机器肢体有目的地作为自动机来运转"①。在机器生产的条件下,随着生产技能从工人身上并入机器,劳动职能大大简化。科学技术的发展,使物质生产中的智力因素不断增长,生产劳动逐渐变成科学劳动,社会劳动不断智力化,整个社会的科学文化水平同生产力发展水平成正比,即科学越发展,生产力发展水平也就越高。这客观上也为人的进一步解放和发展提供了客观的现实的条件。

2. 教育与生产劳动相结合,造就全面发展的人

在资本主义制度下,劳动被异化成"仅仅维持自己生存的手段",劳动异化毁灭了自由自觉的人的本质属性和劳动者的身心发展,成为人的解放的主要障碍。因此,只有根本改变资本主义生产关系,才能使大工业的本性的客观要求得到"正常实现",才可能造就全面发展的人。而怎样造就全面发展的人,马克思在《资本论》指出:"未来教育对所有已满一定年龄的儿童来说,就是生产劳动同智育和体育相结合,它不仅是提高社会生产的一种方法,而且是造就全面发展的人的唯一方法。"②通过生产劳动同智育和体育(教育)相结合,提升和完善人的劳动能力,使之达到体力、智力发展的统一,是实现人的全面发展的基本途径。在《共产党宣言》中,马克思、恩格斯就主张把"教育同物质生产结合起来"。所以,未来教育的趋势就是要建立和发展教育与生产劳动相结合的制度,寻找教育与生产劳动相结合的方式,从而造就全面发展的人。

必须指出的是,在教育与生产劳动相结合中,教育是手段和方式,目的是提升生产劳动的能力和素质,促进生产劳动,提高生产效率和促进生产力的发展,这只是一方面;而另一方面,在教育与生产劳动相结合中,通过教育手段和方式,提升了劳动者的生产劳动的能力和素质,也在造就全面发展的人。因此,可以说,劳动造就全面发展的人,劳动是促进人全面发展的基本途径和方式。

① 中共中央马克思恩格斯列宁斯大林著作编译局.马克思恩格斯选集:第2卷[M].北京:人民出版社,1995.
② 马克思.资本论(节选本)[M].北京:人民出版社,1998.

二、习近平新时代中国特色社会主义劳动价值观

劳动是人类的本质活动,劳动光荣、创造伟大则是对人类文明进步规律的重要诠释。"民生在勤,勤则不匮",中华民族是勤于劳动、善于创造的民族。回顾过往,正是因为劳动创造,我们才拥有了历史的辉煌;立足当今,也正是因为劳动创造,我们才拥有了今天的辉煌成就;展望未来,中华民族伟大复兴的中国梦的实现,有赖于每一个炎黄子孙的奋斗与拼搏。对劳动的重视,强调劳动的价值和意义,是习近平新时代中国特色社会主义劳动价值观的突出特点。党的十八大以来,习近平在多个场合、多次讲话中阐述了劳动、劳动者、劳动模范、劳模精神在中国特色社会主义事业建设中的重要作用。2013 年 4 月 28 日,习近平在全国总工会机关同全国劳动模范代表座谈会上发表重要讲话,提出"必须牢固树立劳动最光荣、劳动最崇高、劳动最伟大、劳动最美丽的观念,让全体人民进一步焕发劳动热情、释放创造潜能,通过劳动创造更加美好的生活";2015 年 4 月 28 日,在庆祝"五一"国际劳动节暨表彰全国劳动模范和先进工作者大会上,习近平指出:"我们一定要在全社会大力弘扬劳模精神、劳动精神,大力宣传劳动模范和其他典型的先进事迹,引导广大人民群众树立辛勤劳动、诚实劳动、创造性劳动的理念,让劳动光荣、创造伟大成为铿锵的时代强音,让劳动最光荣、劳动最崇高、劳动最伟大、劳动最美丽蔚然成风。"

习近平新时代中国特色社会主义劳动价值观的主要内涵有以下四方面:

(1) 劳动最光荣;

(2) 劳动最崇高;

(3) 劳动最伟大;

(4) 劳动最美丽。

(一)劳动最光荣：劳动没有高低贵贱之分,任何一份职业都很光荣

党的十八大报告强调,要"尊重劳动、尊重知识、尊重人才、尊重创造","营造劳动光荣、创造伟大的社会氛围,培育知荣辱、讲正气、作奉献、促和谐的良好风尚"。2015 年 4 月 28 日,习近平在庆祝"五一"国际劳动节暨表彰全国劳动模范和先进工作者大会上的讲话中指出:"在我们社会主义国家,一切劳动,无论是体力劳动还是脑力劳动,都值得尊重和鼓励;一切创造,无论是个人创造还是集体创造,也都值得尊重和鼓励。全社会都要贯彻尊重劳动、尊重知识、尊重人才、尊重创造的重大方针,全社会都要以辛勤劳动为荣、以好逸恶劳为耻,任何时候任何人都不能看不起普通劳动者,都不能贪图不劳而获的生活。"2016 年 4 月 26 日,习近平又在知识分子、劳动模范、青年代表座谈会上明确指出:"劳动没有高低贵贱之分,任何一份职业都很光荣。"这些讲话不仅有力地批评了当前社会上出现的轻视劳动、看不起劳动者的歪风邪气,而且对激励劳动者的劳动热情,培育社会主义核心价值观具有重要引领作用,也是对马克思劳动创造价值思想的创新发展。

中华民族是勤于劳动、善于创造的民族,他们以勤劳俭朴为荣、以不劳而获为耻。"黎明即起,洒扫庭除""日出而作,日落而息",如此绵绵不断、经久不衰、延续至今,成为中华民族的传统美德,对此我们应很好地传承、弘扬。社会的发展,一刻都离不开每一位劳动者的劳动与创造,不论工人、农民还是知识分子,他们都在自己平凡的岗位上从事着相同或者不同的工作和劳动,为我们社会的发展贡献自己的力量。"说到底,实现中华民族伟大复兴的中国梦,要靠各行各业人们的辛勤劳动"。"一切劳动,无论是体力劳动还是脑力劳动,都值得

尊重和鼓励;一切创造,无论是个人创造还是集体创造,也都值得尊重和鼓励"。在我们社会主义国家,必须尊重不同的劳动,尊重每一位劳动者,肯定每一位劳动者的劳动付出。无论时代如何变化,我们始终都要尊重劳动、崇尚劳动;而且,我们也相信能够把工作做好,从而创造出我们每一个人的劳动价值。"三百六十行,行行出状元",这是我们常讲的话,也是习近平强调的一句话。只要我们能"勤于学习,学文化、学科学、学技能、学各方面知识,不断提高综合素质,练就过硬本领",只要我们能"立足岗位学,向师傅学,向同事学,向书本学,向实践学"。要树立正确人才观,培育和践行社会主义核心价值观,着力提高人才培养质量,弘扬劳动光荣、技能宝贵、创造伟大的时代风尚,营造人人皆可成才、人人尽展其才的良好环境,努力培养数以亿计的高素质劳动者和技术技能人才。全社会要大力弘扬劳动光荣、知识崇高、人才宝贵、创造伟大的时代新风,促使全社会成员弘扬劳动精神,推动全社会热爱劳动、投身劳动、爱岗敬业,为改革开放和社会主义现代化建设贡献智慧和力量。

对于当前青少年中出现的不爱劳动、不会劳动、不珍惜劳动成果的现象,习近平在全国教育大会上特别强调,要在学生中弘扬劳动精神,教育引导学生崇尚劳动、尊重劳动,懂得劳动最光荣、劳动最崇高、劳动最伟大、劳动最美丽的道理,长大后能够辛勤劳动、诚实劳动、创造性劳动。弘扬劳动精神,向劳模学习,对"劳动光荣"理念的进一步倡导,是马克思主义劳动价值观的弘扬。"劳动最光荣"作为一种引导人民群众积极进取的价值取向,展现着无穷的魅力。

光荣属于劳动者,幸福属于劳动者。让劳动光荣成为我们时代最强音。

(二)劳动最崇高:劳动成就崇高的梦想,劳动造就崇高的品格

1. 中华民族伟大复兴的中国梦是全体中国人民共同追求的崇高理想

中国特色社会主义进入了新时代,中华民族伟大复兴的中国梦的实现是全体中国人民共同的追求和崇高的理想,民族的复兴、国家的富强、人民的幸福,这样一种崇高事业,是以全体中国人民的辛勤劳动和共同奋斗为根本支撑的。只有付出辛勤的劳动,只有通过创造性劳动,只有改革开放不停步,继续深化改革创新,才能进一步解放和发展社会生产力,满足人民对美好生活的需求,增强国家的综合国力,实现中国梦这一崇高理想。

从另一个视角来讲,中国梦是最崇高的梦,而每个人的理想与中国梦紧密相连,中华民族伟大复兴的中国梦是每个人梦想的凝聚和升华,也需要靠千千万万人的努力奋斗与拼搏来实现,从此种意义讲,每个人都与崇高的中国梦密切相连,每个人为此的付出和努力、劳动和奋斗与拼搏同样是崇高的。

也就是说,崇高理想的实现必须紧紧依靠全体劳动者的辛勤劳动和共同奋斗;劳动者的劳动也因理想的崇高而变得高尚和崇高。

2. 劳动造就高尚的品格

"最美奋斗者""中国天眼"项目首席科学家、总工程师南仁东。他心无旁骛,追逐梦想,历经 20 余载,8000 多个日夜,在世界天文史上镌刻下新的高度。

"最美奋斗者"、国家杂交水稻工程技术研究中心研究员袁隆平。从 1964 年始,袁隆平开始研究杂交水稻,成功选育了世界上第一个实用高产杂交水稻品种。杂交水稻成果不但使水稻的单产和总产大幅度提高,而且还种到了沙漠和盐碱地,种到了非洲和全世界。

"最美奋斗者"集体:中国女排五连冠群体。中国女排五连冠群体凭借着顽强斗志、勇敢拼搏的精神,五次蝉联世界冠军,为国争光,为民建功。其完美地诠释了顽强斗志、勇敢拼

搏的"女排精神",激励和鼓舞着全国人民。

作为"最美奋斗者",无论是先进个人还是先进集体,都以其行为完美诠释了"爱岗敬业、争创一流,艰苦奋斗、勇于创新,淡泊名利、甘于奉献"的崇高的劳模精神,以此为引领和带动更多的劳动者也形成了"崇尚劳动、热爱劳动、辛勤劳动、诚实劳动"的优良的劳动精神。劳动不仅造就了人,劳动也提高了精神境界,造就了人的高尚和优良的品格。

3. 认识崇高、走向崇高

"最美奋斗者"、原工程兵某团汽车连班长雷锋。他以甘当"螺丝钉"的精神,在平凡的岗位上作出了不平凡的事迹。他"把有限的生命投入到无限的为人民服务之中去"。"雷锋出差一千里,好事做了一火车。"他自己生活节俭朴素,坚持为群众做好事。

从"最美奋斗者"雷锋的故事中,或许不足以突显出如前面所述的最美奋斗者南仁东、袁隆平、中国女排五连冠群体等头上闪烁的耀眼的光环,显而易见的是"螺丝钉"的精神、平凡的岗位、好人好事这些乍看起来与崇高没有太大关系的事与物,但我们仍然为"螺丝钉"精神、为一直坚持做好人好事的精神所感动,因为他们"把有限的生命投入到无限的为人民服务之中去",确实不平凡、伟大和崇高!这也告诉我们,崇高并非真的一定是高不可攀、遥不可及,人人皆可崇高。

当然,崇高的事业和远大的理想、崇高的品格,说到底都必须通过每个人的行动、劳动去实现和体现。千里之行,始于足下,只有通过我们的诚实劳动、辛勤劳动、创造性劳动才能实现和体现。

（三）劳动最伟大：劳动是创造辉煌历史、开创光明未来的磅礴力量

1. 劳动创造辉煌历史

2015年4月28日,习近平在庆祝"五一"国际劳动节暨表彰全国劳动模范和先进工作者大会上指出,"中华民族是勤于劳动、善于创造的民族。正是因为劳动创造,我们拥有了历史的辉煌;也正是因为劳动创造,我们拥有了今天的成就""全面建成小康社会,进而建成富强民主文明和谐的社会主义现代化国家,根本上靠劳动、靠劳动者创造"。改革开放40多年来所取得的举世瞩目的巨大成就和全面建成小康社会第一个一百年目标的实现,中国特色社会主义事业取得的巨大成功,靠的就是中国人民用自己辛勤的劳动与创造得来的,是全体中国人民以高度的主人翁责任感、辛勤的劳动、卓越的创造、忘我的拼搏与奉献,积极投身到经济社会各方面发展的伟大实践中取得的。离开了全体中国人民的劳动与创造,就没有这辉煌的历史,就没有这伟大事业的成功。

2. 劳动开创光明未来,劳动成就伟大的梦想

2012年11月29日,习近平在参观"复兴之路"展览时第一次提出了"中国梦":"实现中华民族伟大复兴,就是中华民族近代以来最伟大的梦想。这个梦想,凝聚了几代中国人的夙愿,体现了中华民族和中国人民的整体利益,是每一个中华儿女的共同期盼。"近代以来,实现中华民族伟大复兴成了中华民族最伟大的梦想,中国人民百折不挠、坚忍不拔,以同敌人血战到底的气概、在自力更生的基础上光复旧物的决心、自立于世界民族之林的能力,为实现这个伟大梦想进行了180多年的持续奋斗。今天,中国人民比历史上任何时期都更接近、更有信心和能力实现中华民族伟大复兴。当然,我们清醒地认识到,中华民族的伟大复兴,绝不是轻轻松松、一蹴而就就能实现的,正因为我们进行的事业是前无古人的伟大事业,更需要依靠全体社会成员的辛勤劳动和共同奋斗。我们所处的时代是催人奋进的伟大时代,我们正在从事的中国特色社会主义事业是全体中国人民共同的伟业,全面建成小康社会,进而建成富强民主文明和谐美丽的社会主义现代化强国,需要全体人民去奋斗,社会主义是干出来的,新时代是奋斗出来的。2020年11月24日,习近平在全国劳动模范和先进工作者表彰大会上指出:全国劳动模范和先进工作者"在平凡的岗位上创造了不平凡的业绩,以实际行动诠释了中国人民具有的伟大创造精神、伟大奋斗精神、伟大团结精神、伟大梦想精神"。他们如此平凡,却又如此伟大,正是他们以及他们所代表的亿万劳动人民的劳动和创造,才让祖国取得了今天的伟大成就。"空谈误国,实干兴邦",实现伟大的奋斗目标,开创美好的未来,必须依靠辛勤劳动、诚实劳动、创造性劳动。

在扩大改革开放、深化改革创新的新征程中,我们会面临着各种难题,路也更加艰难,这更需要发扬伟大的奋斗精神,努力奋进,辛勤劳动,并紧紧抓住"改革创新",加大改革创新的力度和深度,进行更多更大的创造性劳动,坚持不懈,梦想才能变为现实。习近平强调,劳动造就了中华民族辉煌的历史,也必将创造出中华民族的光明未来。因此,必须"引导和支持所有有劳动能力的人依靠自己的双手开创美好的明天",劳动是一切成功的必由之路,只要14亿多中国人民始终发扬伟大奋斗精神,积极投身到经济社会发展的伟大实践之中,中华民族伟大复兴的"中国梦"定能如期实现!

(四)劳动最美丽:美好幸福生活要靠奋斗,拼搏是最美的人生状态

习近平多次提到"劳动最美丽"这一价值论断。"劳动最美丽","在本质上是劳动者基于其劳动实践而实现的美的创造,并通过各种美的劳动形式,彰显劳动者的本质力量和劳动美的价值。'劳动最美丽'作为人的劳动实践的本质属性和基本要求之一,是工人阶级以辛勤劳动、诚实劳动和创造性劳动作为基本形式,在劳动实践中追求劳动美,从而实现劳动的合目的性与合规律性的高度统一,是劳动实践中各种关系的内在和谐与统一"。[①] 中国特色社会主义进入了新时代,彻底消除了产生异化劳动的制度性根源,每一个劳动者的辛勤劳动、诚实劳动、创造性劳动都是在为自己和为社会而进行,现阶段都在为建设富强民主文明和谐美丽的社会主义现代化强国而努力,进而为中华民族的伟大复兴而奋斗。习近平关于"劳动最美丽"的重要思想,是对马克思曾经提出劳动创造美的思想的继承和发展,也是对马克思主义劳动价值观的继承和发展。

1. 劳动创造美好生活,幸福都是奋斗出来的

2013年4月28日,习近平在同全国劳动模范代表座谈中指出:"劳动是财富的源泉,也是幸福的源泉。人世间的美好梦想,只有通过诚实劳动才能实现;发展中的各种难题,只有通过诚实劳动才能破解;生命里的一切辉煌,只有通过诚实劳动才能铸就。"人类通过劳动实现了生存与发展,人们在劳动中创造了价值,也在劳动中得到了满足,从而体验到了快乐和幸福,劳动创造了美好生活,幸福都是奋斗出来的。"劳动是财富的源泉,也是幸福的源泉"这句话道出了美好幸福生活的源泉,这就是劳动。劳动不仅仅是一种谋生手段,不仅仅满足人们物质生活的需要,同时也满足了人们的精神需求,使人们在劳动创造中感受和体验到劳动的快乐与精神愉悦。劳动不仅仅是自我价值实现的途径,也是其社会价值实现的途径,通过劳动满足了自身物质和精神方面的需求,也满足了社会和他人的需要而得到社会和

---

① 刘一.深刻把握"劳动最美丽"的时代意蕴[EB/OL].(2020-04-30)[2022-05-01].http://www.cssn.cn/zx/bwyc/202004/t202004_5120790.shtml.

他人的肯定和积极的评价,而在这种肯定和评价中也得到快乐与精神愉悦。对此,习近平总书记强调"让人民群众有更多获得感","使人民获得感、幸福感、安全感更加充实、更有保障、更可持续"。而这种获得感、幸福感、安全感需要在劳动中才能体现和感受。劳动不仅是人的一种物质活动,也是人的一种精神活动,劳动能给人带来快乐和幸福,这种幸福不只是物质上、感官上的满足,而是更高层次、更大价值的人生取向,是人们幸福生活的重要组成部分,幸福都是奋斗出来的。

2. 拼搏是最美的人生状态,劳动者是最美丽的人

党的十八大以来,每年的"五一"国际劳动节前夕,习近平都会在讲话中谈及劳动模范和劳模精神,并高度评价与赞美劳动模范与劳模精神。2016年4月26日,习近平在知识分子、劳动模范、青年代表座谈会上指出,"劳动模范是劳动群众的杰出代表,是最美的劳动者。劳动模范身上体现的'爱岗敬业、争创一流,艰苦奋斗、勇于创新,淡泊名利、甘于奉献'的劳模精神,是伟大时代精神的生动体现"。劳动模范在他们平凡的岗位上,默默无闻,辛勤劳动,以高度的主人翁责任感、卓越的劳动创造、忘我的拼搏奉献,为全国各族人民树立了光辉的学习榜样,给全社会展现了劳动最美丽的时代形象。

党的十八大以来,习近平点赞的劳动模范有很多,他们的共同特点就是热爱劳动、辛勤劳动、诚实劳动,在自己平凡的岗位上尽职尽责、淡泊名利、无私奉献。"最美奋斗者"的黄大年是国际著名航空地球物理探测技术专家。2009年12月,黄大年毅然放弃了国外优越的科研条件和生活,回到祖国。回国7年,在其推动下,中国的深探事业用5年时间走完了发达国家20年的道路。他带领400多名科学家创造了多项"中国第一",使中国正式进入"深地时代"。习近平对黄大年的先进事迹作出重要指示:"我们要学习他心有大我、至诚报国的爱国情怀,学习他教书育人、敢为人先的敬业精神,学习他淡泊名利、甘于奉献的高尚情操,把爱国之情、报国之志融入祖国改革发展的伟大事业之中、融入人民创造历史的伟大奋斗之中。""最美奋斗者"黄文秀从北京师范大学硕士毕业后毅然返乡,作为选调生进入百色市委宣传部工作,后来到百坭村担任第一书记。她埋头苦干,仅用一年的时间就带领全村88户418名贫困群众脱贫。2019年6月16日深夜,一心牵挂着村里灾情的黄文秀,在开车赶回村里的途中遭遇突如其来的山洪,不幸牺牲。这个30岁的年轻姑娘,将生命永远定格在扶贫路上。习近平对黄文秀的先进事迹作出重要指示,强调她在脱贫攻坚第一线倾情投入、奉献自我,用美好青春诠释了共产党员的初心使命,谱写了新时代的青春之歌。还有许许多多的最美奋斗者和劳动模范以他们的行动谱写了新时代劳动者之歌,他们都是我们学习的楷模,他们爱岗敬业、奉献自我的精神,是广大劳动模范和先进工作者的"奋斗之美"的真实写照。

劳动最美丽,拼搏是最美的人生状态。2022年冬季奥运会北京赛场上中国运动员"在冬奥会赛场上与世界最高水平的运动员们切磋技艺、超越自我,展现出顽强拼搏、勇于挑战的意志品质和开放自信、团结包容的精神风貌。冬奥赛场深刻启示我们,拼搏是最美的人生状态。"①2022年2月24日,习近平回信勉励冰雪健儿,点赞肯定中国冰雪健儿在赛场上奋勇拼搏、超越自我的精神,勉励冰雪健儿,在奋斗中创造精彩的人生。奋斗、拼搏是最美的人生。

① 马祖云.拼搏是最美的人生状态[N].人民日报,2022-02-17.

劳动最美丽,美丽属于普天下所有的劳动者!从科学家的发明创造到运动员的摘金夺银,从英雄人物的非凡功绩到普通劳动者的默默奉献,都伴随着激越豪迈的奋斗进行曲。神舟十三号航天员乘组举世瞩目,背后是日复一日的苦练;短道速滑运动员赢得比赛、为国争光,背后是奋勇争先的搏击。事业有成者的经历表明,一切收获都源自辛勤耕耘、不懈奋斗。从屠呦呦获诺贝尔生理学或医学奖,到南仁东带领团队建'中国天眼'望宇宙,再到黄大发率众在绝壁凿出'生命渠'……令人感佩的传奇故事不胜枚举,同时昭示我们:事业的成功,总是孕育在奋力搏击、敢于胜利的征途上。[①]

习近平总书记立足于新时代,高屋建瓴,着眼大局,所提出的"劳动最美丽"理念,既是新时代重要的价值取向之一,也是对所有劳动者根本的价值要求,更是对全社会的价值要求。我们要以此为引领,以劳动模范为榜样,弘扬劳动精神和劳模精神,爱岗敬业、忠于职守,勇于创造、奉献社会,不断谱写新时代的劳动者之歌,以奋斗开创美好幸福的生活。

拓展阅读

人人皆可长成"大国工匠"[②]

最初看不懂生产图纸的电焊工人,可以成长为"大国焊将";一支普通的口红,能变成创新的灵感来源;面对高炉碳砖"巨无霸",筑炉工艺可达"毫米级"……技能带来的精彩与不凡,常常在生产一线、工厂车间竞相绽放。

2021年6月22日,第十五届高技能人才表彰大会在北京举行,30名来自不同行业的大国工匠获得中华技能大奖这一殊荣。

"不是一味干'粗活',知识和技术才是实现人生价值的本钱。"

"我只是一个普通的人,在普通的岗位上做到了极致。"刘丽,中国石油天然气集团有限公司的一名采油工、高级技师,也是这次中华技能大奖的获得者。28年,从基层采油女工成长为石油工业油气生产领域的专家型技能人才,她对自己职业生涯的评价只是这短短的一句话。

1993年,刘丽从技校毕业,在父亲的影响下,来到中石油标杆队48队担任采油工。由于工作性质特殊,采油工这一行男性职工占比大,而刘丽在采油一线坚守了28年。

"采油工并不是一味干'粗活',知识和技术才是实现人生价值的本钱。"怀着这样的信念,刘丽不断提升理论和实际操作水平。平日总是怀揣一本技术书,白天上井对照实物琢磨,下班回家再把知识整理成笔记,直到吃透弄懂。28岁时,她被破格聘为采油技师,35岁时成为大庆油田最年轻的中国石油天然气集团公司技能专家。

没有人是天生的能工巧手,这些大国工匠的故事里,有着同样的钻研劲儿。

王汝运如今是中国铁路工程集团有限公司的高级技师,是对中国桥梁建设有突出贡献的"大国焊将"。在国家重点工程南京二桥的建设中,他一人完成的焊缝总长度就达到2000多米,被大家称为"南二桥上的拼命三郎"。

①　马祖云.拼搏是最美的人生状态[N].人民日报,2022-02-17.
②　佚名.大国工匠这样"炼"成[EB/OL].(2021-06-24).http://society.people.com.cn/n1/2021/0624/c1008-32138901.html.

但是谁能想到，刚参加工作时，只有初中学历的他曾连生产图纸也看不懂，关键任务都插不上手。面对理论知识的欠缺，他自费购买大量技术类书籍，坚持每天工余时间刻苦钻研，笔记写满了十几个厚厚的笔记本。勤学苦练，拜师学艺，技能钻研之路何其充实。

2017年，王汝运率队参加上海金砖国家国际焊接大赛，一举实现中国中铁在国际大赛中奖牌"零"的突破，也在国际舞台上赢得一份荣耀。桥梁焊接劳动强度极大，技术要求极高。30多年来，王汝运一心扑在了融苦、脏、累、难为一体的工作岗位上。"技术代表能力，实干代表品质"，这是他的信念。

"不仅要能干苦干，还必须会干巧干，不创新迟早被淘汰。"

除了满足工作岗位的需求，如何把活干得更巧、干得更快、干得更好是大国工匠们常常琢磨的问题。技能的追求没有止境，在一遍遍的研发、生产、实验、修改、再实验中，他们解决了大量的实际难题，也为企业和社会创造更大的价值。

有的来自生活中的小小灵感——几十年来，采油工一直沿用传统的抠取办法更换盘根盒密封圈，"总漏油、盘根寿命短、换起来费劲"，小小的盘根让采油工没少吃苦头。2000年，刘丽开始琢磨解决这一难题。她受到口红的启发，设计了"上下可调式盘根盒"，并在十几年间进行了五代改进，使盘根更换时间从40多分钟缩短为10分钟，盘根使用寿命从1个月延长到6个月。

有的来自千百次的试验——砌筑是各类冶金炉窑建造的关键环节，在筑炉过程中，上千块耐火砖拼接在一起，砖缝的大小是一门大学问。在武钢7号高炉本体砌筑施工中，一块高炉碳砖长约1.7米、重达近1吨，面对这个"巨无霸"，中国五矿集团有限公司筑炉工吴春桥带领团队不断调整泥浆黏稠度，筛选砌筑手法，制定不同的砌筑方案。

最终，经他砌筑的碳砖砖缝达标，墙体表面平整度均保证在1毫米以内。他的"毫米级"筑炉工艺相继在中国容积最大、工艺最先进的7.63米焦炉、6.25米捣固焦炉和7米焦炉，以及巴西、南非、印度等海外大容积焦炉中推广应用，经济和社会效益"杠杠的"。

有的来自向"不可能"进发的勇气——核电发电机是将核能转化为电能的最终环节，也是最复杂、最贵重的电气设备，造价高达数亿元，而检修是发电机稳定运行最重要的保障。

检修中，发电机定子线棒吹干是一项世界性难题，过去国内没有专用工具，手工方法不但安全性差，还要耗时15天才能完成，长期以来"快速吹干"被视为一项不可能实现的目标。但中国广核集团有限公司高级技师王建涛爱动脑搞发明，他打破固化思维，发明了定子线棒全自动快速吹扫装置，并经10年改进五代产品，将吹干时间大幅缩短到7.5小时，消除了安全隐患，单次节约90人工日和7天工期，甚至比国际同类装置更快！

王汝运说："市场思维的改变，产品技术的升级，要求一线工人不仅要能干苦干，还必须会干巧干，不创新迟早会被淘汰。"大国工匠们的成长之路，也是一条创新攀登之路。

传、帮、带，让技能薪火相传，点燃年轻人的工匠梦想。

一个人可以跑得很快，但一群人可以跑得更远。翻开本届中华技能大奖获得者的履历，年龄多为40～50岁。如何能让技能薪火相传，是他们不断思考和实践的命题。

从事采油工作20多年的张义铁，是中国石油化工集团有限公司的一名高级技师。为了让更多石油工人成为技术大拿，张义铁牵头成立了油田首个技师工作室。他坚持举办"技术课堂进井站"活动，上门送教，定期把技术知识送到一线，年培训基层岗位员工500人以上。

从这里，先后走出42名技师、高级技师，10名省部级技术能手，20名公司级技术标兵。

2020年,张义铁技能大师工作室被评为国家级技能大师工作室,用实际行动让石油事业的人才队伍生生不息。

"吃科技饭,走创新路,技能成就人生",本溪钢铁(集团)机电安装工程有限公司高级技师罗佳全将这样的职业态度带到团队中间。总结工作技能、积累宝贵经验的同时,罗佳全充分发挥技能领军人才的"传、帮、带"作用,积极搭建科技创新平台,传授毕生的高超技艺。

以他为带头人的国家级技能大师工作室形成了电气自动化实操、电气高压系统实操、高压电缆接头制作、试验、故障查找等功能体系完备的培训室和实操演练、比武场地,在全国冶金系统首屈一指。

更有许多技能大咖拥抱新方式,点燃年轻人的梦想。齐名是华北制药金坦生物技术股份有限公司的维修电工、高级技师,他技校毕业,却"驯服"了一台又一台"洋设备",用坚韧不拔的"牛劲儿"诠释着新时代工匠精神。为带动年轻人学技术,他走进校园传道授业;疫情防控期间,更主动利用业余时间免费录制技能直播课程,与全国职工分享技能和经验,线上4万多人观看……

"干一行,爱一行,只要恒久追求,平凡的岗位上也能尽展靓丽风采,镌刻无悔人生。"正是在他们的感召和带领下,越来越多的产业工人在追求精益求精的"工匠精神"的道路上迅速成长,成为改革发展的主力军。相信随着社会土壤日渐肥沃,中国的技能人才队伍也将迎来满园绽放的春天。

(编者按:资料来源于人民网,2021年6月24日;标题作了修改,原标题为《大国工匠这样"炼"成》;本案例撷取了获得中华技能大奖殊荣的多名大国工匠中的事迹,记述了这些来自不同行业的普通工人在经历劳动实践长期的艰苦锤炼后,终于成长为一名大国工匠。从普通工人长成大国工匠的历程中,我们可以感悟到劳动的光荣、崇高、伟大和美丽,同时也为这些最美劳动者高尚的品格、伟大的奋斗精神所折服,他们无疑具有无上的荣光!与有荣焉,期望每一个人也以此为荣,成为一名光荣的劳动者和创造劳动美的奋进者!)

复习和思考题

1. 对于运用劳动能力解决实际问题,大学生可以从哪几方面加强?
2. 论述大学生劳动素养各构成要素之间的关系。
3. 举例说明日常生活劳动、生产劳动和服务性劳动如何实施。
4. 简述马克思主义劳动价值观的基本内涵。
5. 如何理解习近平新时代中国特色社会主义劳动价值观?

第三章

劳动精神

学习目标

1. 理解劳动精神、劳模精神、工匠精神的内涵及其时代价值；
2. 了解劳模工匠精神进校园的形式，培养崇尚劳动、尊重劳动、热爱劳动的理念；
3. 学习典型人物精神事迹；
4. 铭记并践行劳模精神和工匠精神。

第一节 劳动精神的内涵与意义

"人民创造历史,劳动开创未来。劳动是推动人类社会进步的根本力量。"[①]劳动精神作为劳动的精神产物,是指劳动者为创造美好生活而在劳动过程中秉持的劳动态度、劳动理念及其展现出的劳动精神风貌。劳动精神是劳动实践中提炼而成的,是推动社会变革、推动社会文明与进步的重要精神力量。劳动精神是能够激发劳动者的劳动热情,充分释放劳动者的潜能,促使劳动者创造美好生活的精神。劳动是一切幸福的源泉。在长期实践中,我们培育形成了崇尚劳动、热爱劳动、辛勤劳动、诚实劳动的劳动精神。习近平总书记在2018年全国教育大会上强调:"要在学生中弘扬劳动精神,教育引导学生崇尚劳动、尊重劳动,懂得劳动最光荣、劳动最崇高、劳动最伟大、劳动最美丽的道理,长大后能够辛勤劳动、诚实劳动、创造性劳动。"[②]当代学生担当着民族复兴的时代使命,要努力做劳动精神的培育者和弘扬者,用实际行动展现出新时代的青春风貌。

一、劳动精神的核心内涵

劳动精神具有深刻丰富的内涵。有人认为,劳动精神就是崇尚劳动、尊重劳动者。有人认为,劳动精神包括劳动者伟大精神、劳动伟大精神两方面。有人认为,近现代中国最具代表的劳动精神可分为四种,即"探索""抗争""建设""发展"。还有人认为,人类的劳动精

---

① 习近平.习近平谈治国理政：第1卷[M].北京：外文出版社,2014.
② 教育部课题组.深入学习习近平关于教育的重要论述[M].北京：人民出版社,2019.

神主要包括：劳动创造财富、劳动使人幸福的为民精神，劳动最光荣、劳动要勤奋的敬业精神，劳动出智慧、劳动靠智慧的科学精神，劳动靠大家、协作出成果的合作精神。劳动精神就是人类为了自身的幸福而不懈努力奋斗的精神，和谐相处、合作共事的精神，解放思想、富于创新的精神，讲求效率、追求完美的精神。

随着时代的发展，劳动精神的内涵也在不断丰富和发展。中国特色社会主义进入新时代，新时代的劳动精神有其特定的时代语境和内涵表达。

2018 年 9 月 10 日，习近平总书记在全国教育大会上强调："要在学生中弘扬劳动精神，教育引导学生崇尚劳动、尊重劳动，懂得劳动最光荣、劳动最崇高、劳动最伟大、劳动最美丽的道理，长大后能够辛勤劳动、诚实劳动、创造性劳动。"这一论述，包含两个层面的内容，即理念认知层面和行为实践层面。

在理念认知层面，体现为崇尚劳动、尊重劳动，懂得劳动最光荣、劳动最崇高、劳动最伟大、劳动最美丽的道理。崇尚劳动指对待劳动本质的认识问题，就是要真正认识到劳动是人类社会存在和发展的基础，是创造文明、推动历史、促进人的全面发展的根本手段。尊重劳动指对待劳动价值的态度问题，就是要真正明白劳动是创造价值的唯一源泉，是美好幸福生活的直接来源。劳动最光荣、劳动最崇高、劳动最伟大、劳动最美丽指对待劳动的情感问题，就是要有勇挑重任的担当。

在行为实践层面，体现为辛勤劳动、诚实劳动和创造性劳动的要求。辛勤劳动指劳动过程中要不怕苦、不怕累，踏实工作、埋头苦干，敬业乐业，这是对劳动者素质的基本要求。诚实劳动指在劳动过程中要坚持实事求是原则和诚信原则，劳动报酬实行按劳分配。创造性劳动指在遵循客观规律、遵从法律法规、遵守伦理道德的前提下，勇于创造、敢于创新，这是人类社会发展规律的必然要求。当然，三者之间也是相互联系、相互促进的。辛勤劳动是诚实、创造性劳动的基础，这是由劳动的本质特性所决定的；诚实劳动是辛勤劳动、创造性劳动的必然要求；创造性劳动是辛勤劳动、诚实劳动的发展，是人的全面发展和社会全面进步的客观要求。

2020 年 11 月 24 日，习近平总书记在全国劳动模范和先进工作者表彰大会上的讲话中明确指出，在长期实践中，我们培育形成了"崇尚劳动、热爱劳动、辛勤劳动、诚实劳动的劳动精神"。简言之，新时代劳动精神的内涵就是崇尚劳动、热爱劳动、辛勤劳动、诚实劳动。

（一）崇尚劳动

崇尚劳动的价值取向源于劳动的本源性价值。劳动是光荣和神圣的，我国宪法明确规定"公民有劳动的权利和义务"。劳动的成果是神圣的，劳动者通过劳动创造满足人类社会进步发展需要的各种产品，从中体会成功和梦想的能量，获得满足感、成就感和尊严感。对当前所取得的一系列崭新成就，习近平认为"是全国各族人民撸起袖子干出来的，是新时代奋斗者挥洒汗水拼出来的"[①]。不论哪种形式的劳动，只要是有益于人民和社会的劳动，都是人类历史发展不可或缺的内容和推动力量，都应该得到承认、保护和尊重，正如习近平所指出的，劳动没有高低贵贱之分，任何一份职业都很光荣。不仅要尊重劳动的过程，还要尊重劳动者，尊重和珍惜他人劳动的成果。无论是普通工人、农民所从事的创造社会财富的基础性劳动，还是知识分子的创造性劳动，抑或是创业者、自由职业者的劳动，只要为社会主义

---

① 习近平.国家主席习近平发表二○一九年新年词[N].人民日报,2019-01-01.

事业的发展做出了贡献,都是伟大的、美丽的。只有尊重劳动并崇尚劳动,才能通过劳动创造实实在在的价值。新时代大学生要崇尚劳动,尊重那些在平凡的工作中做出不平凡业绩的劳动模范,如在新冠肺炎疫情肆虐期间,以钟南山、李兰娟等院士为代表的科学家和舍生忘死的一线医务工作者,以及众多参与抗击疫情的平凡志愿者、人民警察等,都值得当代大学生好好学习。

(二)热爱劳动

热爱劳动,是发自内心的热爱,身体力行去劳动,爱惜劳动成果,让每一位劳动者在劳动中找到自己的人生定位和实现自己的人生价值。热爱劳动要求"坦荡无私、乐于奉献"的劳动品德。坦荡无私指的就是一个人胸怀坦诚,大公无私,不以追求荣誉为目的的高尚人格。我们总是希望能够得到公正的评价,但是我们不能把获得荣誉当作自己劳动的目的,而要把国家的利益、人民的幸福当作自己努力的方向。因而,我们在劳动过程中要崇尚大公无私、国家利益高于一切、集体利益大过个人利益的劳动品德。乐于奉献是指自愿主动去做有利于他人或集体的事情却不追求回报,甚至在关键时刻可以牺牲自己。袁隆平就是乐于奉献的代表人物,他不顾现实环境的各种阻碍,在一线辛勤耕耘,培育出杂交水稻,为解决中国人民的吃饭问题做出了重大贡献,获评"感动中国·2004年度人物",是首届国家最高科学技术奖得主,但他却始终专注于农田做一个真正的劳动者。袁隆平为广大劳动者做出了积极的榜样,他把国家理想和个人梦想统一起来,始终遵循"坦荡无私、乐于奉献"的劳动品德,丰富和发展了新时代劳动精神。劳动者要把国家利益当作劳动的根本目的,做国家的奋进者、建设者。[①]

(三)辛勤劳动

辛勤劳动就是指辛勤耕耘、埋头苦干,是劳动者对劳动应有的首要态度和基本立场,是诚实劳动的条件与基础。它诠释了劳动者在劳动关系中体现的实干精神、效率意识、奉献意识、自觉意识等劳动态度。勤劳是中华民族引以为豪的优良传统和美德。从愚公移山、大禹治水的躬耕劳作,到悬梁刺股、焚膏继晷的寒窗苦读,无不勉励后人要秉持勤奋的精神,不断学习和自我提升,为社会贡献自己的价值。社会主义和新时代都是干出来的,只有通过劳动才能开创未来,只有通过奋斗才能实现梦想。习近平指出,青年人要"在工作中增长才干、练就本领,以真才实学服务人民,以创新创造贡献国家"[②]。当今世界正面临百年未有之大变局,并经历新一轮大发展大变革大调整,霸权主义、贸易保护主义正严重威胁着世界多极化发展。我国作为新兴经济体和发展中国家,必须坚定不移保持和发扬勤奋踏实的优秀文化传统,抓住当前科技和产业革命的难得历史窗口期,才能全面提升综合国力,推动由量变到质变的飞跃。

(四)诚实劳动

诚实劳动是指在法律范围内自觉践行职业道德规范,严格工作标准,坚持初心、恪尽职守,实事求是地认识和对待劳动过程和劳动成果,是劳动价值的基本追求,是应当传承并发扬光大的中华美德。"人世间的美好梦想,只有通过诚实劳动才能实现;发展中的各种难

---

① 孙家学,耿艳丽,邵珠平.新时代高校劳动教育通论[M].北京:高等教育出版社,2021.

② 习近平.在纪念五四运动100周年大会上的讲话[N].思想政治工作研究,2019(5):7-11.

题,只有通过诚实劳动才能破解;生命里的一切辉煌,只有通过诚实劳动才能铸就。"习近平总书记用优美且真切的语言赞美了诚实劳动。诚实劳动不仅关乎劳动价值,更关乎道德底线,影响人民的生命和生活。不讲诚信的劳动,与我们优秀的传统文化相违背,与社会主义核心价值观相背离,甚至会成为危害社会的行为或违法犯罪行为。

二、培育新时代劳动精神的重要意义

新时代劳动精神继承并发展了中华民族劳动光荣的优秀劳动观念,融入了中国特色的马克思主义劳动价值论,契合中国的社会历史语境,树立并彰显了崇尚劳动、热爱劳动、辛勤劳动、诚实劳动的劳动新理念,形成并传播了一种劳动者至上、劳动者平等、劳动者可敬、劳动最光荣、劳动最崇高、劳动最伟大、劳动最美丽的劳动价值观,是促进人的全面发展、夺取新时代中国特色社会主义伟大胜利、实现中华民族伟大复兴的中国梦的重要力量源泉。作为新时代的大学生,要承担起国家繁荣、民族复兴、社会发展、人民幸福这些重大历史责任,就必须深刻认识劳动精神的重要性。因此,应在全社会大力弘扬劳动精神,倡导青年大学生通过诚实劳动来实现人生的梦想、改变自己的命运。

(一)培养劳动精神是劳动者实现自身全面发展的根本手段

劳动精神的发挥,将引导人实现自由全面的发展。在劳动的过程中,通过劳动精神的发挥,人的劳动观念、劳动态度、劳动情感和劳动能力等得到发展,自我的道德品质、智力水平、体力水平和审美能力得到充分提升;人的需要得到满足,最终实现自我价值与社会价值的统一,人们的劳动获得感与幸福感得以增强,人的"德智体美劳"全面发展得以实现。一切劳动者,要想在波澜壮阔的改革发展年代勇立潮头,在不进则退、不强则弱的竞争中赢得优势,在报效祖国服务人民的人生中有所作为,就要孜孜不倦学习,勤勉奋发干事,踏实劳动、勤勉劳动,才能在平凡岗位上干出不平凡的业绩,实现体面劳动、全面发展。[①]

(二)培养劳动精神有利于营造尊崇劳动的良好社会风尚

劳动是推动人类社会进步的根本力量,营造劳动光荣的社会风尚,其核心就是让全体人民崇尚劳动、热爱劳动、辛勤劳动、诚实劳动。因此,社会要通过弘扬劳动精神,让人们认识到,劳动是解决发展中各种难题的金钥匙。人世间的美好梦想,只有通过诚实劳动才能实现;发展中的各种难题,只有通过诚实劳动才能破解;生命里的一切辉煌,只有通过诚实劳动才能铸就。要在全社会形成尊重和鼓励一切劳动、尊重和鼓励一切创造的良好氛围,让尊重劳动、尊重知识、尊重人才、尊重创造的理念在全社会深深扎根,培育形成劳动最光荣、劳动最崇高、劳动最伟大、劳动最美丽的社会风尚,以辛勤劳动为荣,以好逸恶劳为耻,爱岗敬业、争创一流,以不懈奋斗书写新时代华章,共同创造幸福生活和美好未来。[②]

(三)培养劳动精神有益于推进全面建设社会主义现代化国家

劳动创造了中华民族,造就了中华民族的辉煌历史,也必将创造出中华民族的光明未来。党中央提出到2035年基本实现社会主义现代化远景目标。这是党在新时代的历史使命。实现这一目标,根本上靠劳动,靠劳动者创造,关键是要崇尚劳动、尊重劳动者。广大人

---

① 周利生.劳动教育概论[M].北京:高等教育出版社,2021.
② 陈伟,郑文.大学生劳动教育概论[M].北京:高等教育出版社,2021.

民群众要自觉把自身前途命运同国家和民族前途命运紧紧联系在一起,把个人梦同中国梦紧密联系在一起,把实现党和国家确立的发展目标变成自己的自觉行动,在全面建设社会主义现代化国家过程中大力践行劳动精神,推动全社会热爱劳动、投身劳动、爱岗敬业,不断谱写新时代的劳动者之歌。[①]

　　新时代大学生劳动精神的塑造和培养是一个长期和系统的工程,需要贯穿于家庭教育、学校教育、社会教育的全过程;也需要个人从平时的日常生活、每一件小事做起;还需要将个人理想根植于国家的伟大建设实践中,将劳动精神内化于心、实践于行,最终成为合格的社会主义建设者、劳动者。

第二节　劳动精神的升华:劳模精神

　　劳动模范是劳动群众的杰出代表,是最美的劳动者,是人民的楷模。劳动模范身上体现的“爱岗敬业、争创一流,艰苦奋斗、勇于创新,淡泊名利、甘于奉献”的劳模精神,是伟大时代精神的生动体现。时代需要劳动模范,社会需要弘扬劳模精神,劳模精神薪火相传。

一、劳模精神的内涵

　　劳模精神是指劳模之所以成为劳模而在平凡岗位上做出不平凡业绩所坚持坚守坚定的基本信念、价值追求、人生境界及其展现出的整体精神风貌。[②] 2015 年 4 月 28 日,习近平在庆祝“五一”国际劳动节暨表彰全国劳动模范和先进工作者大会上强调:“‘爱岗敬业、争创一流,艰苦奋斗、勇于创新,淡泊名利、甘于奉献’的劳模精神,生动诠释了社会主义核心价值观,是我们的宝贵精神财富和强大精神力量。”这 24 个字的劳模精神言简意赅,与社会主义核心价值观理念相通,成为中国精神持续发挥作用的重要动力和依托,为我们科学理解和大力弘扬劳模精神提供了正确方向和切实指导。

(一)爱岗敬业、争创一流

　　“爱岗敬业、争创一流”是对劳动者岗位和业绩的要求。人类社会的不断进步正是在“爱岗敬业、争创一流”的劳动劳模中不断演进的。“爱岗敬业”是中华民族精神的重要组成,是劳模精神的根基。从神农尝百草到大禹治水、周公吐哺,在中华文化中,“爱岗敬业”的事迹体现了中华人民从古至今对劳动的热爱与坚持,对工作岗位的坚守与忠诚。“争创一流”指当代劳模以最高标准要求自我,其社会价值得以实现的精神,是劳模精神的精髓,其核心是敢为人先、追求一流。

(二)艰苦奋斗、勇于创新

　　“艰苦奋斗、勇于创新”是对劳动者作风和能力的要求。“艰苦奋斗”源于劳动者的坚守,硬骨头精神、老西藏精神等是其形象表征,是中华民族的优良美德与精神本色。劳模之所以能够成为劳模,最根本的是依靠艰苦奋斗创造不平凡的业绩。习近平总书记强调,社会主义是干出来的新时代也是干出来的。我们党为争取民族解放和独立的斗争史,就是一部艰苦

---

　　① 陈伟,郑文.大学生劳动教育概论[M].北京:高等教育出版社,2021.
　　② 乔东.劳动精神和工匠精神探析[J].中国劳动关系学院学报,2019(5):35-42.

奋斗的创业史。实现中华民族伟大复兴的中国梦，从根本上要靠劳动者的艰苦奋斗才能实现。"勇于创新"是劳模精神的灵魂，以"两弹一星"精神、袁隆平精神等为代表，即劳动者通过不断创新，实现突破性发展。劳模是辛勤的劳动者，是历史的创造者，更是创新的实践者。伴随着现代产业的发展，勇于创新是新时代劳模最为突出的表征，大批创新型劳模的涌现推动了"中国制造"向"中国创造"的转型，推动了我国技术创新和产业的进步，他们是社会主义现代化建设的创新主力和排头兵。我们要把握时代发展的脉搏，积极学习劳动模范勇于创新、与时俱进的开拓进取精神，充分调动自身的创新潜能和创造活力，不断钻研科学技术，全面提升勇于创新的本领，为中国特色社会主义现代化发展建设做出突出贡献。

（三）淡泊名利、甘于奉献

"淡泊名利、甘于奉献"是对劳动者道德和品质的要求，也是一种功成不必在我、功成必定有我的精神，体现着中华人民谦和豁达、无私奉献的精神。"淡泊名利"源于劳动者的不争，是一种兢兢业业、任劳任怨的工作态度，是中国传统名利观的集中体现，是劳模精神的境界和价值引领；"甘于奉献"源于劳动者的大爱，是中华民族精神的重要表现，是涵养社会主义核心价值观的重要源泉，是劳模精神的底色。一个国家、一个民族的生存和发展，需要千千万万个脚踏实地的行动者和默默耕耘的奉献者砥砺前行，发扬与践行"淡泊名利、甘于奉献"的劳模精神。

二、劳模精神的时代价值

劳模精神是我们极为宝贵的精神财富，是社会主义核心价值观的生动诠释，是时代精神、民族精神、劳动精神和工匠精神的生动体现，在培育时代新人、增强文化自信、实现伟大梦想等方面都有重要的价值。

（一）新时代劳模精神是培育时代新人的精神资源

党的十九大提出了培养担当民族复兴大任的时代新人的战略要求。时代新人是德智体美劳全面发展的人才，崇尚劳动、尊重劳动是时代新人的内在素质要求。我们要用劳模精神培育时代新人。劳模精神以劳动精神为基础，是对劳动精神的深化和推崇。在新时代，纵然人们的物质生活条件得到了极大改善，但劳模精神并没有过时，反而更需要弘扬和践行。面对新情况、新挑战，我们要"以劳动模范为榜样，爱岗敬业、勤奋工作，锐意进取、勇于创造，不断谱写新时代的劳动者之歌"[1]。一方面，劳动是一切幸福的源泉，劳模精神作为社会主义核心价值观的生动诠释，更容易为人们所接受、认同和践行，对培养时代新人具有重要推动作用。另一方面，劳模精神本身蕴含育人价值，通过强化教育引导、舆论宣传、文化熏陶、实践养成、制度保障，培养和造就具有劳模精神的时代新人激发广大劳动者的积极性、主动性和创造性。

（二）新时代劳模精神是增强文化自信的精神底气

文化是一个国家、一个民族的灵魂。文化兴国运兴，文化强民族强。没有高度的文化自

---

[1] 习近平. 在知识分子、劳动模范、青年代表座谈会上的讲话[N]. 人民日报，2016-04-30.

信，没有文化的繁荣兴盛，就没有中华民族伟大复兴。[①]文化自信是更基础、更广泛、更深厚的自信，是更基本、更深沉、更持久的力量。劳模精神是中国特色社会主义文化的重要形态，对于增强文化自信具有重要支撑作用。一方面，劳模精神是中国特色社会主义文化的重要组成部分，始终贯穿于中国特色社会主义文化建设的全过程。劳模精神根植于中国人民的劳动过程，特别是中国特色社会主义伟大实践中，继承和发展了中华优秀传统文化，以及党领导人民创造的革命文化和社会主义先进文化。另一方面，劳模精神是建设社会主义文化强国的关键要素。社会主义文化强国建设要靠劳动、要靠劳模精神。具体来说，劳模精神有助于培育和践行社会主义核心价值观，有助于促进中国特色社会主义文化繁荣发展，有助于保持对中国特色社会主义文化理想、文化价值的高度认同。

（三）新时代劳模精神是实现伟大梦想的精神动力

中华民族伟大复兴的中国梦不是轻轻松松、敲锣打鼓就能实现，"根本上要靠包括工人阶级在内的全体人民的劳动、创造、奉献"[②]。伟大时代孕育伟大精神，实现伟大梦想需要伟大精神。一方面，劳模精神是实现伟大梦想的宝贵精神财富。在全社会弘扬和践行劳模精神，营造尊重劳动、尊重知识、尊重人才、尊重创造的社会氛围，涵养以辛勤劳动为荣、以好逸恶劳为耻的社会风气，培育积极健康、开放包容的社会心态，才能够让"劳动光荣、创造伟大"成为时代强音，让劳模精神成为我们时代人人向往的精神高地。另一方面，劳模精神是实现伟大梦想的强大精神力量。在 2020 年全国劳动模范和先进工作者表彰大会上，习近平总书记明确指出，劳模精神是"鼓舞全党全国各族人民风雨无阻、勇敢前进的强大精神动力"。劳模精神不仅可以激发创造物质财富的不竭力量，不断增强劳动本身的价值指数；而且可以提升劳动主体的道德品格和幸福指数，进一步在精神层面凝聚起全社会共识。概括而言，劳模精神能够为中国经济社会发展汇聚强大能量，为全面建设社会主义现代化国家提供强大精神动力。

第三节 劳动精神的实践：工匠精神

一、工匠精神的内涵

工匠精神是一种职业精神，它是职业道德、职业能力、职业品质的体现，是从业者的一种职业价值取向和行为表现。在 2015 年央视推出的大型纪录片《大国工匠》中，分别讲述了高凤林等八位不同岗位的劳动者，靠着自己过硬的技术，用灵巧的双手，靠着传承和钻研，凭着专注和坚守，数十年如一日地追求着职业技能的极致，创造了一个又一个的奇迹，缔造了一个又一个的"中国制造"。这部纪录片的片首语这样写道："他们锲而不舍，身体力行，传承匠人精神；他们千锤百炼，精益求精，打磨中国制造。他们是劳动者，一念执着，一生坚守。"2016 年，工匠精神首次出现在政府工作报告中，提出"要鼓励企业开展个性化定制、柔性化生产，培育精益求精的工匠精神"。这里将"工匠精神"纳入国家政策话语体系。随后，工匠

---

① 习近平.决胜全面建成小康社会 夺取新时代中国特色社会主义伟大胜利——在中国共产党第十九次全国代表大会上的报告[J].实践(思想理论版),2017(11)：4-21.

② 习近平.同中华全国总工会新一届领导班子集体谈话[N].人民日报,2013-10-24.

精神又连续出现在 2017—2019 年的政府工作报告中。党的十九届四中全会通过的《中共中央关于坚持和完善中国特色社会主义制度、推进国家治理体系和治理现代化若干重大问题的决定》提出"弘扬科学精神和工匠精神"。党的十九届五中全会再次提出"弘扬科学精神和工匠精神"。习近平在 2020 年全国劳动模范和先进工作者表彰大会上的讲话中阐明了工匠精神的基本内涵,即执着专注、精益求精、一丝不苟、追求卓越。从精神特质来看,执着专注是工匠精神的首要要求,精益求精是工匠精神的使命要求,一丝不苟是工匠精神的规范要求,追求卓越是工匠精神的价值要求。作为一种优秀的职业道德文化,工匠精神的传承和发展契合了时代发展的需要。在新时代大力弘扬工匠精神,对于推动经济高质量发展、实现"两个一百年"奋斗目标具有重要意义。新时代大学生肩负实现中国梦的重任,工匠精神进校园、进课堂也成为高校教育的一个重要任务。

二、践行工匠精神的重要意义

再先进的技术也无法代替工匠,科技的高速发展也代替不了工匠精神的引领。新中国成立以后,工匠精神在科学技术领域发挥了巨大作用。例如"两弹一星"的研发与发射过程中的每一环节都凝结着工匠技艺,这些成就的背后无不体现出工匠的吃苦耐劳、攻关克难、锐意创新等精神。在新时代大力弘扬工匠精神,对于推动经济高质量发展,实现"两个一百年"奋斗目标更具有重要意义。"十三五"规划明确要求:"营造崇尚专业的社会氛围,大力弘扬新时期工匠精神。"很明显,弘扬工匠精神是国家行动的战略要求。中国经济正在步入增长速度趋于平缓的"新常态",加快推进制造强国建设,深入实施《中国制造 2025》,是我国工业未来一个时期内重要的战略任务。[①] 传承好、培育好、践行好、弘扬好工匠精神关乎"中国制造"的生命力和影响力。从制造业大国向制造业强国迈进,仍然需要从启迪精神内核入手,释放劳模精神、工匠精神的巨大能量,在全社会形成尊重劳动者、崇尚创业创新、追求极致、敬业报国的价值导向,才能最大限度地激发蕴藏在人民群众之中的创造伟力,提高劳动者的整体素质。我们要让工匠精神成为人人向往的精神追求,不断谱写新时代的奋斗之歌。

(一)践行工匠精神有助于提高创新能力、加快建设制造强国

我国是世界制造业第一大国,在世界 500 多种主要工业产品中,我国有 220 多种工业产品的产量位居世界第一。但总体而言,我国制造业大而不强,多而不精,不少企业追求"短、平、快"所带来的即时经济利益,而追求卓越、精益求精、用户至上的精神往往被忽略。要加快制造业转型升级,建设制造强国,关键在于提高创新能力,而工匠精神是助推创新的重要动力。把工匠精神融入生产制造的每一个环节,爱岗敬业、追求完美,才有可能实现突破创新。央视《大国工匠》纪录片中说道:"如果每一件中国制造的背后,都有这样一位追求极致和完美的工匠,中国制造就能跨过'品质'这道门槛,跃升为'优质制造',让更多的中国产品在全球市场闪耀更耀眼的光芒。"我们要通过践行工匠精神,培育劳动者精益求精、勇于创新的精神,为实施国家创新驱动发展战略、推动产业转型升级奠定坚实基础,推动中国制造成为优质制造,中国创造,让中国收获全球敬意。

(二)践行工匠精神有助于提升中国品牌国际形象

品牌是企业走向世界的通行证,也是国家竞争力的重要体现、国家形象的亮丽名片。德

---

① 苗圩.弘扬工匠精神 打造中国制造新名片[J].中国经导刊,2016(28):6-8.

国是当今世界上最重要的工业强国之一,其产品以精密优良而著称于世界,产生了保时捷、奔驰、宝马、阿迪达斯等一大批世界知名品牌。其制造业的发达与对工匠精神的重视密切相关。日本制造的强大也与工匠精神密不可分。许多日本人把将一件小事做到极致视为一个人的成功,把匠心作为终生的信仰。因此,日本的很多中小型企业数十年如一日只生产一种产品,专攻一门技艺,其产品也就日趋完美,成就了数以万计的"百年企业"。在我国经济发展的过程中,要提升产品的品牌形象,就要把工匠精神融入设计、生产、经营的每一个环节,做到精雕细琢、追求完美,实现产品从"重量"到"重质"的提升。华为、海尔、中国高铁以自己强有力的品格保证,保持海外市场份额居高不下,而过硬的质量和技术又依赖于每个企业、每个企业工人对待产品质量的严苛要求,其根本的精神动力就是工匠精神。通过践行工匠精神,让每个劳动者恪尽职守,崇尚精益求精,进而培育众多大国工匠,不断提高产品质量,打造更多享誉世界的有中国特色、中国风格、中国气魄的中国品牌,建设品牌强国。

(三)践行工匠精神有助于提升我国劳动者的整体素质

一个国家、一个民族的发展,离不开各行各业劳动者的共同推动。"人是生产力中最活跃、最根本的要素,无论是'中国制造',还是'中国创造'乃至'中国智造',都需要一支结构优化、素质过硬的产业工人队伍,需要大规模布局合理、技艺精湛的技能人才,更需要一大批精益求精、追求卓越的工匠。""工匠精神"作为一种职业精神,是企业员工提升个人精神追求、完善个人职业素养、实现个人成长进步的重要道德与价值指引。[①] 2019 年 9 月,习近平总书记对我国选手在世界技能大赛取得佳绩做出重要指示强调:"劳动者素质对一个国家、一个民族发展至关重要。技术工人队伍是支撑中国制造、中国创造的重要基础,对推动经济高质量发展具有重要作用。"因此,要在全社会弘扬精益求精追求卓越的工匠精神,全面提高劳动者的科学素质与技能水平,建设知识型、技能型、创新型劳动者大军。一个推崇工匠精神的国家和民族,必然是脚踏实地的,专注持久的,而这样的国家和民族也将为世界奉献更多精品之作。

第四节 以劳模与工匠精神创新劳动教育模式

劳模精神、工匠精神的根基在于劳动精神,是劳模和工匠对劳动精神的践行和升华,二者都是中国精神的重要内容。劳模精神、劳动精神、工匠精神既是中华民族伟大复兴的精神动力,更是实现中国梦的精神力量。2020 年,在全国劳动模范和先进工作者表彰大会上,习近平总书记指出:"劳模精神、劳动精神、工匠精神是以爱国主义为核心的民族精神和以改革创新为核心的时代精神的生动体现,是鼓舞全党全国各族人民风雨无阻、勇敢前进的强大精神动力。"新时代中国梦的目标,是到 21 世纪中叶建成中国特色社会主义现代化强国。强国一定要靠强手,强手一定有劳模和工匠。当代大学生和中国梦的奋斗目标在时间节点上具有高度的契合性。大学生怎样才能够成为新时代新征程的参与者而不是围观者,成为奋斗者而不只是享有者,是劳模精神和工匠精神与高校思想政治教育相融合的时代要求。党的十九大报告提出,要建设知识型、技能型、创新型劳动者大军,弘扬劳模精神和工匠精神,营造劳动光荣的社会风尚和精益求精的敬业风气,让广大劳动者学有榜样、追有目标、赶有方向。高校可以以劳模工匠精神为抓手,切实推进新时代劳动教育。通过"劳模工匠进校

---

① 徐耀强.工匠精神是一种职业精神[J].中华儿女,2018(8):75.

园"等活动形式,弘扬劳模精神和工匠精神,传播社会大力宣传的劳动模范和大国工匠故事,让大学生能够近距离感受榜样力量,聆听模范故事,探讨工匠情怀,弘扬工匠精神,从而引导大学生崇敬劳模、学习劳模,崇尚劳动、热爱劳动,让劳模精神和工匠精神成为大学生成长成才的精神动力。

一、以"劳模工匠进校园"为载体,以课程设置为中心,将工匠精神融入劳动教育必修课程

习近平总书记强调:"全社会要崇尚劳动、见贤思齐,加大对劳动模范和先进工作者的宣传力度,讲好劳模故事、讲好劳动故事、讲好工匠故事,弘扬劳动最光荣、劳动最崇高、劳动最伟大、劳动最美丽的社会风尚。"[①]劳模和工匠身上体现出的爱劳动、敢创新、精益求精等伟大劳动精神,是推动国家发展和人民幸福生活的强大动力,劳模和工匠是劳动者的楷模,每一名劳模和工匠都是一面旗帜,他们是最美丽的人,值得我们每一个人尊重和学习。构建高校与劳模工匠共同育人的模式,聘请劳模工匠作为创业导师,利用其丰富的人生经历,为在校大学生开设劳动教育课程,树立榜样形象。劳模工匠亲身讲述,与学生面对面分享和交流他们精益求精、坚韧不拔、追求卓越、爱岗敬业的崇高品格和敬业精神,更容易把鲜活的劳模工匠故事融入学生的情感世界,更能使学生受到感染与鼓舞。

高校名家讲坛众多,把劳模和工匠请进校园并非新鲜事,但是相关课程制度的建设还有待完善。在德智体美劳"五育并举"的新时代背景下,劳动教育被提到了一个相当高的位置。建立健全劳模工匠公开课机制是加强劳动教育的有效举措。劳模工匠课程进校园,可以使学生长期沐浴在劳模、工匠的优秀事迹和奋斗精神中,让他们在系统的培养下更有获得感、参与感,真正让劳动的理念、精神入脑入心。高校要探索"工匠精神引领、劳模主导、专业教师配合、学生广泛参与"的特色育人机制,立足劳模精神、劳动精神、工匠精神,以潜移默化的方式引导学生心智成长,通过"工匠通识课"或手工劳作课等形式,点燃学生对工匠精神的向往,增强学生的实操技能与劳动素养。

我国近年来开始通过主流媒体为中国工匠以及工匠精神做宣传,如央视拍摄的《大国工匠》《我在故宫修文物》《大国重器》等系列纪录片都很好地弘扬了中国工匠精神。这些大国工匠代表着各行各业精英人才,他们走进大会堂,走上领奖台,让更多的人看到他们十年如一日的付出与钻研,也看到他们每个人身上闪烁的工匠之光。另外,高校也可以通过政府机构、工会部门的推动组建劳模工匠宣讲团。2019年11月,辽宁省总工会、省教育厅、省人力资源和社会保障厅联合在高校开展"劳模工匠进校园"活动。全国劳模徐强、盖立亚、王刚深和大国工匠洪家光等一批先进模范走进校园,在全省多个高校讲述工作经历和感受感悟,得到了学生们的热烈回应。

二、以劳模工匠工作室为依托,以劳模工匠团队为支撑,建设劳动教育实践基地,搭建劳动教育实践平台

根据中华全国总工会《关于进一步深化劳模和工匠人才创新工作室创建工作的意见》,到2020年,各级创新工作室创建总数超过10万家,全国示范性创新工作室总数达到300

---

① 习近平. 在全国劳动模范和先进工作者表彰大会上的讲话[N]. 人民日报,2020-11-25.

家,形成以全国示范性创新工作室为引领、以省市级创新工作室为中坚,基层创新工作室蓬勃发展的良好局面。这些既具有较大数量又具备较高质量、既具有系统性又具有规范性的劳模工匠工作室,是实施劳动教育的重要实践基地,是强化学生劳动体验、亲历劳动过程、提升育人实效性的重要实践平台,也契合中共中央国务院《关于全面加强新时代大中小学劳动教育的意见》的要求。因此,立足新时代劳动教育的实践导向,要以劳模工匠创新工作室为依托,充分利用全国的劳模工匠工作室资源,开辟"第二课堂",为各级各类学校的多样化劳动实践提供实践基地,让学生在劳模工匠工作室的动手实践中树立劳动光荣的观念,培育勤俭、奋斗、创新、奉献的劳动精神,提升劳动能力、实践能力、创新能力和就业创业能力。[①] 真正实现教育与生产实践相结合,实现劳动教育的最终目的。

高校可以结合地域特性,将本土劳模和工匠的事迹在高校广泛传播,并联络劳模和工匠统筹成立工作坊。例如,高校可以效仿广西贵港市的"黄大年同志事迹展馆"打造与高校劳动教育结合的工作坊,深入研究劳模和工匠个人成长历史,将优质的精神劳动产品搬进校园,让本土劳模和工匠的精神在高校生根,进而影响一届又一届师生。

高校可以结合相关学科专业仿照真实劳动工作场景,建立实习工作坊,然后聘请相关领域的劳模和工匠进校指导,更好地走进劳模和工匠的日常生活,同时提升学生的动手实践能力。让学生与劳模工匠"零距离"接触,通过劳动实践体悟劳模工匠精神,从而引导学生崇敬劳模、学习劳模,崇尚劳动、热爱劳动;以劳模工匠精神丰富校园文化内涵建设,提升学生的思想境界;把劳动创造美好未来的精神理念植根于学生的思想建设中,鼓励学生学有所长、学有所用;以劳模和工匠为榜样,鼓励学生坚定学习信念,树立远大理想,把个人梦想与中国梦结合起来,在成就自我的同时,为国家和民族的伟大复兴贡献力量。[②]

广东韩山师范学院 2015 年以来开设了 6 个非物质文化遗产大师工作室,分别是"陶瓷艺术　吴维潮大师工作室""韩窑　谢华大师工作室""潮州剪纸　张湘明大师工作室""潮绣　祝书琴大师工作室""潮菜　方树光大师工作室""潮乐　丁广颂大师工作室"。大师工作室的培养模式,以工作室为载体,以技能大师为主导,将课程、教室与生产实践融为一体,是传统学徒制与现代职业教育相结合的一种培养模式。非遗教育培养了学生的较强的专业技能。学生在精益求精、追求极致的工匠精神引领下参加创新创业的社会实践项目、创新创业大赛,通过参与创新创业训练计划,开展技术创新、产品研发、项目孵化等活动,领会工匠精神的价值和魅力,这样的劳动教育具有更强的互动性、即时性、趣味性。当然,对学生而言,他们并不只是专业技能的进步,他们还学到大师的风范和工匠精神。"潮菜　方树光大师工作室"一位学员说:"方老师'做菜如做人'这句话让我印象深刻。厨师要用心和用功去做每一道菜,做人也是一样,要努力奋斗才能给人生交上满意的答卷。大师手把手传授技能不仅能让我们学会如何做菜,也让我们从大师的风范中学到了为人处世的道理。"

三、以建设劳模工匠文化"场景圈"为平台,以开发文化产品为手段,讲好劳模工匠故事,营造劳动教育的良好氛围

文化具有传承性,一经形成就会被他人模仿、借鉴,产生一定的扩散效应,包括在代际之

① 彭维锋. 以工匠精神创新劳动教育模式[N].郑州日报,2020-05-04.
② 《大学生劳动教育》编写组.大学生劳动教育[M].北京:高等教育出版社,2021.

间进行纵向传递和在地域、民族之间进行横向传递。① 高校要让校园环境成为劳动教育的肥沃土壤,要把劳模工匠精神融入校园物质文化、精神文化、制度文化和活动文化,特别是精心营造校园氛围,将工匠精神融入校园景观熏陶人,融入校园生活培养人,融入校园文化涵育人,融入校园制度规范人。精心设计主题性校园文化活动,积极建设劳模工匠文化"场景圈",让劳模工匠精神元素融入学生学习生活环境中。打造劳模工匠精神学习资源库,线上线下同步推进学习资料的建设,设立专门的研究项目,整理和编写读本和教材,使劳模工匠精神真正融入教材;持续优化和更新网络教学资源,以便大学生随时学习劳模工匠精神的内容实质以及劳模的先进事迹;打造劳模工匠文化长廊专区,开设"大国工匠""劳模的力量"等栏目,把弘扬劳模精神、劳动精神、工匠精神有机融入校园文化建设,增强劳动教育的吸引力和感染力,引导大学生抛弃精到利己主义思想,树立"崇尚一技之长,不唯学历凭能力"的新时代劳动价值观,激发师生员工开拓进取精神,涵养深厚劳动情怀。

高校可以通过学生喜闻乐见的形式将劳模工匠精神搬进校园。例如,可以尝试与校园文化建设相结合,开发系列劳模工匠文化产品,讲好新时代故事;通过"劳模工匠进校园文化周",进行诗歌、文章、绘画、话剧、微视频、书籍等作品展示,还可以挖掘校友中的劳模和工匠,创作以"身边劳模""我身边的最美劳动者"等为主题的师生喜闻乐见的校园作品在校内传播与展示。通过传承和弘扬劳模工匠精神,助力校园文化建设反作用于实现劳动教育,能够在高校校园内形成经久不息、代代相传的崇尚劳动的浓厚氛围。这样的校园氛围一旦形成,身处其中的学生即使不接受专门的劳动实践,也会在无形中受到浓厚劳动氛围的熏陶和感染,从而实现劳动教育的"润物细无声"。②

拓展阅读

黄旭华:隐"功"埋名三十载,终生报国不言悔

花白的头发、和蔼的笑容、温和的言语……93 岁的中国工程院院士黄旭华外表看起来朴实无华。作为第一代攻击型核潜艇和战略导弹核潜艇总设计师,黄旭华仿佛将"惊涛骇浪"的功勋"深潜"在了人生的大海之中。

隐"功"埋名三十年

"从一开始参与研制核潜艇,我就知道这将是一辈子的事业。"黄旭华说。

1926 年,黄旭华出生在广东汕尾。上小学时,正值抗战时期,家乡饱受日本飞机的轰炸。海边少年就此立下报国之愿。

高中毕业后,黄旭华同时收到中央大学航空系和上海交通大学造船系录取通知。在海边长大的黄旭华选择了造船。

新中国成立初期,掌握核垄断地位的超级大国不断施加核威慑。

20 世纪 50 年代后期,中央决定组织力量自主研制核潜艇。黄旭华有幸成为这一研制团队人员之一。

---

①　彭维锋.以工匠精神创新劳动教育模式[N].郑州日报,2020-05-04.
②　《大学生劳动教育》编写组.大学生劳动教育[M].北京:高等教育出版社,2021.

执行任务前,黄旭华于1957年元旦回到阔别许久的老家。63岁的母亲再三嘱咐道:"工作稳定了,要常回家看看。"

但是,此后30年时间,他的家人都不知道他在做什么,父亲直到去世也未能再见他一面。

1986年底,两鬓斑白的黄旭华再次回到广东老家,见到93岁的老母。他眼含泪花说:"人们常说忠孝不能双全,我说对国家的忠,就是对父母最大的孝。"

直到1987年,母亲收到他寄来的一本《文汇月刊》,看到报告文学《赫赫而无名的人生》里有"他的爱人李世英"等字眼,黄旭华的9个兄弟姊妹及家人才了解他的工作性质。

与对家人隐姓埋名相比,黄旭华的爱人李世英承担了更大压力。忙时,黄旭华一年中有10个月不在家。结婚8年后结束两地分居,李世英才知道丈夫是做什么的。

"他生活简单随性,出去理发都嫌麻烦。后来,我买了理发工具学会理发,给他剪了几十年。"李世英说。

攻坚克难铸重器

核潜艇,是集海底核电站、海底导弹发射场和海底城市于一体的尖端工程。"当时,我们只搞过几年苏式仿制潜艇,核潜艇和潜艇有着根本区别,核潜艇什么模样,大家都没见过,对内部结构更是一无所知。"黄旭华回忆说。

在开始探索核潜艇艇体线型方案时,黄旭华碰到的第一个难题就是艇型。最终他选择了最先进、也是难度最大的水滴线型艇体。

美国为建造同类型核潜艇,先是建了一艘常规动力水滴型潜艇,后把核动力装到水滴型潜艇上。

黄旭华通过大量的水池拖曳和风洞试验,取得了丰富的试验数据,为论证艇体方案的可行性奠定了坚实基础。"计算数据,当时还没有手摇计算机,我们初期只能依靠算盘。每一组数字由两组人计算,答案相同才能通过。常常为了一个数据会日夜不停地计算。"黄旭华回忆说。

核潜艇技术复杂,配套系统和设备成千上万。为了在艇内合理布置数以万计的设备、仪表、附件,黄旭华不断调整、修改、完善,让艇内100多千米长的电缆、管道各就其位,为缩短建造工期打下坚实基础。

用最"土"的办法来解决最尖端的技术问题,是黄旭华和他的团队克难攻坚的法宝。

除了用算盘计算数据,他们还采取用秤称重的方法:要求所有上艇设备都要过秤,安装中的边角余料也要一一过秤。几年的建造过程,天天如此,使核潜艇下水后的数值和设计值几乎吻合……

正是这种精神,激励黄旭华团队一步到位,将核动力和水滴艇体相结合,研制出我国水滴型核动力潜艇。

克己奉献乐其中

核潜艇战斗力的关键在于极限深潜。然而,极限深潜试验的风险性非常高。美国曾有一艘核潜艇在深潜试验中沉没,这场灾难悲剧被写进了人类历史。

在核潜艇极限深潜试验中,黄旭华亲自上艇参与试验,成为当时世界上核潜艇总设计师亲自下水做深潜试验的第一人。

"所有的设备材料没有一个是进口的,都是我们自己造的。开展极限深潜试验,并没有绝对的安全保证。我总担心还有哪些疏忽的地方。为了稳定大家情绪,我决定和大家一起深潜。"黄旭华说。

核潜艇载着黄旭华和100多名参试人员,一米一米地下潜。

"在极限深度,一块扑克牌大小的钢板承受的压力是一吨多,100多米的艇体,任何一块钢板不合格、一条焊缝有问题、一个阀门封闭不足,都可能导致艇毁人亡。"巨大的海水压力压迫艇体发出"咔嗒"的声音,惊心动魄。

黄旭华镇定自若,了解数据后,指挥继续下潜,直至突破此前纪录。在此深度,核潜艇的耐压性和系统安全可靠,全艇设备运转正常。

新纪录诞生,全艇沸腾了!黄旭华抑制不住内心的欣喜和激动,即兴赋诗一首:"花甲痴翁,志探龙宫。惊涛骇浪,乐在其中!"

正是凭着这样的奉献精神,黄旭华和团队于1970年研制出我国第一艘核潜艇,各项性能均超过美国1954年的第一艘核潜艇。建造周期之短,在世界核潜艇发展史上是罕见的。

1970年12月26日,当凝结了成千上万研制人员心血的庞然大物顺利下水,黄旭华禁不住热泪长流。核潜艇一万年也要搞出来的伟大誓言,新中国用了不到一代人的时间就实现了……

几十年来,黄旭华言传身教,培养和选拔出了一批又一批技术人才。他常用"三面镜子"来勉励年轻人:一是放大镜——跟踪追寻有效线索;二是显微镜——看清内容和实质性;三是照妖镜——去伪存真,为我所用。

作为中船重工第七一九研究所名誉所长,直到今天,93岁的黄旭华仍然会准时出现在办公室,为年轻一代答疑解惑、助威鼓劲……

（资料来源：https://baijiahao. baidu. com/s?id＝1645460015169587032&wfr＝spider&for＝pc,(2019-09-23)[2022-05-01]。）

"大国工匠"管延安：为港珠澳大桥拧螺丝的"深海钳工"

管延安,男,1977年6月19日生,汉族,山东潍坊人,初中文化,群众。1995年参加工作(农民工),先后参与了世界三大救生艇企业之一——青岛北海船厂、国内最大集装箱中转港——前湾港等大型工程建设。在港珠澳大桥岛隧工程建设中,他是中交港珠澳大桥岛隧工程Ⅴ工区(中交一航局二公司负责)航修队钳工,负责沉管二次舾装、管内电气管线、压载水系统等设备的拆装维护以及船机设备的维修保养等工作。他先后荣获港珠澳大桥岛隧工程"劳务之星"和"明星员工"称号,因其精湛的操作技艺被誉为中国"深海钳工"第一人。2015年"五一"前夕,中央电视台系列纪录片《大国工匠》之《深海钳工》专题播出他的先进事迹。2015年10月,管延安被评为敬业奉献"中国好人"。

港珠澳大桥全长5.6千米的海底隧道,无疑是整座大桥"皇冠上的明珠",而管延安就是将珍珠镶嵌在皇冠上的那位能工巧匠。33节巨型沉管,60多万颗螺丝,练就了他安装零缝隙和"听"音辨隙的绝活,他创造了5年零失误的"深海"奇迹。

一把扳手,一段传奇。作为齐鲁工匠的优秀代表,管延安用高超的技艺彰显了中国工程建设水平的飞跃发展。2013年年初,管延安成为港珠澳大桥建设者中的一员,主要负责沉管安装中的舾装和管内压载水系统等相关作业。他负责的设备中有一种叫截止阀,沉管对接时,它的作用是控制入水量,调节下沉速度,从而让两节隧道在深海中精准对接。同样是安装阀门,拧螺丝,如果是普通设备,只需要牢固稳定就行了,但在深海中操作,要做到设备不渗水不漏水,安装接缝处的间隙必须小于1毫米。这样的间隙无法用肉眼判断,管延安只能凭借手感来操作。通过一次次的拆卸和练习,凭着"手感",他创下了零缝隙的奇迹。就是为了找到这种"最佳感觉",他拧螺丝几乎不戴手套,"隔着一层布,'手感'就没了"。经过数以万计的重复工作,管延安练就了左右手拧螺丝均能达到误差不超过1毫米的高精准水平。从2013年港珠澳大桥完成第一次海底隧道对接到现在,经管延安的手安装的设备已经成功对接16节海底隧道,操作零失误。管延安不仅在技术上超越了当时挑中他的师傅,还收了两名大学生当徒弟。管延安对工作有着近乎偏执的认真。"为了达到零缝隙对接,每次安装时,我和工友们顶着巨大的压力,配合测量队的队员们,从早上6点,一直干到晚上12点,没有一个人叫苦叫累。"管延安说。未开通的隧道空气不流通,闷热潮湿,每次沉管安装成功后,他都要下去对设备进行拆除并送回牛头岛进行维修检测。其中有段路,工具车无法通过,为了不耽误"超级工程"的施工进度,他背着拆除的沉重设备来回跑,一跑就是好几天。

"大家都叫我'中国深海钳工第一人'。但是,只有我的徒弟们知道,我只是认认真真、仔仔细细、不厌其烦地从第1节沉管到最后第33节沉管,从拧过的第1颗螺丝到最后60余万颗螺丝,在每一件设备、每一颗螺丝安装完后,都要反复检查三五遍才放心。"管延安说。在长期的工作中,管延安养成了一个习惯:给每台修过的机器、每个修过的零件做记录,不但有文字还有自创的"图解"。在港珠澳大桥建设期间,他同样制作了"图解档案",其中的几本被收进港珠澳大桥沉管预制博物馆。一个个细小突破的集成,一件件普通工作的累积,成就了"大国工匠"的传奇。管延安经常说:"质量无小事,要存敬畏之心。最细小的活儿,往往需要最极致的用心。"

(资料来源:https://baijiahao.baidu.com/s?id=16701500863637099947&wfr=spider&for=pc,(2020-06-22)[2022-05-01]。)

火箭"心脏"焊接人高凤林

高凤林是中国航天科技集团公司第一研究院211厂发动机车间班组长,35年来,他几乎都在做着同样一件事,即为火箭焊"心脏"——发动机喷管焊接。不同型号的火箭"心脏"焊接首先需要前期的反复实验;有的实验,需要在高温下持续操作,焊件表面温度有几百摄氏度,高凤林却咬牙坚持,双手被烤得鼓起一串串水泡。因为技艺高超,曾有人开出"高薪加两套北京住房"的诱人条件聘请他,高凤林却说:"我们的成果进入太空,由此带来的自豪感用金钱买不到。"

极致:焊点宽0.16毫米,管壁厚0.33毫米

"长征五号"火箭发动机的喷管上,有数百根空心管线。管壁的厚度只有0.33毫米,高凤林需要进行3万多次精密的焊接操作,才能把它们编织在一起,焊缝细到接近头发丝,而长度相当于绕一个标准足球场两周。

专注:为避免失误,练习十分钟不眨眼

高凤林说,在焊接时得紧盯着微小的焊缝,一眨眼就会有闪失。"如果这道工序需要十分钟不眨眼,那就十分钟不眨眼。"

坚守：35 年焊接 130 多枚火箭发动机

高凤林说，每次看到我们生产的发动机把卫星送到太空，就有一种成功后的自豪感，这种自豪感用金钱买不到。

正是这份自豪感，让高凤林一直以来都坚守在这里。35 年，130 多枚长征系列运载火箭在他焊接的发动机的助推下，成功飞向太空。这个数字，占到我国发射长征系列火箭总数的一半以上。

匠心：用专注和坚守创造奇迹

专注做一样东西，把不可能变为可能，高凤林用 35 年的坚守，诠释了一个航天匠人对理想信念的执着追求。

（资料来源：https://wenku.baidu.com/view/1323d4af49d7c1c708a1284ac850a d02df800741.html，(2020-10-14)[2022-05-01]。）

复习和思考题

1. 作为新时代大学生，我们应如何弘扬劳动精神、劳模精神、工匠精神？
2. 想一想，你知道哪些"大国工匠"的典型事迹，他们身上有哪些精神值得我们学习？

第四章

劳动关系与法规

学习目标

1. 掌握劳动法调整对象的概念；
2. 掌握劳动关系的概念；
3. 掌握超龄劳动者与用人单位之间的关系；
4. 掌握在校学生与用人单位之间的关系；
5. 掌握劳动关系建立和劳动合同生效的关系。

第一节 劳动法的调整对象

一、知识背景

任何一个独立的法律部门,都必须有自己特定的调整对象。法的调整对象,是指法所调整的能够体现为意志关系的具体社会关系。劳动法的调整对象,是指劳动法所调整的社会关系。具体而言,劳动法的调整对象包括两类:一类是劳动关系;另一类是与劳动关系密切联系的其他社会关系。

(一)劳动关系

1. 劳动关系的概念

劳动关系是劳动者与用人单位之间在实现社会化劳动过程中产生的社会关系。劳动法调整劳动关系的具体范围,是根据劳动法律制度价值目标以及将某一类劳动者纳入劳动法特殊保护范围必要性程度决定的。劳动法通过对劳动者和用人单位主体资格认定标准的调整,使劳动关系的具体范围随着社会发展需要不断变化。就发展演变规律性而言,劳动法调整劳动关系的具体范围,呈逐渐扩大的趋势。

2. 劳动关系的特点

劳动法调整的劳动关系,具有以下特点:

(1)主体资格法定。劳动法调整的劳动关系范围大小,是由劳动法确立的劳动关系主体资格决定的。劳动关系双方的主体资格,必须由劳动法确认。我国劳动法关于劳动者主体资格的年龄标准,除国家另有规定外,必须年满 16 周岁。我国劳动法对用人单位主体资格的认定标准,是有关机关的审批或登记,经批准或登记设立的法人、非法人组织、个体工商户等依法取得用人单位主体资格,享有用工权利。在我国现行劳动法中,还不认可家庭的用人单位主体资格。因此,家庭与聘请的帮工或家政服务人员所形成的社会关系,现在还不属于劳动法调整范围。劳动法对劳动关系主体资格认定标准和范围,并非一成不变,根据不同的社会发展阶段、劳动法的价值目标,需要适时调整。

(2)产生于社会化生产过程中。劳动法调整的劳动关系,不仅具有劳动给付与劳动报酬对价的市场性质,而且还必须具备产业关系的社会化属性。劳动法的产生与独立,或者劳动法特殊的制度理念和调整方法,都与社会化大生产有着密切的关系。社会化大生产背景下的劳动关系,远远超出了民法上劳动力出卖与购买的纯商品属性。劳动环境与劳动条件的恶劣、劳动力生产与使用的可持续性威胁、职业伤害与职业风险的控制等社会问题,无不是社会化大生产的产物。因此,劳动关系的社会化,构成了劳动法调整的劳动关系的基本特点。譬如,当家务劳动未走向社会的时候,劳动法不可能调整这类社会关系。一旦家务劳动逐渐趋向社会,成为社会劳动的一部分,具备了社会化劳动属性的时候,也就具备了劳动法调整的必要性。

(3)具有财产与人身双重属性。劳动法所调整的劳动关系,首先是以其财产属性为基础的。用人单位要通过社会化劳动过程实现自身利益目标,就必须雇用大批劳动者;劳动者为了获得赖以生存的物质资料,只能通过劳动给付得劳动报酬。这种以对价给付为主要内容的财产性社会关系,既是早期劳动关系纳入民法调整的原因,也是现代劳动关系的基础。劳动法所调整的劳动关系,也具有典型的人身属性。劳动者在给付劳动实现劳动过程时,其人身在客观上也受到一定程度的限制,使劳动关系具备了典型的人身性质。劳动关系的财产性与人身性又相互交织在一起。正是基于这种不能分割的社会关系,才导致了不能纯粹用私法或者公法理念调整的结果。基于劳动关系的财产属性,衍生出了劳动者的劳动义务和用人单位的报酬支付义务。基于劳动关系的人身属性,一方面产生了劳动者忠实地维护用人单位利益、不断提高劳动技能、服从用人单位劳动纪律的义务;另一方面产生了用人单位保护劳动者生命安全、身体健康和职业培训的义务。

(4)平等性与从属性相互交织。劳动法调整的劳动关系,除具有一般合同法上的自愿平等特性之外,更重要的是这类关系中双方当事人的从属性。因此,从属性是劳动法调整的劳动关系的本质特征。劳动关系的存在,以实现正常劳动过程和用人单位生产经营利益目的为前提。劳动关系的目的性和劳动过程实现的特殊性,产生了用人单位对劳动过程的控制权。一方面,用人单位以实现正常劳动秩序为目的,合理调配劳动者,组织、指挥和协调劳动过程,是劳动关系中用人单位的基本权利;另一方面,用人单位合理行使控制权,也是劳动者服从其组织、指挥和劳动调配,遵守劳动纪律义务产生的基础。

(二) 与劳动关系密切联系的其他社会关系

劳动法不仅调整劳动关系,而且调整与劳动关系密切相连的其他社会关系。与劳动关系密切相连的社会关系,有三种情形:第一,这种社会关系是劳动关系产生的前提,如就业培训、职业介绍等形成的社会关系;第二,这种社会关系是劳动关系产生的必然结果,如失业、养老保险等所形成的社会关系;第三,这种社会关系与劳动关系的产生、变更、消灭有一定的牵连,如集体协商、职业介绍、劳动监察、劳动争议处理等过程中产生的社会关系。无论哪一种情形，都与劳动关系具有紧密的联系，离开这种社会关系，劳动法就无法对劳动关系实行最有效的法律调整。因此，与劳动关系的密切关联性，就是劳动法调整的这类其他社会关系的本质特征。

在劳动法的调整对象中，劳动关系是最核心、最复杂的关系，实践中，对于劳动关系的认定极易发生争议，因此有必要重点对该问题展开分析。

二、典型案例

2003 年 4 月 1 日至 2015 年 1 月 30 日期间，蒋某在某保险公司通州区营业部从事保洁工作，双方未签订任何书面合同，工作期间，该保险公司向蒋某发放"某保险公司通州营业区内勤"字样的工牌并按月通过银行转账的方式向蒋某发放工资，其中 2003 年 4 月 1 日至 8 月 31 日期间月工资 300 元、2003 年 9 月 1 日至 2004 年 12 月 31 日期间月工资 400 元、2005 年 1 月 1 日至 2010 年 1 月 31 日期间月工资 600 元、2010 年 2 月 1 日至 2015 年 1 月 30 日期间月工资 800 元。

2015 年 1 月 30 日，蒋某向北京市通州区劳动人事争议仲裁委员会申请仲裁，要求确认蒋某与该保险公司之间存在劳动关系，仲裁委支持了蒋某的仲裁请求。该保险公司不服仲裁裁决结果向法院提起诉讼。

在本案审理过程中，该保险公司称其对蒋某并不进行劳动管理，二者之间实属劳务雇佣关系。

法院经审理后认为，劳动者与用人单位形成劳动关系需要符合三个条件：（1）用人单位和劳动者符合法律、法规规定的主体资格；（2）用人单位依法制定的各项劳动规章制度适用于劳动者，劳动者受用人单位的劳动管理，从事用人单位安排的有报酬的劳动；（3）劳动者提供的劳动是用人单位业务的组成部分。

根据查明的事实：

首先，蒋某与该保险公司均符合法律、法规规定的劳动关系建立的主体资格；

其次，蒋某在该保险公司处有明确、具体的工作岗位，且在较长时期内稳定地为该保险公司提供劳动，该保险公司亦按月向蒋某支付劳动报酬，从常理及表象来看，二者具有人身和组织上的隶属性，虽该保险公司主张不对蒋某进行劳动管理，但未能提交任何确实有效的证据予以证实，应当承担举证不能的不利后果；

最后，蒋某所从事提供的保洁劳动亦属于该保险公司开展业务不可缺少的辅助性工作，是该保险公司经营运转的重要组成部分。

因此，法院对于该保险公司称与蒋某之间属于劳务雇佣关系的主张不予采信，认定蒋某与该保险公司之间存在劳动关系。判决后，双方均未提起上诉，现判决已经生效。①

三、案例分析及法理拓展

本案处理的焦点在于：司法实践中如何认定事实劳动关系；劳动关系与劳务关系的区别；

---

① 案例来源：《法官告诉你如何区分劳务关系与劳动关系》，https://www.sohu.com/a/315181659_120046690.

1. 事实劳动关系的认定

事实劳动关系是指用人单位与劳动者虽未签订书面劳动合同,但劳动者接受用人单位的管理,从事用人单位安排的工作,成为用人单位的一员,从用人单位领取劳动报酬和受劳动保护所产生的法律关系。

劳社部发〔2005〕12 号《关于确立劳动关系有关事项的通知》第一条"用人单位招用劳动者未订立书面劳动合同,但同时具备下列情形的,劳动关系成立。(一)用人单位和劳动者符合法律、法规规定的主体资格;(二)用人单位依法制定的各项劳动规章适用于劳动者,劳动者受用人单位的劳动管理,从事用人单位安排的有报酬的劳动;(三)劳动者提供的劳动是用人单位业务的组成部分"。该规定分别从主体资格、双方依附性、管理与被管理的角度进行了确定,只要同时满足这三个条件就成立劳动关系。

参照上述规定,在司法实践中,判断是否形成事实劳动关系主要把握以下几点:

首先,主体适格。劳动关系中用人单位只能是《中华人民共和国劳动法》(简称《劳动法》)规定的中国境内的企业、国家机关、事业组织、社会团体和个体经济组织,而劳动者则必须达到法定年龄,具有劳动权利能力及劳动行为能力,劳动者的年龄始于最低用工年龄(除特种工作外为 16 周岁),终于法定退休年龄。

其次,身份具有隶属性。劳动关系中劳动者与用人单位之间具有身份隶属性,具体体现在劳动管理及劳动报酬的支付上。实践中,某些用人单位与劳动者之间并未签订书面的劳动合同,但在劳动过程中必须遵守用人单位的各项规章制度、听从用人单位的劳动安排和各项监督,用人单位向劳动者发放工作证、工作服或者缴纳社会保险,同时,用人单位按月向劳动者支付劳动报酬,那么此种情况下,可以认定双方之间存在事实劳动关系。

再次,工作内容为用人单位的业务组成部分。如何界定"业务组成部分",笔者认为,应作广义解释,将与用人单位开展业务必不可少的辅助工作涵盖在内,例如保险公司的保洁工作、厨房工作、保安工作等。

最后,值得指出的是,劳动者与用人单位之间是否具有建立劳动关系的合意,也是判断是否属于劳动关系的关键。在规范的用工环境下,应当是劳动者与用人单位在平等自愿协商的前提下,通过合同的方式明确约定双方权利义务而建立劳动关系,虽然事实劳动关系中双方没有订立书面的劳动合同,但首先双方应当具有建立劳动关系的合意,否则不能认定存在事实关系。

2. 劳动关系与劳务关系的区别

劳动关系与劳务关系相近,两者很容易混淆,理清劳动关系与劳务关系的区别,对于劳动关系的认定至关重要。

(1)主体范围不同。劳务关系主体双方当事人可以同时都是自然人,而劳动关系主体一方必须为法人或者其他组织。

(2)主体关系不同。劳务关系双方主体仅为一方提供劳务、另一方支付报酬的经济关系,而劳动关系除此之外,用人单位要对劳动者进行劳动内容及纪律的管理。

(3)主体待遇不同。劳动关系中劳动者除获得工资报酬外,还有保险、福利待遇等;而劳务关系中的自然人一般只获得劳动报酬。

(4)确定报酬的原则不同。劳动报酬体现按劳分配的原则,且不得低于最低工资标准;劳务报酬按市场原则支付,完全由双方当事人协商。

（5）雇主的义务不同。国家干预贯穿劳动关系的始终，劳动法律、法规要求用人单位必须为劳动者缴纳社会保险等；劳务关系则无此干涉，双方当事人可自由约定。

（6）法律调整不同。劳动关系由社会法中的《劳动法》《劳动合同法》调整；劳务关系则由民法、合同法或经济法调整。

（7）合同的法律责任不同。劳动合同不履行、非法履行的责任不仅有民事责任，而且还有行政上的责任，如用人单位支付劳动者工资低于当地最低工资标准，劳动行政部门可以给予行政处罚等；劳务合同所产生的责任只有民事责任中的违约或者侵权责任，不存在行政责任。

（8）纠纷处理方式不同。劳动合同纠纷发生后，必须经劳动仲裁前置程序处理后方能向法院提起诉讼；劳务合同纠纷发生后，可以直接通过诉讼方式解决。

就本案而言，蒋某在某保险公司工作期间存在以下事实情况：（1）蒋某与该保险公司均符合劳动关系建立的主体资格；（2）蒋某工作时间长期、稳定。2003 年 4 月 1 日至 2015 年 1 月 30 日期间蒋某无间断地在该保险公司通州营业部从事保洁员工作；（3）该保险公司按月向蒋某支付劳动报酬；（4）该保险公司向蒋某发放"某保险公司通州营业区内勤"字样的工牌以表明身份；（5）蒋某从事的保洁工作为该保险公司开展保险业务必不可少的辅助性工作。

可见，蒋某与该保险公司之间已经建立了事实劳动关系，虽然该保险公司坚持主张与蒋某之间属于劳务关系，但未能提供任何证据予以证实，法院对此不能采信。

四、举一反三

案例一：20 岁的李某在某超市上班，每天工作 8 小时，每月工资 3000 元，工作任务是前台收银，超市对其劳动过程进行管理，二者签订了《劳务合同书》。

案例二：某公司想要制作一批工作服，与 30 周岁的裁缝小明签订了工作服定做合同，合同约定小明月底按要求向公司交付成品，公司检查质量后按照约定支付对价。

结合本节内容，分析案例一、案例二中的单位与劳动者之间是否构成劳动关系？

第二节　用工主体责任与劳动关系

一、知识背景

（一）用工主体责任概念的提出

随着我国改革开放的推进和经济的发展，在基础建设领域的大量投入促进了建筑业的发展，也为农民工就业创造了大量就业岗位。但是，快速的发展也带来了不少问题，建筑企业非法转包、违法分包及层层转包、分包、挂靠等乱象大量出现，而伴随出现的是劳动者讨薪无门和发生伤亡事故后无法认定工伤的事件层出不穷，2003 年温家宝总理为农民工讨要工资事件突显了问题的严重性。为解决这一问题，2003 年国务院相继颁布《国务院办公厅关于做好农民进城务工就业管理和服务工作的通知》（国办发〔2003〕1 号），《国务院办公厅关于切实解决建设领域拖欠工程款问题的通知》（国办发〔2003〕94 号）等多个文件，提出自 2004 年起，用 3 年时间基本解决建设领域拖欠工程款以及拖欠农民工工资问题，同时强调要建立健全及时支付农民工工资的机制，从源头上防止新的拖欠。2005 年 5 月，原劳动与社会保障部颁布《关于确立劳动关系有关事项的通知》(劳社部发〔2005〕12 号)，在第 4 条中首次提出用工主体责任的概念，该条规定："建筑施工、矿山企业等用人单位将工程(业务)或经营权发包给不具备用工主体资格的组织或自然人，对该组织或自然人招用的劳动者，由具备用工主体资格的发包方承担用工主体责任。"

（二）用工主体责任的概念和责任形式

2005 年劳社部提出"用工主体责任"概念时，并未对该概念进行明确的定义，而后出台的法律法规也对未做出明确的解释与定义，那么，用工主体责任到底该如何理解？包括哪些内容？如何认定承担用工主体责任？成为司法实践中经常遇到的问题。

要理解什么是用工主体责任，需要先弄清楚什么是用工主体？

在这里，用工主体经常会和另外一个概念混淆在一起，即"用人单位"。根据《中华人民共和国劳动合同法》(简称《劳动合同法》)第二条："中华人民共和国境内的企业、个体经济组织、民办非企业单位等组织(以下称用人单位)与劳动者建立劳动关系，订立、履行、变更、解除或者终止劳动合同，适用本法。"用人单位是一个法律的概念，指具备用人权利能力和用人行为能力，运用劳动力组织生产劳动，且向劳动者支付劳动报酬的单位，包括企业、个体经济组织、民办非企业单位等组织。从《劳动合同法》的规定来看，用人单位与劳动者相对应，其主要的责任包括：要与劳动者签订劳动合同，为劳动者依法足额缴纳社会保险，提供劳动保护，支付工资，存在加班行为时需要支付加班费，符合法律规定时要依法支付经济补偿金，等等。用人单位与劳动者之间形成的法律关系为劳动关系。

而用工主体，则未有明确的法律上的特定含义，泛指一切有用人需求的组织和个人。从广义上理解，用人单位也属于用工主体之一，但用工主体却不仅仅限于劳动法上的用人单位，也包含其他有用人需要的组织和个人。

从司法实践上看，使用用人单位和用工主体，会产生不同的法律后果。比如在劳务派遣关系中，劳务派遣单位为"用人单位"，而被派遣的劳动者工作的单位为"用工主体"，因此，在劳务派遣关系中，作为用人单位的派遣单位需要按照《劳动合同法》承担与劳动者签订劳动合同、为劳动者缴纳社保、支付工资等法律义务，而作为实际"用工主体"的被派遣单位则与劳动者不存在劳动关系，其只基于用工需要与派遣单位签订《劳务派遣协议》，这个劳务派遣协议是平等主体之间的关于用工的权利义务的约定，属于民事法律范畴，不受劳动法律调整，因此当发生纠纷时，适用民事法律法规。

除此之外，从《关于确立劳动关系有关事项的通知》第 4 条规定："建筑施工、矿山企业等用人单位将工程(业务)或经营权发包给不具备用工主体资格的组织或自然人，对该组织或自然人招用的劳动者，由具备用工主体资格的发包方承担用工主体责任。"可知，用工主体中实际还包含了两种情况，一种是具备用工主体资格的主体，一种则是不具备用工主体资格的主体。实践中，欠薪行为以及发生伤亡事故后无法认定责任的事件往往就是出现在不具备用工主体资格的主体用工行为之中，这也是为什么《关于确立劳动关系有关事项的通知》要求具备用工主体资格的发包方承担用工主体责任的原因之所在。由此可见，用工主体责任概念的出现，很大的原因便是为了解决因不同用工主体在发生欠薪以及伤亡事故之后的责任承担问题。

基于以上分析，我们大致可以对用工主体责任的概念有一个理解，从广义上讲，用工主体责任指的一切具有用人需求的主体在用工过程中所应履行的义务及在给劳动者造成损失或损害之后所应承担的责任。从狭义上讲,则是指具备用工主体资格的主体将自己的业务或工程发包或转包给不具备用工主体资格的组织或个人所应承担的责任。

从具体司法实践中,用工主体责任主要包括以下三种:

(1)支付劳动报酬的责任。原劳动和社会保障部、建设部联合发布的《建设领域农民工工资支付管理暂行办法》第十二条中规定:"工程总承包企业不得将工程违反规定发包、分包给不具备用工主体资格的组织或个人,否则应当承担清偿拖欠工资的连带责任。"《劳动合同法》第九十四条也规定:"个人承包经营违反本法规定招用劳动者,给劳动者造成损害的,发包的组织与个人承包经营者承担连带责任。"基于此,法院在审理拖欠农民工工资案件中,一般在明确用工主体责任之后,会判决由承担用工主体责任的单位承担支付劳动报酬的责任。

(2)工伤保险责任。《人力资源和社会保障部关于执行〈工伤保险条例〉若干问题的意见》第七条:"具备用工主体资格的承包单位违反法律、法规规定,将承包业务转包、分包给不具备用工主体资格的组织或者自然人,该组织或者自然人招用的劳动者从事承包业务时因工伤亡的,由该具备用工主体资格的承包单位承担用人单位依法应承担的工伤保险责任。"《最高人民法院关于审理工伤保险行政案件若干问题的规定》第三条:"社会保险行政部门认定下列单位为承担工伤保险责任单位的,人民法院应予支持:……(四)用工单位违反法律、法规规定将承包业务转包给不具备用工主体资格的组织或者自然人,该组织或者自然人聘用的职工从事承包业务时因工伤亡的,用工单位为承担工伤保险责任的单位。"基于此,法院在审理违法转分包情况下的工伤保险案件中,会认定由用工单位承担工伤保险责任,此时用工主体责任即为工伤保险责任。

(3)人身损害民事赔偿责任。根据《最高人民法院办公厅关于印发〈全国民事审判工作会议纪要〉的通知》〔法办(2011)442号〕第五十九条:"对于发包人将建设工程发包给承包人,承包人又转包或者分包给实际施工人,实际施工人招用的劳动者请求确认与发包人之间存在劳动关系的,人民法院不予支持。"最高人民法院对《全国民事审判工作会议纪要》第五十九条进一步释明的答复中,支持劳动者与承包单位不存在劳动关系,也不存在劳务关系的观点。基于此,法院在审理违法转分包情况下的侵权案件中,如果确认双方不存在劳动关系,则用工主体责任相应地确认为人身损害的民事赔偿责任。

（三）用工主体责任关系与劳动关系

在司法实践中,用工主体责任关系和劳动关系是两个不同的法律关系。

《全国民事审判工作会议纪要》第五十九条规定:"对于发包人将建设工程发包给承包人,承包人又转包或者分包给实际施工人,实际施工人招用的劳动者请求确认与发包人之间存在劳动关系的,人民法院不予支持。"在《最高人民法院对〈全国民事审判工作会议纪要〉第五十九条作出进一步释明的答复》中,详细列举了用工主体责任关系不属于劳动关系的理由:

第一,实际施工人的前一手具有用工主体资格的承包人、分包人或转包人与劳动者之间并没有丝毫的建立劳动关系的意思表示,更没有建立劳动关系的合意,这与我国《劳动合同法》第三条规定建立劳动关系必须双方自愿协商一致的原则相违背。

第二,如果认定实际施工人的前一手具有用工主体资格的承包人、分包人或转包人与劳动者之间存在劳动关系,那么,将由具有用工主体资格的承包人、分包人或转包人对劳动者承担劳动法上的责任,而实际雇佣劳动者并承担管理职能的实际施工人反而不需要再承担任何法律责任了,这种处理方式显然不符合公平原则。如果我们许可这样的做法,实际施工人反而很容易逃避相应的法律责任。

第三,《关于确立劳动关系有关事项的通知》(劳社部发〔2005〕12 号)第四条之所以规定可认定承包人、分包人或转包人与劳动者之间存在劳动关系,其用意是惩罚那些违反《建筑法》的相关规定任意分包、转包的建筑施工企业。承包人、分包人或转包人违反了《建筑法》的相关规定,应当承担相应的行政责任或民事责任。不能为了达到制裁这种违法发包、分包或者转包行为的目的,就可以任意超越《劳动合同法》的有关规定,强行认定本来不存在的劳动关系。

从司法实践中来看,法院认为用工主体责任不等同于双方存在劳动关系,劳动和社会保障部《关于确立劳动关系有关事项的通知》(劳社部发〔2005〕12 号)第四条之所以规定用工主体责任实质上是对劳动者的特殊保护,是考虑到很多实际施工人缺乏赔偿能力,但又要及时救济劳动者之需而制定的。因此,不能简单粗暴地认为一旦认定发包方承担用人主体责任,就是确认与劳动者存在劳动关系继而应当承担劳动关系之相应义务,如签订书面劳动合同、购买社保等法定义务。

当然,虽然不认定实际施工人的前一手具有用工主体资格的承包人、分包人或转包人与劳动者之间存在劳动关系,并不意味着劳动者的民事权益得不到保护。从实际维权的角度,劳动者既可以单独起诉实际施工人,也可以将承包人、分包人或转包人与实际施工人列为共同被告;从责任分担的角度,劳动者既可以要求实际施工人承担全额或者部分赔偿责任,也可以要求承包人、分包人或转包人承担全额或者部分赔偿责任,还可以要求承包人、分包人或转包人与实际施工人一起承担连带赔偿责任。

综上,用工主体责任关系不等于劳动关系,其责任范围一般应当小于用人单位的责任范围,用工主体责任体现的是对劳动者的兜底性保护。

二、典型案例

重庆宝莱建筑劳务有限公司与刘某工伤保险待遇纠纷①

2013 年,宝莱劳务公司将工程(重庆市北碚区蔡家岗中庚城二期 X 地块项目工程)发包给不具备劳务承包资质的龚南放,刘某经龚南放聘请在案涉工地提供劳务。2013 年 10 月 29 日 15 时许,刘某在宝莱劳务公司施工现场 18 号楼电梯井挖机槽工作时,因雨水浸泡砖护壁垮塌导致受伤。2015 年 7 月 29 日,刘某向重庆市江北区人力资源和社会保障局提出了工伤认定的申请。重庆市江北区人力资源和社会保障局于 2016 年 3 月 1 日作出了认定工伤决定书,认定刘某此次受伤为工伤,并载明其工伤主体责任单位系宝莱劳务公司。2016 年 5 月 16 日,经江北区劳动能力鉴定委员会鉴定,刘某伤残等级为九级,无生活自理障碍。

2017 年 3 月 3 日,刘某向重庆市江北区劳动人事争议仲裁委员会申请仲裁,要求确认

---

① 案例来源:中国裁判文书网,https://wenshu.court.gov.cn/website/wenshu/181107ANFZ0BXSK4/index.html?docId=148d1f6f4d494f81bf29a8d5011dbb79。

其与宝莱劳务公司之间的劳动关系于 2017 年 3 月 3 日解除,并要求宝莱劳务公司支付刘某停工留薪期工资 39150 元。该委于 2017 年 8 月 13 日作出裁决:确认刘某和宝莱建筑劳务公司劳动关系于 2017 年 3 月 3 日解除;宝莱劳务公司支付刘某停工留薪期工资 22698 元,劳动能力鉴定期间生活津贴 9787 元,一次性伤残补助金 34047 元,一次性伤残就业补助金 30326.4 元,一次性工伤医疗补助金 10350 元,护理费 4800 元,伙食补助费 384 元,鉴定费 400 元;驳回了刘某的其他申请请求。对于仲裁裁决驳回的请求事项,刘某未提起诉讼。宝莱劳务公司不服该裁决,遂将本案诉至法院。

原告宝莱劳务公司向法院提出诉讼请求:判令宝莱劳务公司不需向刘某支付任何工伤待遇。被告刘某辩称,刘某在宝莱劳务公司处工作,双方具有劳动关系,原告应支付工伤待遇。后经法院审理,认定刘某与宝莱劳务公司不存在劳动关系,但判决原告重庆宝莱建筑劳务有限公司应承担用工主体责任,向被告刘某支付工伤保险待遇。

三、案例分析及法理拓展

本案例的争议焦点:

1. 刘某与原告宝莱劳务公司之间是否存在劳动关系?

2. 原告宝莱劳务公司是否应当承担刘某的工伤待遇?

关于第一个焦点,法院不支持刘某与原告宝莱劳务公司之间存在劳动关系。

法院认为,直到判决作出前,被告人刘某未能提供证据证明与宝莱劳务公司存在劳动关系。相反,根据宝莱劳务公司的陈述及刘某与龚南放(龚胜)签订的协议书,能够确定宝莱劳务公司将案涉劳务工程承包给龚南放,刘某系由龚南放雇佣,刘某与宝莱劳务公司并无建立劳动关系的合意。因此,法院对刘某关于与宝莱劳务公司存在劳动关系的主张不予采纳。

关于第二个焦点,法院认为原告宝莱劳务公司应当承担刘某的工伤待遇。

法院认为,虽然宝莱劳务公司与刘某没有劳动关系,但宝莱劳务公司将工程发包给不具备劳务承包资质的龚南放,刘某经龚南放聘请在案涉工地提供劳务并因此受伤,符合《劳动和社会保障部关于确认劳动关系有关事项的通知》第四条关于用工主体责任的规定。因此,原告宝莱劳务公司应当承担用工主体责任。刘某发生工伤后,依法应由宝莱劳务公司按照《工伤保险条例》规定的工伤保险待遇项目和标准支付刘某相应的工伤保险待遇损失。

总结:

确认劳动关系与承担用工主体责任是依据不同的法律关系而提出的两种不同的诉请,二者所依据的法律规定和举证方向存在较大差别,前者以签订劳动合同或者存在事实劳动关系为要件,后者是以建筑企业违法分包工程项目致劳动者安全缺乏保障为归责逻辑,不同的法律关系有不同的适用条件,在诉讼过程中,应准确把握自身所适合的法律关系,提出正确的诉请。

四、举一反三

徐某于 2011 年 10 月 21 日到某城 I 市广场工地从事木工工作,该城市广场项目系某建筑公司承建。2012 年 6 月 13 日,徐某在工作中受伤。8 月 10 日,徐某向劳动人事争议仲裁委员会申请仲裁,要求:确认与某建筑公司存在事实劳动关系;某建筑公司为徐某缴纳 2011 年 10 月至 2012 年 6 月的社会保险;某建筑公司支付徐某 2011 年 11 月 21 日至 2012

年 6 月 13 日期间未签订劳动合同的二倍工资。仲裁庭经审理查明上述事实。另查明,某建筑公司将该项目木工工程分包给自然工王某,徐某系王某招用进工地,并由王某支付报酬。[①]

问题:

结合本节的知识,分析某建筑公司承担的用工主体责任中是否包含支付二倍工资及办理社会保险等责任?

第三节　在校学生实习或就业的劳动关系认定

一、知识背景

对于即将毕业的学生,因毕业季学校学业基本完成,多数学生基于学校要求及毕业后就业考虑,提前到用人单位实习,后因工作过程中用人单位拖欠工资报酬、发生工伤无法理赔等原因向劳动争议仲裁委员会申请仲裁要求确认双方存在劳动关系,但多数仲裁委认为双方非劳动关系而均不予受理,那么双方是否属于劳动关系呢? 问题焦点是在校学生实习或就业是否具备了劳动者主体资格。

(一)劳动者主体资格

劳动者主体资格,是指自然人依法成为劳动关系中的主体条件。我国《劳动法》第十五条规定,禁止用人单位招用未满 16 周岁的未成年人。该条规定的立法目的在于保护未成年人的成长利益,避免用人单位使用身心正在成长阶段的未成年人作为劳动力,侵害未成年人的健康权和受教育权,但是,是否只要达到法定就业年龄,就一定可以建立劳动关系呢? 事实并非如此,虽然现行立法未作规定,但是劳动者是否具有建立劳动关系的主体资格,还取决于其是否有支配自身劳动力的自由。在特殊情形下,某些达到法定就业年龄的人群因为无法自由支配自己的劳动而无法建立劳动关系,例如,原劳动和社会保障部《关于贯彻执行〈中华人民共和国劳动法〉若干问题的意见》(简称《意见》)第十二条规定:"在校生利用业余时间勤工助学,不视为就业,未建立劳动关系,可以不签订劳动合同。"对于上述《意见》的规定,实践中存在理解上的分歧,有必要对此加以讨论。在校学生在单位工作仍然需区分不同情形判断法律关系,一般而言可概括为以下三类:

1. 勤工助学

根据教育部《高等学校学生勤工助学管理办法》(教财〔2007〕7 号)文件第四条规定,勤工助学是指学生在学校的组织下利用课余时间,通过劳动取得合法报酬,用于改善学习和生活条件的社会实践活动。第六条规定"勤工助学活动由学校统一组织和管理。任何单位或个人未经学校学生资助管理机构同意,不得聘用在校学生打工。学生私自在校外打工的行为,不在本办法规定之列。"

2. 职业学校学生实习

根据《教育部等八部门关于印发〈职业学校学生实习管理规定〉的通知》,职业学校学生实习是指实施全日制学历教育的中等职业学校、高等专科、高等本科学校(以下简称职业学

---

① 案例来源:《"用工主体责任"包含哪些责任?》,http://www.ft22.com/gongshanglunwen/2013-7/5080.html.

校)学生按照专业培养目标要求和人才培养方案安排,由职业学校安排或者经职业学校批准自行到企(事)业等单位进行职业道德和技术技能培养的实践性教育教学活动,包括认识实习和岗位实习。

认识实习一般为到实习单位参观、观摩和体验;岗位实习是指具备一定实践岗位工作能力的学生,在专业人员指导下,辅助或相对独立参与实际工作的活动。顶岗实习是指初步具备实践岗位独立工作能力的学生,到相应实习岗位,相对独立参与实际工作的活动。

3. 就业实习

就业实习一般指的是基本完成学校的学习任务且达到相关要求,但并未获得学校发放的毕业证书的学生,以就业为目的的为用工单位提供劳动。

(二)实习生与单位之间用工关系法律性质

1. 劳动关系判断的总体标准

实习生与用工单位之间是否成立劳动关系,需根据实习生类型、结合双方签订的协议内容及实际履行中的权利义务关系来审查是否存在劳动关系。

根据劳动和社会保障部《关于确立劳动关系有关事项的通知》(劳社部发〔2005〕12 号)第一条规定:"用人单位招用劳动者未订立书面劳动合同,但同时具备下列情形的,劳动关系成立:(一)用人单位和劳动者符合法律、法规规定的主体资格;(二)用人单位依法制定的各项劳动规章制度适用于劳动者,劳动者受用人单位的劳动管理,从事用人单位安排的有报酬的劳动;(三)劳动者提供的劳动是用人单位业务的组成部分。"该规定可以作为判断是否成立劳动关系的法律依据。

2. 勤工助学一般不成立劳动关系

在校学生的主要任务是完成学业,勤工助学只能在课余期间进行,不能与用工单位建立较为长期稳定的全日制劳动关系,也不可能与用工单位其他员工一样完全遵循用工单位诸如考勤管理、绩效考核、工作安排等管理制度。且原劳动和社会保障部《关于贯彻执行〈中华人民共和国劳动法〉若干问题的意见》(劳部发〔1995〕309 号)第十二条明确规定:"在校生利用业余时间勤工助学,不视为就业,未建立劳动关系,可以不签订劳动合同"。

但应当注意的是,教财〔2007〕7 号文件对勤工助学的范围进行了限制,即勤工助学必须在学校的组织和安排下进行。学生自己联系,利用业余时间从事的工作,即所谓的"私自在校外打工行为"不在此规定之列。校外用人单位未经过学校同意审核聘用勤工助学学生的,可参照"非全日制用工"形式处理。

3. 职业学校学生实习一般不成立劳动关系

教学实习是高校大学生学习知识和实践教学的一项重要内容。无论实习单位是由学校安排,还是学生自己联系,实习目的不是获取报酬而在于获得专业知识和实践经验,高校大学生与实习单位之间一般不成立劳动关系。但用工单位应当遵守《职业学校学生实习管理规定》的相关条款,保障实习人员的各项权利。

4. 以就业为目的的实习一般成立劳动关系

以就业为目的的实习,在校学生已完成了全部学习任务,有明确的求职就业愿望,实习期内接受单位的劳动管理,单位也会支付相应的报酬。在该情形下,符合劳动关系的本质特征,即便未签订劳动合同,双方也成立事实劳动关系。

（三）关于是否能安排实习生加班问题的规定

经学校审核同意的校外勤工助学的工作时间无明确规定,可以参考校内勤工助学的时间要求,即原则上每周不超过 8 小时,每月不超过 40 小时。若未经学校审核同意的校外勤工助学,如上文所述,可参照非全日制用工形式处理。根据《劳动合同法》第六十八条的规定,非全日制用工一般每日工作小时不超过 4 小时,每周工作时间累计不超过二十四小时。勤工助学的前提必须是保证学生不因参加勤工助学而影响学习。

根据《职业学校学生实习管理规定》第十七条的规定,除相关专业和实习岗位有特殊要求,并事先报上级主管部门备案的实习安排外,实习单位应遵守国家关于工作时间和休息休假的规定,并不得有以下情形:(三)安排学生加班和上夜班。故,除非实习岗位有特殊要求,并报上级主管部门备案,接收职业学校学生实习的单位不得安排学生加班。

在就业实习一般成立劳动关系的情形下,实习人员可按照公司规章制度及《劳动法》关于工作时间和休息休假的相关规定进行管理,但应尽可能保证实习人员的人身安全。

（四）关于实习生报酬标准的规定

1. 勤工助学报酬不应低于最低工资标准

经学校审核同意的校外勤工助学,根据《高等学校学生勤工助学管理办法》的规定,酬金标准不应低于学校当地政府或有关部门规定的最低工资标准,由用人单位、学校与学生协商确定,并写入聘用协议。若未经学校审核同意的校外勤工助学,小时计酬标准不得低于用人单位所在地人民政府规定的最低小时工资标准,且结算支付周期最长不得超过十五日。

2. 顶岗实习报酬原则上不低于试用期工资标准的 80%

认知实习、跟岗实习可不支付报酬。接收学生顶岗实习的实习单位,应参考本单位相同岗位的报酬标准和顶岗实习学生的工作量、工作强度、工作时间等因素,合理确定顶岗实习报酬,原则上不低于本单位相同岗位试用期工资标准的 80%,并按照实习协议约定,以货币形式及时、足额支付给学生。

3. 就业实习报酬由双方约定

就业实习的报酬一般根据三方协议由用人单位与实习人员约定,实习期工资可以参考本单位相同岗位试用期工资标准。

（五）关于实习生工作中发生人身损害的责任承担

1. 勤工助学

在勤工助学活动中,若出现学生意外伤害事故,协议各方应按照签订的协议协商解决。如不能达成一致意见,按照一般民事侵权纠纷处理。在经过学校审核同意的校外勤工助学的情形下,学校应当负有主要的管理职责。未经学校审核同意的校外勤工助学,按照学校、实习单位、实习人员的过错程度各自承担责任。

2. 顶岗实习情形下实习单位应承担主要赔偿责任

该情形下,因不成立劳动关系,应按照一般民事侵权纠纷处理。有实习责任保险的,由保险公司按保险合同进行赔付。不属于保险赔付范围或者超出的部分,由实习单位、职业学校及学生按照实习协议约定承担责任。

如未签订实习协议或协议对责任承担无约定的,在顶岗实习情形下,因实习人员与单位之间一般存在支配与被支配的地位、劳动所创造经济利益也归属于实习单位,实习单位应当承担的劳动保护以及劳动风险控制与防范的职责和义务。如实习人员受伤的危险来源属于其所从事的劳动的正常风险之内,实习单位应当对损害承担主要赔偿责任。学校作为间接管理人,虽无法直接支配实习人员的工作,但负有保障学生在实习中的安全防范和权益的义务,一般应当对损害承担次要责任。实习人员无重大过失的,一般不适用过失相抵。

3. 就业实习按工伤保险待遇承担责任

在劳动关系成立的前提下,实习单位应当按照工伤相关法律法规规定承担责任。

二、典型案例

李×帅系某工商信息学校(以下简称工商学校)学生。李×帅因实习与工商学校和富×公司三方签订实习协议书,协议书约定:李×帅到富×公司实习一年,即2013年7月至次年6月,实习期间,李×帅每月可从富×公司获得实习津贴1800~2000元,加班及因其他超过规定时间的中班、夜班和特殊岗位的工作与公司职工待遇相同;公司为实习生安排岗前培训并安排到符合国家规定且对青少年健康无影响的工作,有师傅对实习工作指导评价,对有安全风险的岗位提供劳动保护措施并为学生购买实习责任保险等内容。

同年11月,李×帅在公司加班,操控机器时不慎被机器截断右手第二、第三、第四和第五指。李×帅被送往医院治疗,后经伤残鉴定,李×帅右手功能障碍,相当于道路交通事故×伤残。因就赔偿事宜与富×公司和工商学校无法达成协议,遂李×帅提起诉讼请求赔偿护理费、误工费、营养费、住院伙食补助费、残疾赔偿金、精神损害抚慰金、鉴定费、律师费、交通费各项费用共计22.6144万元。富×公司事发后为李×帅垫付医疗费、护理费、日用品费、李×帅家属住宿费及支付的现金共计七万余元。

本案争议的焦点是:学生与学校和工作单位签订实习协议,学生在加班期间于工作场所受伤。在此情况下,应否由工作单位和学校共同承担赔偿责任。

一审法院认为,因无法证明被告工商学校对事故有过错责任,因此不支持原告李×帅要求学校赔偿责任的主张。责任分担比例由被告富×公司承担百分之八十的责任,原告李×帅承担百分之二十的责任。

一审法院判决:被告富×公司赔偿原告李×帅经济损失7.0529万元,判决生效之日起十日内履行完毕。

原告李×帅不服一审判决,提出上诉称:本人作为在校学生实习工作,加班未安排师傅陪同,被告工商学校与富×公司均有责任;残疾赔偿金的适用标准应为本市城镇居民标准;误工费应按本人实习期的实际所得每月3000元计算,本人的住院期间应算在误工期内。综上请求撤销原判,支持本人原审中提出的诉讼请求。

被上诉人富×公司辩称:被上诉方工商学校对上诉人李×帅负有安保义务且应承担相应责任;上诉人李×帅作为实习生上班时间不固定,事发当天上诉人李×帅是自愿加班且带教师傅周六不上班,上诉人李×帅本人对事故的发生存在过错;富×公司已经对其进行过岗前培训,也发放了劳动手套,事后也积极救治,已经尽到了相应义务;李×帅的残疾赔偿金应当按照其户籍性质计算,误工费也应当按照实习补贴1800元/月计算。请求二审法院驳回上诉,维持原判。

被上诉方工商学校辩称:本方强调实习单位不得在学生实习期间安排加班,请求二审法院依法裁判。

二审法院判决：撤销一审判决；被上诉人富×公司赔偿上诉人李×帅经济损失14.8387万元，被上诉人工商学校赔偿上诉人李×帅经济损失5.6781万元。[①]

三、案例分析及法理拓展

根据《中华人民共和国劳动法》第二条规定，在中华人民共和国境内的企业、个体经济组织（以下统称用人单位）和与之形成劳动关系的劳动者，适用本法。可知，在校学生在企业实习不具有劳动者的主体身份，因而不能认定为劳动者，在校学生实习期间受伤不是工伤，应属侵权范畴。根据《中华人民共和国侵权责任法》第六条的规定，行为人因过错侵害他人民事权益，应当承担侵权责任。学生作为实习人员在工作单位实习，工作单位应当对实习人员进行岗前培训以及必要的安全教育管理，对实习生的安全负有保障责任。学生在工作场所中受伤，工作单位未尽到安全保障义务的，对学生受伤的损害结果存在一定的过错应承担赔偿责任。又根据该法第十二条规定，二人以上分别实施侵权行为造成同一损害，能够确定责任大小的，各自承担相应的责任；难以确定责任大小的，平均承担赔偿责任。学校安排学生在工作单位实习，对学生同样负有管理和安全保障的责任，故对学生致伤学校也需承担一定的赔偿责任。

本案中，学生与学校和工作单位签订三方协议在工作单位实习工作，实习单位对学生所在工作场所工作负有安全保障义务，同时在岗前培训及加强安全教育的同时，应提供相应的安保措施。学生在工作单位中加班期间受伤，根据《中等职业学校学生实习管理办法》第五条规定……不得安排学生每天顶岗实习超过8小时。同时根据《教育部办公厅关于应对企业技工荒进一步做好中等职业学校学生实习工作的通知》第四条规定……不得安排学生每天顶岗实习超过8小时；不得安排学生加班。故学生在周六加班期间，没有带教师傅陪同下，在工作场所致伤，故工作单位对学生所从事的工作负有赔偿责任；而学校对在校学生工作期间的安全仍负有保障义务，学生受伤的损害后果学校仍负有一定责任。因此工作单位应承担损害赔偿的主要责任，而学校对损害赔偿承担次要责任。

四、举一反三

黄×婷于2011年9月至2015年6月期间系某学院的在校学生。2013年6月，风×公司与某学院签订《校企合作协议书》，联合开办"酒店人才班"，其中第四条中约定：实践教学从2013年9月5日至2014年9月4日，人才班学生进入风×公司酒店进行顶岗实习；从2015年3月1日至2015年6月30日，人才班学生可自愿选择风×公司酒店进行入职毕业实习或到其他企业进行一般毕业实习。

2013年9月2日至2014年8月31日，某学院安排黄×婷进入风×公司进行集中顶岗实习。实习期间，每月支付补贴1100元。实习结束后，风×公司向黄×婷发放了实习终结证书。

2014年9月1日至2014年12月31日，某学院允许黄×婷利用课余时间进行为期半年的分散锻炼。其间，黄×婷在风×公司任见习宾客关系主任职务（排班表前台接待），风×公

① 案例来源：《学生在实习中受伤的赔偿归责原则和赔偿标准——李×帅诉上海通用富士冷机有限公司等提供劳务者受害责任纠纷案》，https://www.faniuwenda.com/Paid/News/index/id/39247.html.

司每月支付工资 2800 元。

2014 年 12 月 31 日,风×公司口头通知黄×婷停止工作返回学校。此后,黄×婷返回学校。

2015 年 7 月 15 日,黄×婷以风×公司无故辞退其为由,申请劳动仲裁,要求风×公司支付经济补偿金、未签订劳动合同双倍工资和未提前一个月通知的赔偿金等。

劳动仲裁:依据原劳动和社会保障部《关于贯彻执行〈中华人民共和国劳动法〉若干问题的意见》的第十二条"在校生利用业余时间勤工助学,不视为就业,未建立劳动关系,可以不签订劳动合同",认定双方之间不存在劳动关系,驳回了黄×婷的全部仲裁请求。

一审法院认为:黄×婷从 2013 年 9 月 2 日到 2014 年 12 月 31 日期间虽然一直在风×公司工作,但是其本人身份仍然是在校学生,仍然是风×公司根据其与某学院签订的《校企合作协议书》组织安排的实习生,本质上还是一种教育实践活动,不视为就业。根据《意见》的第十二条规定,双方在此期间不存在事实劳动关系,也不属于劳动法调整适用的范围。遂判决驳回了黄×婷的全部诉讼请求。

二审法院认为:2013 年 9 月 2 日至 2014 年 8 月 31 日期间,是学校安排的集中顶岗实习,双方该期间不是劳动关系。

黄×婷于 2014 年 9 月 1 日至 2014 年 12 月 31 日期间继续在风×公司劳动的性质,应综合主体是否适格、黄×婷入职之时双方的意思表示,黄×婷的工作内容及时间、薪酬领取等情况来判断。

首先,关于是否是适格主体的问题:黄×婷于 2014 年 9 月 1 日已经满了 22 岁,符合劳动法规定的就业年龄,其在校大学生身份也并非《劳动法》规定的排除适用的对象,所以说黄×婷也是适格劳动者。

其次,关于双方就黄×婷入职风×公司的意思表示问题:从事实经过来看,风×公司在此之前已经向黄×婷出具了实习终结证书,表明双方的实习关系已经终结了。黄×婷在 2014 年 9 月 1 日至 2014 年 12 月 31 日期间:接受风×公司的工作安排管理,工作内容、工作时间与风×公司其他的职工相似;风×公司的排班表上也明确黄×婷为前台接待,区别于该公司的实习生;黄×婷领取了薪酬,风×公司也在转账时明确是工资,数额也明确区别于实习时的补贴金额。基于以上事实,双方在入职之初的意思表示,应该是建立劳动关系。

综上:二审法院认为:双方均是适格的法律主体,在 2014 年 9 月 1 日至 2014 年 12 月 31 日期间,黄×婷服从风×公司的管理,从事风×公司安排有报酬的劳动,该劳动也是风×公司业务的组成部分。故黄×婷与风×公司形成了事实劳动关系。[①]

综合本节内容,评述该案中法院对劳动关系认定标准的理解。

第四节 超龄用工中的劳动关系认定

一、知识背景

关于劳动者达到退休年龄之后仍继续从事劳动的,其与用人单位之间属于何种关系,或

---

① 案例来源:《如何避免实习关系被认定为劳动关系》,http://www.360doc.com/content/17/0907/12/38576384_685232027.shtml.

者说已经达到退休年龄仍继续从事劳动的人员是否属于劳动法意义上的劳动者,在相应的劳动法律法规中均未作明确规定。《劳动合同法》第四十四条第(二)项中规定,劳动者开始依法享受基本养老保险待遇的,劳动合同终止。而《劳动合同法实施条例》第二十一条又规定,劳动者达到退休年龄的,劳动合同终止。而在社会现实中,由于社保体系中的基本养老制度尚未完善,劳动者达到退休年龄后往往无法真正实现老有所养,再加上我国人均寿命的延长,不少劳动者在达到退休年龄后仍然具有较强的劳动能力,所以不少劳动者在达到退休年龄后仍希望继续从事劳动并据此获得收入。因此,劳动者在达到法定退休年龄后,其与用人单位之间的劳动关系是否应自动终止,达到法定退休年龄的人员能否与用人单位建立劳动关系,成为劳动争议审判实践中一个值得关注的问题。

(一)超龄用工

超龄用工,是指达到法定退休年龄的劳动者到用人单位工作,与用人单位建立用工关系的现象。超龄用工的前提是劳动者达到法定退休年龄,而退休是指职业劳动者依据法律法规之规定,在达到法定退休条件的情形下,退出职业劳动领域,依法享受相应的退休待遇的一种法律行为以及该法律行为所导致的事实状态。

(二)法律法规关于退休年龄的规定

法定退休年龄,是指第五届全国人民代表大会常务委员会第二次会议批准的《国务院关于安置老弱病残干部的暂行办法》和《国务院关于工人退休、退职的暂行办法》(国发〔1978〕104 号)文件所规定的退休年龄。《国务院关于工人退休、退职的暂行办法》第一条规定:"全民所有制企业、事业单位和党政机关、群众团体的工人,符合下列条件之一的,应该退休:(一)男年满六十周岁,女年满五十周岁,连续工龄满十年的。(二)从事井下、高空、高温、特别繁重体力劳动或者其他有害身体健康的工作,男年满五十五周岁、女年满四十五周岁,连续工龄满十年的。本项规定也适用于工作条件与工人相同的基层干部。(三)男年满五十周岁,女年满四十五周岁,连续工龄满十年,由医院证明,并经劳动鉴定委员会确认,完全丧失劳动能力的。(四)因工致残,由医院证明,并经劳动鉴定委员会确认,完全丧失劳动能力的。"综上,通常认为职工的法定退休年龄为,男职工 60 周岁、女职工 50 周岁、女干部 55 周岁。

2015 年 12 月 2 日,由中国社会科学院人口与劳动经济研究所及社会科学文献出版社共同发布的《人口与劳动绿皮书:中国人口与劳动问题报告》建议推迟法定退休年龄。报告建议通过分两步走的方式,到 2045 年时,将男职工、女职工和女干部劳动者的退休年龄都调整到 65 岁,因此,我国退休年龄制度正在进一步完善的进程中。

(三)超龄用工从事劳动的现状

目前,在我国,随着市场经济的不断发展,达到法定退休年龄的人员仍继续从事劳动的情形普遍存在。法律也没有禁止那些达到法定退休年龄的人员继续从事劳动和受聘。达到法定退休年龄的人员继续从事劳动享有的合法权益应受到法律的保护。

实践中,以是否享受基本养老保险待遇为标准,达到法定退休年龄仍继续从事劳动的人员大致可分为两种:一种是达到法定退休年龄并已依法享受基本养老保险待遇的人员;另一种是虽已达到法定退休年龄但并未依法享受基本养老保险待遇的人员。对于达到法定退休年龄并已依法享受基本养老保险待遇的人员从事劳动的,其与用人单位的关系不属于劳动关系的观点在实务中渐趋一致。《劳动部办公厅对〈关于实行劳动合同制度若干问题的请示〉的复函》(劳办发〔1997〕88号)的规定:"关于离退休人员的再次聘用问题。各地应采取适当的调控措施,优先解决适龄劳动者的就业和再就业问题。对被再次聘用的已享受养老保险待遇的离退休人员,根据《劳动部关于实行劳动合同制度若干问题的通知》(劳部发〔1996〕354号)第十三条的规定,其聘用协议可以明确工作内容、报酬、医疗、劳动保护待遇等权利、义务。离退休人员与用人单位应当按照聘用协议的约定履行义务,聘用协议约定提前解除书面协议的,应当按照双方约定办理,未约定的,应当协商解决。离退休人员聘用协议的解除不能依据《劳动法》第二十八条执行。"明确了离退休人员再就业应通过与用人单位签订平等协议予以规范。而《最高人民法院关于审理劳动争议案件适用法律若干问题的解释(三)》第七条规定"用人单位与其招用的已经依法享受养老保险待遇或领取退休金的人员发生用工争议,向人民法院提起诉讼的,人民法院应当按劳务关系处理",更是将已经达到法定退休年龄并依法享受基本养老保险待遇仍继续从事劳动的人员与用人单位的关系明确为劳务关系。至于达到法定退休年龄但并未依法享受基本养老保险待遇的人员从事劳动的,其与用人单位的关系如何认定,实务中各地做法不一。有认为属于劳动关系的,也有不少认为不应认定为劳动关系,而应按劳务关系处理。

(四)超龄劳动者与用人单位之间的劳动关系应自动终止

关于达到法定退休年龄的劳动者与用人单位的劳动关系是否应自动终止的问题。《劳动合同法》和《劳动合同法实施条例》作了不同的规定。《劳动合同法》第四十四条第(二)项规定,劳动者开始依法享受基本养老保险待遇的,劳动合同终止;而《劳动合同法实施条例》第二十一条则规定,劳动者达到法定退休年龄的,劳动合同终止。由于实践中劳动者在达到法定退休年龄后并不一定能够享受基本养老保险待遇,而事实上不少达到法定退休年龄的劳动者又仍具有劳动能力,并且法律法规也没有禁止达到法定退休年龄的人员继续从事劳动。因此,有观点认为,结合《劳动合同法》第四十四条第(二)项的规定,劳动者达到法定退休年龄后,其与用人单位的劳动关系并不自动终止,而是否终止双方的劳动关系应视该劳动者达到法定退休年龄后是否享受基本养老保险待遇而定。笔者认为,虽然《劳动合同法》和《劳动合同法实施条例》关于劳动合同终止事由的表述内容不一致,但《劳动法》第七十三条第一款规定:"劳动者在下列情形下,依法享受社会保险待遇:(一)退休;(二)患病、负伤;(三)因工伤残或者患职业病;(四)失业;(五)生育……"可知,在理论上,在劳动者达到法定退休年龄的情况下,劳动者可以享受基本养老保险待遇。两个规定在逻辑上其实是一致的,即用人单位和劳动者依法履行缴纳社会保险费的义务,劳动者达到法定退休年龄后依法享受基本养老保险待遇,其与用人单位的劳动关系终止。两个规定实际上并无矛盾之处。问题在于实践中还存在着不少劳动者达到法定退休年龄,却不能享受基本养老保险待遇的情形。对此,笔者认为,应区分两个不同层次的法律关系。一个是劳动者达到法定退休年龄前与用人单位形成的劳动法律关系,一个是劳动者达到法定退休年龄后与用人单位或国家形成的养老保险待遇法律关系。两个法律关系的时间界限为劳动者达到法定退休年龄时。劳动者在达到法定退休年龄后,其与用人单位存在的劳动法律关系终止,同时开始转为第二个法律关系,即与用人单位或国家形成养老保险待遇法律关系。是否享受基本养老保险待遇的问题,应属于第二个层面的问题,可另外通过途径解决。实务中根据《最高人民法院关于审理劳动争议案件适用法律若干问题的解释(三)》第一条规定"劳动者以用人单位未为其办理社会保险手续,且社会保险经办机构不能补办导致其无法享受社会保险待遇为由,要求用人单位赔偿损失而发生争议的,人民法院应予受理",劳动者可依法主张社会保险待遇损失。可见,在劳动者获得社会保险待遇损失的情形下,未依法享受基本养老保险待遇的人员的权利实际上是能得到保障的,在这样的情况下,其继续从事劳动与那些已依法享受保险待遇继续从事劳动是一致的。因此,笔者认为,理清了劳动者在不同阶段存在的劳动法律关系和养老保险待遇法律关系,认定劳动者在达到法定退休年龄后与用人单位的劳动关系自动终止在逻辑上更为清晰。

(五)超龄劳动者与用人单位之间的关系应为劳务关系

我国学术界和实务界普遍认为,达到法定退休年龄继续从事劳动的人员与用人单位的关系应按劳务关系处理,不应认定为劳动关系。

劳务关系是指平等民事主体之间一方提供劳务、另一方支付报酬而形成的权利和义务关系。而劳动关系是指用人单位招用劳动者为其成员,劳动者在用人单位的管理下提供有报酬的劳动而产生的权利和义务关系。在劳动关系中,用人单位与劳动者是领导与被领导、支配与被支配的隶属关系;而劳务关系的双方则是一种彼此平等的有偿关系,双方的权利和义务完全依据协议确定。劳动关系和劳务关系最大的不同之处在于保护方面的巨大区别。在劳动关系中,更突出对相对弱者的劳动者的合法权益的保护,劳动关系中的劳动者,除获得工资报酬外,还有社会保险、福利待遇等。而劳务关系则更强调对当事人权利予以平等保护。劳务关系中提供劳务一方一般只是获得劳动报酬。

达到法定退休年龄的人员不是劳动关系的适格主体,不符合劳动关系中劳动者主体资格之主体要件。根据劳动和社会保障部《关于确立劳动关系有关事项的通知》第一条第(一)项的规定,用人单位和劳动者须符合法律、法规规定的主体资格。又由于我国明确规定了法定退休年龄,法定退休年龄是法律所规定的丧失劳动者资格的年龄,劳动者在达到法定退休年龄后应当退休,退出劳动者的行列。因此,虽然达到法定退休年龄的人员仍可能具有劳动能力,法律法规也没有禁止他们继续从事劳动,但从主体身份而言,达到法定退休年龄的人员已不具备劳动关系中劳动者的主体资格,其已不是劳动法调整的劳动者。

达到法定退休年龄的人员不能享受劳动法中规定的全部权利。如上所述,劳动关系更突出对劳动者权益的保护,因此,劳动法律法规在最低工资、社会保险等方面对劳动者给予了更基本的保障。但按照有关规定,社会保险机构不可能接受超过法定退休年龄的人员缴纳社会保险费,当然,达到法定退休年龄的人员也就不能在其继续从事劳动的用人单位享受到诸如工伤等社会保险待遇。达到法定退休年龄的人员不能像其他劳动者一样得到最基本的保障,这种情况下其与劳动法意义上的劳动者明显是有区别的。另外,根据相关的法律规定,社会保险是劳动合同的必备条款之一,而达到法定退休年龄的人员由于不能缴纳社会保险,签订的劳动合同无法具备社会保险这个必备条款,在劳动合同的签订问题上也会产生矛盾。在此情况下,认定达到法定退休年龄的人员与用人单位的关系为劳动关系在逻辑上讲不通。

实际上,在劳动关系的实际履行中,如果达到法定退休年龄的劳动者没有依法享受基本养老保险待遇,则用人单位不仅不能终止这一类达到法定退休年龄员工的劳动关系,不得不一直与该员工保持劳动关系。

综合以上分析,我们认为,达到法定退休年龄的人员可以依法享受基本养老保险待遇,未能依法享受基本养老保险待遇的人员亦可通过其他救济途径使其相应权利得到保障。对于已享受社会保障的人员，其相对弱势的地位发生了改变，应由双方在自主的基础上签订协议，对双方的权利义务进行约定，充分发挥达到法定退休年龄人员的优势和特长，有利于实现各方利益的最优化。因此，达到法定退休年龄继续从事劳动的人员与用人单位的关系应认定为劳务关系，并适用民事法律规范予以调整。

二、典型案例

陈阿×，女，1965 年 10 月 17 日出生，系广东某清洁公司员工，公司于 2012 年 1 月 3 日成立。2015 年 10 月 17 日，陈阿×达到 50 周岁。2016 年 7 月 31 日离职。2016 年 8 月 8 日，陈阿×申请仲裁，要求确认 2016 年 7 月 31 日前和公司均存在劳动关系并主张经济补偿、2 倍工资、养老金损失等诉求。仲裁委于 2016 年 8 月 12 日以申请人达法定退休年龄为由决定不予受理。陈阿×不服，遂诉至一审法院。

法院作出一审判决：一、陈阿×与公司自 2012 年 1 月 3 日起至 2015 年 10 月 16 日止期间存在事实劳动关系；二、驳回陈阿×的其他诉讼请求。

陈阿×不服，向二审法院提起上诉。

二审判决：是否享受基本养老保险待遇系划分劳动关系和劳务关系的依据，陈阿×达到 50 岁后未享受养老保险待遇，故仍属劳动关系。

二审法院经审理认为，陈阿×主张双方劳动关系存续期间计算至 2016 年 7 月 31 日，公司则主张计算至 2015 年 10 月 16 日。双方争议焦点在于如何看待"达到法定退休年龄"和"依法享受基本养老保险待遇"作为终止劳动合同依据的关系问题。《中华人民共和国劳动合同法》第四十四条第一款第（二）项规定，劳动者开始依法享受基本养老保险待遇的，劳动合同终止。可见"劳动者开始依法享受养老保险待遇"系终止劳动关系的法定情形，只要满足这一事实，劳动关系自然终止。《最高人民法院关于审理劳动争议案件适用法律若干问题的解释（三）》第七条规定，已经依法享受养老保险待遇或领取退休金的人员发生用工争议按劳务关系处理。上述规定亦可以印证，劳动者是否开始依法享受基本养老保险待遇系划分劳动关系和劳务关系的依据。《中华人民共和国劳动合同法实施条例》第二十一条规定，劳动者达到法定退休年龄的，劳动合同终止。该规定是对《中华人民共和国劳动合同法》第四十四条规定的补充，强调了"达到法定退休年龄"是劳动者"依法享受基本养老保险待遇"的必备前提，即劳动者达到法定退休年龄后依法享受基本养老保险待遇的，劳动合同终止。至于法定退休年龄的认定，我国对于法定退休年龄基于不同的政策作出了差异性规定，根据劳动者从事工作内容不同、劳动能力状况不同等可区分不同的法定退休年龄，故对于劳动者个人是否已达法定退休年龄，应以相关行政机构的审核为准。在满足有关行政机构对达到法定退休年龄做出确认（或追认）这一前置条件的情况下，用人单位才可以把劳动者达到了法定退休年龄作为自然终止劳动合同的依据。

在本案中，公司未依法为陈阿×购买社会保险，陈阿×于 2015 年 10 月 17 日达到 50 岁，陈阿×没有依法享受养老保险待遇，陈阿×在 2015 年 10 月 17 日至 2016 年 7 月 31 日期间继续向公司提供劳动，公司也没有提出解除劳动合同，仍继续向陈阿×支付劳动报酬。由于法律并没有把"劳动者虽未开始依法享受基本养老保险待遇但达到法定退休年龄"单独规定为自然终止劳动合同的法定情形，故劳动者在未依法享受基本养老保险待遇的情况下，劳动合同双方同意劳动者继续在用人单位工作的,并不违反劳动关系成立要件的要求,从平衡保护劳资双方的合法权益出发,应视为双方继续保持劳动合同关系。

此外,公司没有申请有关机构对陈阿×已达法定退休年龄进行审核,其单方仅因陈阿×达到50岁,擅自认定陈阿×达到法定退休年龄,进而称双方之后的用工关系为劳务关系的理由不充分,二审法院不予采纳。因此,2015年10月17日至2016年7月31日期间,公司与陈阿×之间的劳动合同关系仍然存续。陈阿×自2016年8月1日起停止向公司提供劳动,双方劳动合同关系终止。一审法院对此认定不当,二审法院予以纠正。

综上,二审法院对一审判决予以改判。

公司不服,向广东省高院申请再审。

省高院判决:已达法定退休年龄继续就业者与用人单位形成的是劳务关系,而非劳动关系,无论其是否享受基本养老保险待遇。

广东省高院认为,本案系劳动争议纠纷。根据双方当事人的诉辩意见,本案现争议焦点是:陈阿×达到法定退休年龄,但未依法享受基本养老保险待遇,继续在用人单位工作,是否属劳动关系。

广东省高院认为,陈阿×在达到退休年龄后所形成的用工关系应按劳务关系处理。①

三、案例分析及法理拓展

分析如下:在本案中,陈阿×于2015年10月17日达到50岁退休年龄。公司未依法为陈阿×购买社会保险,陈阿×没有依法享受养老保险待遇,陈阿×在达到退休年龄后,于2015年10月17日至2016年7月31日期间继续向公司提供劳动,公司也没有提出解除劳动合同,仍继续向陈阿×支付劳动报酬。

《中华人民共和国劳动合同法》《最高人民法院关于审理劳动争议案件适用法律若干问题的解释(三)》并没有对"劳动者虽未开始依法享受基本养老保险待遇但达到法定退休年龄",劳动者继续在用人单位工作的,其与用工单位之间属于何种法律关系,即该情形是属于劳务关系还是劳动关系进行界定。司法实践中,涉及已达退休年龄又未享受养老保险的劳动者与用工单位之间法律关系的认定争议也较大,出现裁判不一情况。

《最高人民法院关于审理劳动争议案件适用法律若干问题的解释(三)》第七条规定:"单位与其招用的已经依法享受养老保险待遇或领取退休金的人员发生用工争议,向人民法院提起诉讼的,人民法院应当按照劳务关系处理。"能否对第七条规定进行反推、得出"劳动者虽未开始依法享受基本养老保险待遇但达到法定退休年龄",劳动者继续在用人单位工作的,这种情况下双方构成劳动关系的结论?

对此,我们认为,要准确界定劳务关系和劳动关系的界限,切忌脱离法律规定和客观实际将劳动关系泛化。劳动关系是劳动法、劳动合同法调整的法律关系领域,对于劳动关系的保护具有体系化、特定化的特征,涉及签订书面劳动合同、签订无固定期限劳动合同以及解除合同补偿金等诸多劳动法律问题,但不能将各类社会用工关系全部纳入劳动法律关系保护,冲击劳动合同法的法定调整范围,超出劳动合同法对于社会纠纷的调整能力。

---

① 案例来源:《广东高院:达法定退休年龄后用工坚决不能认定为劳动关系!》,http://law-yer.cn/case_321.html.

我国劳动法律法规体系是一个由全国人大及其常委会颁布的法律、国务院行政法规以及各部门行政规章、地方规章等构成的完整法律体系。劳动法律法规的实施，具有多项制度相互配套、体系化实施的特点。对于已达法定退休年龄人员能否建立劳动关系，劳动法以及劳动合同法虽然均无明确规定，但是在劳动法律法规的实施中，相关行政法规以及涉养老保险等规章制度，却并未将已达法定退休年龄人员务工纳入劳动法律关系的保障范围。

对于已达法定退休年龄人员务工纠纷作出司法裁判，不能与现行劳动法律法规相冲突，没有足够理由也不能改变调整养老保险等劳动保障关系的现行规章规定。如确立为劳动关系，则由于已达退休年龄人员不符合我国关于缴纳"五险一金"等相关规定的条件，用工单位将面临司法裁判确立义务难以履行的困境，容易激化社会矛盾，对于法治规则的内部统一也产生冲击。

司法裁判具有被动性与自制性，司法权能具有有限性，司法不能超出自身中立裁判者的角色范围，主动调整社会纠纷，大范围创制和改变政策，在现行劳动法律法规及其具体实施规章等规范未赋予已达退休年龄劳动者相应保护措施的前提下，司法直接做出劳动关系认定，可能与相关制度发生冲突，不符合司法的固有职能特点。

根据《中华人民共和国劳动合同法》第四十四条第（六）项规定，国务院有权以行政法规的形式对前五项情形之外的劳动合同终止情形作出规定。《中华人民共和国劳动合同法实施条例》作为国务院颁布的行政法规，该条例第二十一条做出"劳动者达到法定退休年龄的，劳动合同终止"的规定，系《中华人民共和国劳动合同法》第四十四条第（六）项的授权，并不与《中华人民共和国劳动合同法》相抵触。根据国务院制定的《中华人民共和国劳动合同法实施条例》第二十一条规定，双方劳动关系应于达到退休年龄之日因法定事由而终止，并没有加以"享受养老保险待遇"作为退休的前提条件。对于已达法定退休年龄人员，明确了劳动合同终止，法律对构成劳动关系并没有把没享受养老保险待遇的情形包括在内。而且，从《最高人民法院关于审理劳动争议案件适用法律若干问题的解释（三）》第七条的规定来看，已达退休年龄人员并享受了养老保险待遇或领取养老金的，从事务工应认定为劳务关系。在同样性质的用工单位，从事同种性质的劳务，仅以是否已经享受养老保险待遇或领取退休金为由，分别认定为劳务关系与劳动关系，不符合同类事务同等处理的法律平等原则。

况且，如果作出区别对待，将使得用工单位更加倾向于招用已经享受养老保险待遇或领取退休金的人员，而未享受养老保险待遇或领取退休金的人员反而更难就业，与保护其合法权益的目的适得其反。

对已达退休年龄后参加务工，主要是通过一般民事法律尤其是合同法等法律法规进行规范和保护。在整体上有利于在保护劳动者权益的同时适当维护用工单位的正常用工秩序，有利于实现利益平衡，有助于劳动者与用工单位之间关系的协调。

因此，从现行劳动法律法规及其具体实施体系来看，应以认定为劳务关系为宜，如果确实需要延迟退休年龄，发挥老年劳动者余热，也应当通过修订劳动者退休年龄规定以及规定劳动法律法规相关规范的准用等方式解决，而不宜由司法直接作出劳动关系的认定并进行全面调整。基于上述分析，对于已达法定退休年龄但没有享受基本养老保险待遇的人，其继续就业与用人单位形成的用工关系按劳务关系处理。

综上，已达法定退休年龄继续就业者与用人单位形成的是劳务关系，而非劳动关系，无论其是否享受基本养老保险待遇。

本案中,陈阿×在达到退休年龄后,于 2015 年 10 月 17 日至 2016 年 7 月 31 日期间继续向公司提供劳动,陈阿×虽然没有依法享受养老保险待遇,但是,双方形成的用工关系按劳务关系处理。一审法院判决认定双方劳动关系存续期间为 2012 年 1 月 3 日至 2015 年 10 月 16 日正确,二审判决认定陈阿×在达到退休年后仍然与公司存在劳动关系至 2016 年 7 月 31 日是不当的,广东省高院予以纠正。

最后,广东省高院判决撤销二审判决,维持一审判决。

四、举一反三

徐×大出生于 1935 年 12 月 24 日,系农民,71 岁时入职恒基公司从事值班保卫工作,未享受基本养老保险待遇。2012 年 1 月 23 日值班时突发心脏病死亡。死亡时已满 76 岁。家属与公司就劳动关系认定问题打起了官司。

一审、二审法院均认为劳动法并未限制劳动者的年龄上限,对达到退休年龄仍然从事劳动的人员,法律法规并未作出禁止性规定,徐×大与公司存在劳动关系。

公司不服,向山东省高院申请再审。高院再审认为:

徐×大为公司提供劳动时,虽已年满 60 周岁,但相关法律、法规并未禁止农业人员 60 周岁后,不能与用人单位建立劳动关系。徐×大接受公司的管理,公司支付劳动报酬,原审据此认定双方形成劳动关系正确,山东高院予以维持。

结合本节内容,分析徐×大和公司之间是否存在劳动关系。

第五节 劳动关系与劳动合同

一、知识背景

劳动合同是劳动者与用人单位之间确立劳动关系、明确双方权利和义务的协议。劳动合同这一概念可以在法律行为意义上使用,即指劳动合同的订立、履行、变更、解除、终止的全过程;也可以在法律关系意义上使用,即指劳动合同关系。

(一)劳动合同的形式

劳动合同订立一般有书面形式与口头形式之分。在境外立法例中,一般允许当事人选择,只有特定劳动合同才要求采用书面形式。在我国,根据《劳动法》的规定,所有劳动合同都应当采用书面形式①。而根据《劳动合同法》的规定,劳动合同一般应当采用书面形式,但非全日制用工可以采用口头形式。

我国立法一直要求劳动合同应当采用书面形式,这是由我国现阶段的国情所决定的。主要表现在:(1)市场信用度低,即使是书面合同,其履行率也不高,那么口头劳动合同就更难保障其履行。(2)劳动条件基准不完备,集体合同和劳动规章制度都不普遍且其内容多不完整和具体,劳动权利和义务的大部分内容需要由劳动合同约定,不采用书面形式,就不足以明确其内容。

在法理上,若法律把某种形式(如书面形式)明定为合同法定的必备形式,则可赋予其四

---

① 《劳动法》第十九条要求"劳动合同应当以书面形式订立",而无允许采用口头形式的例外规定.

种效力:(1)证据效力,即法定形式仅作为合同关系存在的证据。(2)成立效力,即只有采用法定形式才能使合同成立。(3)生效效力,即欲使合同生效,必须采用法定形式。(4)对抗第三人效力,即只有采用法定形式才能对抗第三人对合同提出的请求或主张。

在我国,立法尽管一直要求劳动合同应当采用书面形式,但对于书面形式是否作为劳动合同的有效要件,立法先后作出不同的选择。《劳动法》及其配套法规将书面形式作为劳动合同的有效要件,把没有书面劳动合同作依据的劳动关系规定为事实劳动关系,并对未与劳动者订立书面劳动合同的用人单位规定责令改正、赔偿损失、罚款等制裁手段①,但这在实践中未能扭转书面劳动合同签订率低的局面,认定口头劳动合同无效和用人单位因未签订书面劳动合同而受处罚的实例并不多见。于是,《劳动合同法》没有赋予书面劳动合同以建立劳动关系的效力,即劳动合同的书面形式不作为建立劳动关系的要件。之所以如此,是因为:(1)劳动关系具有持续性和变动性,而劳动合同即使采用书面形式也是一种不完全契约,即作为建立劳动关系的最初合意,不可能包含未来劳动关系全程的全部内容,劳动关系的完整合意需要由多元的合意形式来完成。(2)在劳动合同书面形式不作为建立劳动关系的有效要件的情况下,通过给不与劳动者订立书面劳动合同的用人单位附加相应的义务和不利后果,也可以促使用人单位与劳动者订立书面劳动合同,而不必将没有书面形式作为劳动合同无效的事由。

未将订立书面劳动合同而是将开始用工作为建立劳动关系的标志,还表明劳动合同的口头、推定形式具有建立劳动关系的合法性。因为,用工是劳动者与用人单位的双方行为,隐含有口头或推定的劳动合同,且意味着口头或推定的劳动合同已开始履行。

(二)劳动合同的效力

合同成立即双方当事人就合同内容协商一致,表明合同已开始存在。合同生效即合同发生当事人所预期的法律效果,表明合同对当事人具有约束力,双方当事人应当履行合同约定的义务。《劳动合同法》第十六条第1款所规定的"劳动合同由用人单位与劳动者协商一致,并经用人单位与劳动者在劳动合同文本上签字或者盖章生效",指劳动合同"成立即生效"。但在特殊情况下,双方当事人"在劳动合同文本上签字或者盖章",只是书面劳动合同订立中双方当事人达成合意的法定标志,如果是附条件或附期限,或者须经审批的劳动合同,还不能随同"在劳动合同文本上签字或者盖章"而发生双方应当履行劳动合同约定义务的效力;如果劳动合同当事人主体不合格或者劳动合同被确认无效,也不能随同"在劳动合同文本上签字或者盖章"而生效。

(三)劳动合同生效与劳动关系建立的关系

(1)劳动关系建立的标志——用工。劳动关系就其实质内容而言,是劳动力使用关系,故《劳动合同法》第七条、第十条规定,用人单位自用工之日起即与劳动者建立劳动关系;用人单位与劳动者在用工前订立劳动合同的,劳动关系自用工之日起建立。可见,劳动关系的建立,不以订立书面劳动合同而以开始用工为标志。

---

① 关于责令改正、赔偿损失的规定见《劳动法》第九十八条、《关于贯彻执行〈中华人民共和国劳动法〉若干问题的意见》(劳部发〔1995〕309号)第十七条、《违反〈劳动法〉有关劳动合同规定的赔偿办法》(劳部发〔1995〕223号)第二条和第三条;关于罚款的规定见《广西壮族自治区劳动行政处罚规定》(1997年)第十条、《上海市劳动合同条例》(2001年)第五十六条等.

用工是劳动者与用人单位的双方法律行为,其中已包含口头或推定形式的劳动合同,既意味着口头、推定劳动合同的订立,又是书面或口头、推定劳动合同履行的标志,故应当成为建立劳动关系的标志。

(2) 劳动合同生效的两种形式及其后果。《劳动合同法》尽管要求建立劳动关系应当订立书面劳动合同,但同时确认,存在于开始用工中的口头或推定劳动合同所建立的劳动关系,即使未补订书面劳动合同,仍然是合法有效的劳动关系。于是,书面劳动合同生效与口头或推定劳动合同生效有可能并存。

根据《劳动合同法》的规定,除了书面劳动合同订立与开始用工同时的情形外,书面劳动合同生效后果与口头或推定劳动合同生效后果存在差异。存在于开始用工中的口头或推定劳动合同的生效,其法律后果是与生效同步建立劳动关系。而书面劳动合同生效的法律后果则不然,在先订立书面劳动合同后开始用工的情形下,书面劳动合同生效只是对劳动关系的建立形成有约束力的预设;在先开始用工后订立书面劳动合同的情形下,书面劳动合同生效则是对已建立的劳动关系的双方权利与义务和存续期限(定期或不定期)确认。

实践中有一种情况,用人单位在招用劳动者进入工作岗位之前,先与劳动者订立了劳动合同,比如与即将毕业的在校大学生订立劳动合同,毕业后可直接进入用人单位工作。对于这种情况,《劳动合同法》规定,用人单位与劳动者在用工前订立劳动合同的,劳动关系自用工之日起建立。劳动者的劳动合同期限、劳动报酬、试用期、经济补偿金等,均从用工之日起开始计算。

二、典型案例

案 情 简 介

马×胆称2016年7月1日,其与保×物业公司刘经理(或姓李,具体姓氏记不清)口头约定马×胆担任厨师,负责为该公司职工做饭,月工资标准2400元。2016年7月2日,马×胆在员工食堂(公司办公小区墙外的平房)现场操作时,对设备不熟悉,导致操作不当引起爆燃事故,并将其烧伤。马×胆主张事故发生时,其身边有两位公司的员工,具体姓名不清。公司对马×胆的上述主张不予认可,公司认为2016年7月2日上午,马×胆到公司面试,面试内容为在厨房(公司办公小区墙外的平房)试做几个菜,因马×胆的错误操作,导致引起爆燃事故,双方并未建立劳动关系。马×胆以要求确认与公司存在劳动关系为由向仲裁委提出申请,仲裁委员会裁决:驳回马×胆的仲裁请求。马×胆不服,起诉到法院。

一审判决:公司认可马×胆面试的岗位为厨师,且受伤地点为该公司办公地点,可以认定双方构成劳动关系。一审法院认为,本案争议焦点在于马×胆与公司之间是否存在劳动关系。马×胆称其在公司担任厨师,双方约定月工资标准为2400元,在工作期间受伤,公司亦认可马×胆面试的岗位为厨师,且受伤地点为该公司办公地点,故法院认定马×胆接受的劳动管理,其所提供劳动系公司的工作业务组成部分,现公司否认双方之间存在劳动关系,主张当日系对马×胆进行面试,但并未就其主张提交证据予以证明,故法院认定马×胆与公司之间的关系符合劳动关系特征,法院依法确认双方存在劳动关系。作为负有管理责任的用人单位,公司应对马×胆的入职时间提举相应证据予以证明。

本案中,马×胆主张其于2016年7月2日入职公司,公司基于否认劳动关系而未能对马×胆的入职时间作出陈述，应当承担相应的不利后果，故法院采信马×胆的主张，认定其入职公司的时间为2016年7月2日，并进而认定马×胆与公司自2016年7月2日起存在劳动关系。

综上，一审法院依照《中华人民共和国劳动法》第七十九条之规定，判决：公司与马×胆于二〇一六年七月二日起存在劳动关系。

公司上诉：确认劳动关系不适用举证责任倒置，法院要求公司承担举证不能的不利后果，属举证责任分配错误。法院凭受伤地点系公司的办公地点，就认定是劳动关系无法律依据。公司不服，提起上诉。上诉请求：撤销一审判决，改判公司与马×胆不存在劳动关系，事实和理由：

（1）马×胆错误操作造成燃气事故系在保×物业公司对马×胆进行面试的过程中发生的，公司并无任何"用工"行为，双方不存在劳动或劳务关系；

（2）本案系确认劳动关系纠纷，不存在举证责任倒置的情况，一审法院要求公司承担举证不能的不利后果，属于举证责任分配错误；

（3）马×胆就双方存在劳动关系未能举证，且就案件事实描述系跟随案件裁判进展事后进行的拼接；

（4）一审法院以公司认可马×胆面试的岗位为厨师，马×胆受伤的地点系公司的办公地点，据此认定马×胆接受公司的管理，并无依据。

二审判决：本案比较特殊，不能苛求劳动者就双方存在持续、稳定之关系承担举证责任，单位应举证证明双方不属劳动关系。二审法院认为，双方争议焦点在于马×胆与公司是否存在劳动关系。

劳动关系，一般是指劳动者与用人单位之间因交换劳动与报酬而形成的持续性的、较为稳定的社会关系。然而在本案中，依马×胆所述，其于2016年7月2日入职公司从事厨师工作，当日即发生事故，产生纠纷，故就本案而言，双方不具备通常情形下认定劳动关系所依据的周期性的、规律性的工资支付、考勤管理及社会保险缴纳等客观因素，进而无法苛求劳动者就双方存在持续、稳定之关系承担举证责任。鉴于马×胆系在依公司要求、为公司提供劳动过程中受伤，在此情形下，公司主张双方仅为面试而并非劳动或劳务关系，应就此举证证明。现公司未能就此提举证据，应承担不利后果，一审法院转而采纳马×胆的主张，认定双方自2016年7月2日起存在劳动关系，并无不当，本院予以确认。

综上所述，公司的上诉请求不能成立，应予驳回；一审判决认定事实清楚，适用法律正确，应予维持。依照《中华人民共和国民事诉讼法》第一百七十条第一款第一项规定，判决如下：驳回上诉，维持原判。①

三、案例分析及法理拓展

（一）劳动关系与劳动合同关系的制度发展

我国对于劳动关系和劳动合同之间的关系经历了三个阶段的变化，第一阶段是《劳动法》颁布初期，劳动关系和劳动合同之间的关系表现出绝对形式主义，《劳动法》第十六条规

---

① 案例来源：《第一天到公司就受伤，算面试关系还是劳动关系？终审判决来了！》，https://www.thepaper.cn/newsDetail_forward_9189619.

定："劳动合同是劳动者与用人单位确立劳动关系、明确双方权利和义务的协议。"建立劳动关系应当订立劳动合同。即劳动合同是确认劳动关系存在的必要依据,并且还规定了劳动合同的必备条款,旨在便于司法实践系统以劳动合同作为判定劳动关系是否存在的标准。从文义解释的角度看,劳动合同成为劳动关系建立的必要条件,该立法的目的旨在通过该规定,激励实践中劳资双方积极签订书面劳动合同。然而,正是因为用人单位认为存在劳动合同才存在劳动关系,不存在劳动合同就不存在劳动关系,用人单位与劳动者签订书面劳动合同的意愿大大降低,再加上对该规定的理解各不相同,从而导致《劳动法》颁布后并没有改变劳动市场中劳动合同签订率低的状况,反而因为书面劳动合同的强制性规定导致用工实践中出现大量无书面合同的劳动者,使双方发生劳动争议后劳动关系难以界定,劳动者的合法权益难以维护。

为了解决这一问题,原劳动和社会保障部《通知》第一条规定,用人单位招用劳动者未订立书面劳动合但同时具备规定情形的,劳动关系成立。也就是说,用人单位与劳动者如果未签订书面劳动合同但双方的法律关系符合劳动关系的要件,则双方存在劳动关系。该通知正式明确了劳动合同对于劳动关系建立的意义,该阶段可以看作,劳动关系与劳动合同的关系属于相对形式主义的阶段,劳动关系建立既有形式性标准又有实质性标准,劳动关系的建立以实质性标准为主。

2008年《劳动合同法》的施行标志着劳动合同与劳动关系之间关系的第三个发展阶段,即劳动关系与劳动合同的关系的实质主义阶段,其中第七条规定:"用人单位自用工之日起即与劳动者建立劳动关系。用人单位应当建立职工名册备查。"第十条规定:"建立劳动关系,应当订立书面劳动合同。已建立劳动关系,未同时订立书面劳动合同的,应当自用工之日起一个月内订立书面劳动合同。用人单位与劳动者在用工前订立劳动合同的,劳动关系自用工之日起建立。"法律明确规定用人单位用工之日与劳动者建立劳动关系,"用工"是劳动关系建立的实质标志。也就是说,用人单位与劳动者之间只要存在用工行为,符合劳动关系建立的主体标准和从属性标准,即使没有签订劳动合同或者劳动合同无效,也已经建立起劳动关系,同样受劳动法调整,产生劳动法律关系,互相享有权利承担义务。由此可见,用人单位和劳动者之间的关系经历了从形式主义到实质主义发展的过程,现行立法中,劳动关系与书面劳动合同呈现出既相互联系,又相互独立的关系。

(二)劳动关系建立的标志

实践中,常常会存在劳资双方存在用工,但是却没有签订书面劳动合同,或者书面劳动合同无效的情形,例如,尹某与用人单位存在事实上的用工关系,但是双方之间的劳动合同因尹某的身份欺诈而无效。对于这种情形,《劳动合同法》之前将其认定为事实劳动关系,《劳动合同法》之后,直接明确为劳动关系。

用人单位与劳动者之间的劳动关系需要相关的标志予以证明,这些标志主要包括以下内容:第一,用人单位与劳动者之间要存在用工行为,即劳动者为用人单位提供的劳动是用人单位业务的组成部分,用人单位对其进行管理,就可以认定为实际用工。第二,符合劳动关系建立的主体标准和从属性标准。主体标准对于劳动者而言,需满足法定用工年龄未达到法定退休年龄标准,还应具有一定的自由度标准,能够自由支配自己的劳动能力;对于用人单位而言,必须具备用工资质和法定形式。从属性标准指的是用人单位依法制定的各项劳动规章制度适用于劳动者,劳动者接受用人单位的劳动管理;劳动者从事用人单位安排的有报酬的劳动;劳动者提供的劳动是用人单位业务的组成部分。

根据上面所说的两个标准,在劳动者未与用人单位签订劳动合同时,劳动者应当注意在工作中留存以下证据:(1)支付工资的凭证或记录;(2)能证明劳动者身份的证件,如工作证、入门卡、服务证;(3)劳动者的考勤记录;(4)劳动者填写的用人单位招聘过程中的登记表、报名表等能够证明自己在用人单位工作的重要材料,用以证明与用人单位之间的劳动关系。

综上所述,本案中,2016年7月2日,劳动者马×胆已经开始提供劳动,用人单位保×物业公司开始用工,双方的劳动关系已经建立起来,虽然双方未就劳动内容签订书面劳动合同,但是开始用工是双方劳动关系建立的唯一标志,虽然双方在建立劳动关系之前,劳动者马×胆在2016年7月1日与保×物业公司刘经理只是口头约定马×胆担任厨师,负责为该公司职工做饭,月工资标准2400元。并没有签订书面劳动合同,但是没有签订书面劳动合同并不影响双方劳动关系的建立。劳动合同未订立的不利法律后果仍然由用人单位承担。既然劳动关系已经建立,那么用人单位对劳动者在劳动过程中发生的工伤事故就应该承担相应的责任。

四、举一反三

小李是北京某高等院校的大学生,在一次招聘会上,一家高科技公司很欣赏小李的专业知识,决定聘用他。由于小李尚未毕业,公司与小李签订了一份劳动合同,公司总经理告诉小李一毕业就可去上班。7月份,小李拿到了毕业证后,收拾行李兴高采烈地前往公司报到上班。不幸的是,小李在路途中因交通事故导致伤残,小李向公司提出要求公司支付工伤保险待遇,公司予以拒绝,认为双方没有建立劳动关系,小李申请劳动仲裁。

结合本节内容,思考以下问题:
(1)小李与该公司之间是否存在劳动关系?
(2)如何理解"建立劳动关系,应当订立书面劳动合同"?

复习和思考题

1. 通过学习,你认为,什么是劳动关系?什么是事实劳动关系?
2. 劳动关系与劳务关系的区别有哪些?
3. 如何区分用工主体责任与劳动关系?
4. 勤工助学的学生与用人单位存在劳动关系吗?
5. 在校学生实习与用人单位存在劳动关系吗?
6. 劳动者达到法定退休年龄劳动合同就终止吗?已达到法定退休年龄继续就业者与用人单位之间形成劳动关系吗?
7. 劳动合同的生效与劳动关系之间有什么关系?劳动合同生效劳动关系就建立起来吗?

第五章

劳动安全保障

学习目标

1. 掌握安全劳动的概念，学会安全组织实施劳动；
2. 掌握劳动安全风险防范；
3. 理解劳动事故类型与责任；
4. 掌握应急处理方法。

第一节 劳动的安全组织与实施

劳动安全事关广大劳动人民群众的根本利益，是对劳动者的最大利益保护。保护劳动者在劳动生产实践过程中的生命健康，是新时代中国特色社会主义的本质要求，是全面建成小康社会，进而建成社会主义现代化国家的重要保障。对于大学生来说，劳动安全是指大学生在科研试验、社会实践、志愿者服务、生活劳动等生产、服务性劳动中免于潜在危险和事故风险的伤害。

一、校园如何安全组织实施劳动

大学生在劳动过程中的劳动安全是劳动教育过程的首要保证，确保安全组织实施劳动，是劳动安全的重要一环。那么在大学校园里如何安全组织实施劳动呢？

（一）明确大学生的劳动实践类型和社会化

校园的劳动教育需要一定安全组织保障。一般来说校园劳动的范畴多为实践活动，并且在一定实施范围内。校园环境的劳动安全需要保障，应明确大学生劳动实践的类型，如生活劳动服务、勤工助学、专业实践等。明确劳动实践类型的组织保障部门，比如教务处、学生处、宣传部、团委、人事处、财务处、基建后勤与资产管理处、马克思主义学院、各二级学院、课室管理服务中心负责人等，这些部门须面向相关的劳动实践做好劳动安全保障机制，确保劳动教育实践的安全稳定实施。大学的劳动实践活动如果在校外，各部门则需要与社会机构共同搭建安全劳动教育平台，为安全组织实施劳动做好切实保障，责任分工，层层环节落实。

大学生劳动者实施劳动实践时,可向相关部门获得劳动实践的环境组织保障。

(二)在校园进行劳动安全教育活动

劳动教育的实施主体是人,是组织者、管理者和劳动者。组织实施管理需要保障劳动过程的安全,需要彻底地进行劳动安全培训和教育,不是走过场。劳动安全教育活动可以由组织管理部门根据劳动安全注意事项进行普及教育,定期不定时进行全校性劳动安全教育警示。切实提高组织部门的劳动教育重视程度。同时在劳动实践开展前进行有针对性的专项劳动教育。生命无小事,看似简单的劳动都可能存在安全隐患,需要组织管理者和劳动者的重视和切实做好安全教育培训。

第一,增强劳动安全意识。加强劳动安全教育宣传,开展劳动安全教育成果展示,制作劳动安全警示标志和劳动安全知识宣传栏,如危险源辨识,应急救援方法及求救电话,处理事故流程等。

第二,学习安全操作技能。集中劳动时,组织劳动实施的管理者,师生应能充分了解掌握劳动实践过程中的所涉及的安全技能,严格遵守安全操作规程及劳动安全操作的注意事项,如集体劳动中的操作劳动安全操作技能要点等。个性化劳动指劳动者应主动学习安全操作技能和实践过程出现故障的安全应对措施。

第三,演习安全事故后的应急救援。劳动实践准备时,对劳动过程产生的事故危险进行预判,做好安全事故预警和应急预案,必要时做好应急救援演习。如学生在农耕活动中,发现有人被农具利器误伤,应如何判断伤势并顺利施救,使得伤者及时得到救治,在此过程中,学校的医务所等后勤保障部门进行应急措施保障。

第四,做好安全劳动总结。劳动实践过程中劳动者安全组织实施劳动最能充分体现劳动安全教育效果,经过劳动实践检验的有效保障措施是宝贵的劳动安全教育素材。总结每项劳动实践中得以有效保护劳动者健康安全的劳动安全措施,是以后开展劳动实践预案的基础。同时全面总结劳动过程中出现的突发情况及应急处理措施和结果,有助于不断完善劳动实践的应急预案,更精准做好劳动安全教育。劳动安全教育是全民的,也需要全方位的总结。

(三)健全校园劳动安全管理机制及制度

建立健全安全管理机制及制度是劳动教育安全实施的重要支撑,学校要指导各单位安全组织实施劳动,落实责任,形成劳动安全教育与劳动教育管理并重的劳动安全保障体系。内容包括:确立劳动安全管理保障及组织架构;制定劳动安全管理制度;每项集体劳动实践活动均有具体操作规范及流程,个性化劳动按类别均有统一的劳动安全具体要求;对劳动实施过程的监督和管理;落实安全责任制;应急预案储备等。

(四)加强管理组织的统筹和安全防范工作

管理组织应绷紧劳动安全这根弦,做好安全防范各细节工作。劳动安全教育贯穿劳动教育实践全过程,包括劳动准备、劳动实施、劳动结果。首先,劳动筹备工作:全面针对性的劳动安全知识教育及强化安全防范知识储备,使得劳动者具有劳动安全防范能力;落实各岗位具备劳动防范条件及应急预案。其次,劳动实施过程:严格执行劳动安全管理制度,统筹协调各岗位职责,落实各项安全防范措施,确保安全防护用具完好,形成安全防范联动机制,保障劳动者的人身安全。最后,劳动结果:以劳动安全作为劳动实践是否成功组织实施的首要依据。

（五）组织学习法律法规和法律保障

劳动者既要注意保护自身的人身安全和身心健康，也要注重防范可能发生的事故，同时遵循劳动纪律和劳动法律法规，必要时寻求法律保障。

二、如何带领劳动者安全实施劳动

大学生走出社会面向社会，参与到社会劳动中，特别是师范生的特点，将组织带领学生参加劳动实践，以劳动的情感态度滋养中小学生劳动者，以劳动学科实施劳动，创造美好的劳动，安全实施劳动是将劳动精神传承并推动劳动教育的发展的重要前提，劳动者都需要安全劳动基本素质要求。具体要求如下：

（一）提高自身劳动安全意识及能力

树立正确的劳动价值观，培养积极的劳动精神和良好的劳动习惯，形成较强的劳动能力，包括专业性技能和通用性劳动知识技能，切实提高自身安全劳动意识和能力，将学校的劳动安全教育理念，应用到实际劳动中，根据劳动实践工作重点及劳动者特点，制定相应的劳动安全教育方案，指导劳动实践的安全实施。

（二）具备劳动科学知识等理论储备

面向劳动者讲述劳动科学知识和能力培养，如劳动技术规程，做好劳动保护和管理；具备劳动法规，劳动关系法等知识储备，保护劳动者权益。倡导健康劳动模式，注重劳动者的身心发展健康，合理安排劳动时间，劳动工作量等。

（三）保障劳动者心理健康

劳动安全包括劳动身心健康的两个方面，身体健康和心理健康。劳动心理健康指的是劳动者有一种高效而满意的、持续的心理状态。[①] 运用劳动心理学知识，重视保护劳动者心理健康。劳动者的心理问题，没有正确的教育和引导，不仅会影响到人的心态和健康，还会影响劳动效率效果。在带领中小学劳动教育时，充分重视劳动者的心理健康是劳动安全实施的重要内容。

（四）实施劳动安全保障措施

带领劳动者安全实施劳动，具体保障措施应全面而到位，包括如下几方面：第一，增强劳动安全意识。第二，组建安全管理机构。第三，制定安全管理制度。第四，组织安全教育指导。第五，实施安全监督。第六，保障应急救援措施。

第二节　劳动安全风险防范与安全保障

2020 年 3 月 20 日，《中共中央 国务院关于全面加强新时代大中小学劳动教育的意见》要求提升安全风险防范能力，多方面强化安全保障。指出："各地区要建立政府负责、社会协同、有关部门共同参与的安全管控机制，建立政府、学校、家庭、社会共同参与的劳动教育

---

① 邓辉，李春耕.大学生劳动教育[M].北京：高等教育出版社，2001.

风险分散机制、鼓励购买劳动教育相关保险,保障劳动教育政策开展,各学校要加强对师生的劳动安全教育,强化劳动风险意识,建立健全安全教育与管理并重的劳动安全保障体系。"

一、预估劳动安全风险

劳动教育活动中存在诸多风险,涉及组织管理、人员素质、交通、环境等。

(一)组织管理风险

规章制度风险。一是没有预先制定劳动教育活动方案及实施规范,实施方案缺乏可行性。二是缺乏相应的规章制度约束,制度缺乏针对性和可操作性。三是没有完善的协调机制及责任机制。

应急预案风险。一是组织者缺乏安全责任意识,没有应急预案,应对措施不具体,安全保障不完善。二是应急预案缺乏专项安全教育及应急演练,形同虚设,组织者和参与者没有相关应对危机和安全保障培训。三是应急预案不够周全,组织者对应对危机的方案考虑不周。

应急救援能力风险。应急救援方案不全,专业救援能力不够,人财物的准备不足,导致的难以处理突发事件的风险。

(二)人员素质风险

劳动者风险。一是劳动者在参加劳动实践时发生突发疾病或意外伤亡的风险。二是劳动者在劳动实践中违规作业或不慎操作引起的不安全行为的风险。三是劳动者之间的纠纷、擅自行动等不可控行为的风险。以上都存在劳动教育风险,需做好及时防范机制和应急措施机制。

指导人员风险。一是指导人员受职业素养、思想认识、安全意识的影响,对于规章制度的执行程度及对劳动者管理的存在风险。二是管理人员对突发事件应急能力和风险评估及相对应的防范措施的实施存在风险。三是管理人员是否存在自身的疾病影响履行安全管理职责存在风险。

社会其他人员风险。参与劳动的其他工作人员或者劳动所在场合的工作人员。

(三)交通风险

交通工具风险。交通工具的选择,存在交通工具性能无法全面排查安全隐患的风险。

交通路线风险。交通路线的选择,存在道路维修、封路、路面崎岖等风险。

驾驶员素质风险。交通工具选择时,存在司机等驾驶人员疲劳驾驶等情况的风险。

(四)环境条件风险

生活环境风险。一是存在饮食、饮水等生活条件的考察是否适应劳动者身体条件的风险。二是谨防疾病传染等风险。

人文环境风险。一是劳动者实践基地的治安风险,如偷盗抢等不良事件发生的风险。二是当地风俗习惯等形成的文化所可能产生的文化冲突风险。

自然环境风险。一是存在特殊自然环境如沙漠、高原、山地、水域等,劳动者的相关防护措施是否到位的风险。二是特殊环境下天气变化对劳动教育过程可能产生意外的风险。

二、劳动安全防范

（一）预防高处坠落

在高处作业时,必须戴好安全帽,按规定使用安全带(绳、网);严禁安排患有高血压、心脏病等职业禁忌证的人员进行登高作业;登高作业时,作业面下必须设置安全防护,不得抛、扔任何物品及工具。

（二）预防触电伤害

作业人员必须按照国家规定持相关资格证书方可上岗作业;禁止使用未安装漏电保护器的手持电动工具和移动设备,保持电气设备、线路完好;电力设备作业必须严格执行工作票和工作监护制度,挂"禁止合闸,有人作业"牌。

（三）预防物体打击

进入作业区域必须按规定使用安全帽等劳动防护用品;在高处和双层作业时,料具摆放牢固,不得向下抛掷料具,无隔离设施时,严禁双层同时垂直作业;搬运重、长、大物件时,必须有专人指挥、防护,确保安全。

（四）预防机械伤害

各种机械操作必须符合安全操作规程;严禁机械、设备带病或超负荷运转,安全防护装置必须齐全、性能良好。

（五）预防中毒、中暑措施

在有毒有害场所作业,必须正确使用劳动防护用品,必须在通风、吸尘、净化、隔离等措施处于良好状态下作业;露天作业应合理调整作息时间,尽量避开高温时段作业;室内加强通风,安装通风机械,隔离热源;个人携带防暑药品;具备必要的应急抢救知识。

（六）预防人为失误的主要措施

人为失误的表现:盲目蛮干,臆测行事,心存侥幸,明知故犯;轻视麻痹,缺少责任意识;忽视程序,违章指挥(操作)。预防人为失误可从以下几方面着手。

（1）完善安全规章制度:对劳动实践过程中容易发生差错或影响劳动效率的程序、薄弱环节、劳动时间、劳动时机进行细化、明确,达到规范化、程序化,从而有效地控制现场作业劳动流程,使关键岗位、关键工序、关键环节协调一致,保证劳动实践在制度的规定下有序进行。

（2）使用安全监控设备:一是预警,及时告知设备异常状态;二是记录,再现设备的原始数据与人的不安全行为。安全监控设备能为查清事故的真实原因、对事故的定性定责提供科学依据,同时也对违规行为起到震慑作用,减少人为失误的发生。

（3）加强重点时间、时段的安全预防:对劳动者容易处于注意力不集中、疲劳、易疏忽时间采取针对性的安全预防控制措施。

（4）重视特殊季节的安全预防:对于冰雪凝冻、暴风、强降水、酷暑高温等天气,须采取针对性的安全预防控制措施。

（5）做好现场作业控制预防工作:认真做好安全卡控的"自控、互控、他控";一是改进操作方法,提供方便、实用、功能完善的工具、机具;二是避免危险操作,切忌冒险蛮干;三是采用声光报警装置,遇到不安全因素及时进行警示;四是优化劳动程序,从源头上保证安全劳动正常进行。

(6)开展安全警示教育:定期结合事故案例开展安全警示教育,促使劳动者不断建立牢固的安全意识,控制作业风险,自觉抵制违章违纪,防止伤害事故的发生。

三、劳动安全保障机制

评估劳动实践活动的安全风险,制定劳动实践活动的风险防控预案,巩固树立劳动安全意识,加强劳动安全保障是开展劳动教育的前提。建立劳动安全管控机制,建立劳动教育分散机制,完善应急与事故处理机制至关重要。

(一)建立劳动教育安全管控机制

建立劳动教育安全管控机制是保证劳动教育活动安全有序的重要手段。政府要建立健全劳动教育安全保障制度,特别是针对突发性安全事件的安全管控预案。学校则将劳动教育安全管控机制落实到位,包括增强劳动安全意识、组建安全管理机构、制定安全管理制度、落实安全责任制、组织安全培训、实施安全监督、保障应急救援措施等环节。在劳动实践的过程中,组织者要提前评估劳动教育活动的安全风险,强化劳动管理,明确各方责任,防患于未然。劳动教育不是单纯的学生活动,而是多部门协同教育的结果,即以教育部门为主,交通、公安、财政等部门都对学生的劳动教育有着重要的影响,劳动教育过程需要各个部门之间的通力合作,建立跨部门协调与合作机制。

(二)建立劳动教育风险分散机制

建立劳动教育风险分散机制是保障劳动教育开展的长效之策,政府应完善学生劳动教育意外伤害保险制度。2002年6月,教育部颁布的《学生伤害事故处理办法》规定:"学校有条件的,应当依据保险法的有关规定,参加学校责任保险。教育行政部门可以根据实际情况,鼓励中小学参加学校责任保险。"劳动教育风险需要政府、学校、家庭、社会共同承担,健全安全风险分散机制,保障劳动教育的正常开展。

学校健全劳动安全保障体系,做好安全管控,防患于未然,应及时给参与劳动教育实践的学生购买工伤险。2010年修订的《工伤保险条例》第二条规定:"中华人民共和国境内的企业、事业单位、社会团体、民办非企业单位、基金会、律师事务所、会计师事务所等组织和有雇工的个体工商户(以下称用人单位)应当依照本条例规定参加工伤保险,为本单位全部职工或者雇工(以下称职工)缴纳工伤保险费。"

鼓励学校及家庭根据劳动教育实际情况,评估劳动实践过程中存在风险,购买人身意外险、交通意外险、团体意外险等险种,在事故发生后达到风险分散的目的,降低风险损失。

意外险一般包括旅游意外险、人身意外险、交通意外险、团体意外险、航空意外险等各种保险。意外伤害保险责任是指在保险期间内,被保险人因遭受意外伤害导致身故、残疾或烧烫伤时,保险人依照条例约定给付保险金,且给付各项保险金之和不超过保险金额。

人身意外险,即人身意外伤害保险,是指在约定的保险期内,因发生意外事故而导致被保险人死亡或残疾,支出医疗费用,或暂时丧失劳动能力,保险公司按照双方的约定,向被保险人或受益人支付一定量的保险金的一种保险。保障项目分死亡给付、残疾给付,医疗给付和停工给付等。

交通意外险,是以被保险人的身体为保险标的,以被保险人作为乘客在乘坐客运大众交通工具期间因遭受意外伤害事故,导致身故、残疾、医疗费用支出等为给付保险金条件的保险。主要包括火车、飞机、轮船、汽车、地铁等交通工具。

团体意外保险,全称团体意外伤害保险,是以团体方式投保的人身意外保险,而其保险责任、给付方式则与个人意外伤害保险相同。

劳动实践过程中存在着不可预料的风险,能够防范和处理做到安全防控,同时需要政府各单位部门的协同保障。

(三)建立劳动教育应急与事故处理机制

建立劳动教育应急与事故处理机制是劳动教育的前提和必备举措。学校应制订可行的有效的劳动教育应急预案,建立完善劳动教育应急与事故处理机制。

(1)制订可行的劳动教育活动方案。劳动教育活动应严格遵照课程设计原则,从校情、生情和课程延伸需要,执行合理的实践计划,设计科学的路线。

(2)提前制定劳动教育应急预案。在劳动教育活动前,学校提前到目的地进行现场的安全性调查,判定是否符合活动条件,制定有针对性的应急预案。

(3)切实进行安全应急演练。在劳动教育实践开展之前,学校应组织师生进行安全专题教育及演练培训。

(4)规范科学处置突发情况。实践活动中如果发生突发情况,学校应及时启动应急预案,规范、科学地应对险情。

(5)提供活动现场应急保障条件。根据活动的内容,确定活动现场应急保障的水平。一般来讲,组织者要清楚活动附近是否有医疗机构,能否及时接诊,同时也需要组织者随身配备日常所需药物资源。

评估劳动实践活动的安全风险,制定劳动实践活动的风险防控预案,巩固树立劳动安全意识,加强劳动安全保障是开展劳动教育的前提。建立劳动安全管控机制,建立劳动教育分散机制,完善应急与事故处理机制至关重要。

第三节　劳动事故与责任

一、事故定义和事故类型

(一)事故定义

安全与危险是辩证统一的,在劳动实践过程中,面临很多危险。在劳动环境中,发生超过了劳动者可承受的程度的危险就可能发生事故,比如触电,弱电触电,电压1.5伏,对人体不会造成伤害;强电触电,220伏电压或两万伏高压电,对人体是致命性的伤害。

《现代汉语词典》对事故的定义是生产劳动中发生的意外或灾祸。比如,化工企业在劳动生产中发生了有毒有害气体泄漏,造成了意外的人员伤亡事故,劳动者在建筑施工中从脚手架上意外摔落,造成其身体多处骨折的人员受伤事故。

可以说,事故是指劳动过程中出现的导致人员伤亡、职业病、财产损失或其他损失的意外事件。

（二）事故类型

按事故特性看,事故分别是因果性、随机性、潜伏性和可预防性等事故。因果性事故,事故发生是多种因素互相作用而导致的结果,究其原因可预防类似时间发生。随机性事故,是事故发生的时间、地点、产生的后果具有偶然性,无法事前预测。潜伏性事故,事故的突然发生是潜伏期到一定程度某种因素被触发导致的结果,长期存在事故隐患所导致。可预防性事故,常见的理论和客观上可预防的情况事故。

按事故伤害等级看,事故分为:暂时性失能伤害事故,事故发生后,受到伤害的人暂时不能从事劳动,经过治疗或休息可恢复劳动能力;永久性部分失能伤害事故,事故发生后,受到伤害的人身体的某些部位或器官功能发生永久性不可逆转的伤害;永久性全失能伤害事故,除死亡外,一次事故中导致受到伤害的人完全失去劳动能力或者生活能力的伤害;死亡事故,发生导致直接或间接死亡的事件。

二、事故原因和事故责任

（一）事故原因

在实际劳动中,事故的发生通常是多方面、多因素造成的,但归纳起来可以分为 4 个原因,通常称为"4M"(man、machinery、medium、management)因素,即人为因素、物体因素、环境因素、管理因素。

(1)人为因素指的是由于人的行为具有多变、灵活、机动的特性,受到条件与技术水平的影响,形成的人的失误的原因。如劳动活动中,操作错误,忽视安全,忽视警告;以手代替工具操作;物体(指成品、半成品、材料、工具、切削和生产用品)存放不当;冒险进入危险场所;攀坐不安全的位置;有分散注意力的行为;忽视未使用个人防护用品;不安全的装束;对易燃易爆危险品的错误处理等。

(2)物体因素指的是机器的不安全状态,包括:防护、保险、信号等装置缺乏或有缺陷;设备、设施、工具、附件有缺陷;个人防护用品、用具缺少或有缺陷。个人防护用具包括防护服、手套、护目镜及面罩、呼吸器官护具、听力护具、安全带、安全帽、安全鞋子等。

(3)环境因素的不安全因素主要包括两方面:一是自然环境的不安全因素,例如洪涝灾害、山体滑坡、高温酷暑、寒潮低温等自然环境对劳动生产造成的不利影响;二是不良或危险工作环境潜伏的不安全因素,例如照明光线不良,通风不良,作业场地杂乱,作业场所狭窄,交通线路配置不安全,操作工序设计或配置不安全,地面滑,储存方法不安全,环境湿度、温度不当。

(4)管理因素指的是安全教育不够,应急演习不到位;劳动组织不合理,连续作业时间过长,作业点布置不合理;规章制度不健全,实施不力;安全技术规程缺乏,缺乏现场作业指导与检查;隐患整改不及时,事故防范措施不落实。

（二）事故责任

据统计,90%以上的事故都是责任事故,在分析事故原因的同时,还应分析事故的责任,目的在于划清责任,作出适当处理,使劳动者从中吸取教训,改进工作。对于事故的责任划分,通常有直接责任、领导责任等。直接责任指的是:违章操作,违章指挥,玩忽职守,违反安全责任制和劳动纪律,擅自拆除、毁坏、挪用安全装置和设备。领导责任指的是:未按规定对劳动者进行安全教育和技术培训；设备超过检修期限或超负荷运行，或设备有缺陷；没有安全操作规程或规章制度不健全；劳动环境不安全或安全装置不齐全；违反职业禁忌证的有关规定；设计有错误，或在施工中违反设计规定和削减安全卫生设施；对已发现的隐患未采取有效的防护措施，或在事故后仍未采取防护措施，致使同类事故重复发生。[①]

三、应急处理原则及方法

应急处理机制应做好保障，当事故突发时，应急救援尚未到达，个人及共同劳动、监管人员等应及时作出应急反应。安全应急与处理的基本原则是：第一，保持镇静，趋利避害；第二，学会自救，保护自己；第三，想方设法，不断求救；第四，记住电话，说明情况等。第一现场人员需具备一定的应急处理方法。遇到创伤性出血的伤员，应迅速包扎止血，并注意保暖。一般小伤口的止血法：先用生理盐水冲洗伤口，涂上红汞水，然后盖上消毒纱布，用绷带较紧地包扎。加压包扎止血法：用纱布、棉花等做成软垫，放在伤口上再包扎，增强压力而达到止血的目的。止血带止血法：选择弹性好的橡皮管、橡皮带或三角巾、毛巾、带状布条等，上肢出血结扎在上臂上 1/2 处（靠近心脏位置），下肢出血结扎在大腿上 1/3 处（靠近心脏位置）。结扎时，在止血带与皮肤之间垫上消毒纱布棉垫，每隔 25~40 分钟放松一次，每次放松 0.5~1 分钟。

对于出血较多的伤员，做好包扎后采取便捷的交通工具，及时把伤者送往邻近医院抢救，运送时尽量避免颠簸，密切注意伤者呼吸、脉搏、血压及伤口情况。

相关重要常见的事故如下：

（1）物体击伤：被物体击伤，抢救重点应放在对伤者颅脑损伤、胸部骨折和初学部位的处理上。发生物体打击事故应马上通知专业人员抢救伤者并护送到附近有条件的医院。

（2）机械伤害：机械伤害发生时，安全事故发现者首先要关停机械设备（如条件允许则进行断电处理）并高声呼喊，传递事故信息，其他人员电话报警和报告。附近人员应对受伤人员实施抢救并及时将伤员转送医院。

抢险人员要穿戴好必要的应急设备（工作服、工作帽、手套、工作鞋、安全绳等），以防抢险救援时发生伤害。在抢险过程中，抢险人员保持通信畅通，同时监护人员不得离开监护岗位，做好现场保护等待调查处理。

（3）触电：发生触电事故，应立即切断电源或使人体脱离带电体，进行现场急救。如发生电气火灾，应设法及时切断电源后进行扑救；如果不能及时切断电源，应迅速用灭火器灭火。紧急情况下应直接拨打火警电话 119。

（4）灼烫：发生灼烫事故，应迅速使烧烫伤人员脱离现场，如条件允许，剪掉受伤人员身上的衣服，检查有无损伤，并把伤员及时送医院救治。

（5）火灾：发生火灾时，首先要按照火灾现场撤离要求紧急撤离，若有易燃易爆品，条件允许时，尽可能转移易燃易爆品到安全地点，防止二次爆炸安全。应急救援人员身穿专用服装，在安全条件下，采取灭火措施，并拨打火警电话 119 汇报警情，请求支援。

（6）中毒窒息：发生中毒窒息事故，应迅速让中毒窒息者脱离现场至通风处，确保窒息者呼吸道畅通。尽可能切断泄漏源、加速通风，扩散有毒气体，并拨打 120 急救电话。

---

① 刘向兵，李珂，曲霞. 劳动通论[M]. 2 版. 北京：高等教育出版社，2001.

（7）高处坠落：发生高处坠落事故，如伤者头部先着地、发生呕吐、昏迷，可能造成颅脑损伤，应立即送医院抢救；如伤者耳鼻出血，严禁用手帕、棉花、纱布堵塞伤口；如伤者腰背部先着地，可能脊柱骨折、下肢受损，不要随意翻动，立即拨打 120 急救电话。

（8）电梯故障：电梯速度不正常，两腿应微微弯曲，上身向前倾斜，以应对可能受到的冲击；被困电梯时，保持镇静，使用电梯内的警铃、对讲机等和管理人员联系，等待救援；电梯停运时，不轻易扒门而出；突发火灾时，将电梯在就近楼层停，迅速用楼梯逃生。[①]

复习和思考题

1. 校园中安全组织劳动的措施包括哪些？

2. 简述如何带领劳动者劳动。

3. 结合自己所学专业，谈谈在劳动过程中可能遇到什么劳动风险，可以做哪些劳动安全防范。

4. 简述如何做好劳动安全保障。

5. 简述事故原因是哪几方面。

6. 突发事故的应急处理原则和方法有哪些？

---

① 毛平,黄金敏,余小燕.高职院校劳动教育教材[M].北京：高等教育出版社.

第六章

劳动教育管理与评价

学习目标

1. 理解劳动教育管理的必要性;
2. 了解劳动教育管理机制。

第一节　劳动教育管理

一、劳动教育管理内涵

劳动教育管理是指为完成劳动教育而进行的计划、组织、控制等一系列活动。教育部《大中小学劳动教育指导纲要(试行)》强调要重视劳动教育的组织实施,尤其是实施机构和人员。学校要建立健全劳动教育组织实施的工作机制。明确主管校领导,设置机构或明确相关部门负责劳动教育的规划设计、组织协调、资源整合、师资培训、过程管理、总结评价等。

要建立专兼职相结合的劳动教育教师队伍。根据学校劳动教育需要,明确劳动教育责任人,进行劳动教育规划、组织实施、评价等,配齐劳动教育必修课教师,保持教师队伍的相对稳定性。要充分发挥教职员工特别是班主任、辅导员、导师的作用,利用共青团、党组织以及学生社团等各方面的力量,合力开展劳动教育实践活动。充分利用家长及当地人力资源,聘请相关行业专业人士担任劳动实践指导教师。

二、劳动教育管理要求

1. 因地制宜原则

每所学校有办学历史、所在地域和经济文化发展状况、师生人数、场地面积等多方面因素差异,在国家劳动教育总体要求下,各学校要借鉴其他学校优秀经验,因地制宜,选择可行的劳动教育模式和管理方式。例如,对于师生人数较少,场地面积较小的学校可以选择简单的集中化和精细化管理,注重劳动教育与管理的质量,重点开展丰富的劳动教育活动,使学生接受并喜欢劳动教育。而师生人数较多,校园面积较大,学校事务比较繁杂的学校可以选择粗放型和渐进式的管理模式,先由有关部门接管劳动教育与管理,将主要精力用于制定劳动教育的发展目标和管理流程,注重劳动教育的普及,慢慢细化管理后,成立独立部门进行专门化管理。[①]

2. 上下联动原则

劳动教育内容多、周期长、范围广,是个系统性工程。应注重统筹管理、全面实施、质量为上。成立自上而下的分级劳动教育领导小组,对应制定和管理分级的劳动教育清单。以学期或学年为单位,做好计划、实施、反馈和完善闭环管理工作。每学年或定期开展劳动教育督导,自下而上检查从学生到学校劳动教育管理成效。

3. 过程管理原则

要注重教育评价引导作用,做好劳动教育日常生活、生产和服务性劳动的过程记录和评价,做好日常宣传和相关资料整理工作。注重劳动教育过程中劳动意识的渗透和劳动精神的激发。使劳动浸润到学生的日常生活和学习中,在思想上逐渐接受劳动教育,乐于完成劳动教育任务。学生要在思想和行动上服从学校的安排和管理,坚持从做中学,认真体会劳动教育的意义,逐步提高自身的劳动素质。要积极推进劳动素养评价,全面推进"五育融合"。

三、劳动教育管理机制

(一)组织保障

学校各相关部门应协同创新、共同对劳动教育进行整体设计、系统规划,研究制订"学校学期劳动教育计划",对每学期劳动教育实践活动做出具体安排,学生建立个人劳动任务单,形成可持续开展的劳动教育实施方案。

建立健全劳动教育组织实施的工作机制,由分管教学副校长担任劳动教育领导小组组长,成员包括教务处、学生处、宣传部、团委、人事处、财务处、基建后勤与资产管理处、马克思主义学院、各二级学院、课室管理服务中心负责人。领导小组下设办公室,挂靠在教务处,负责劳动教育的日常管理工作,办公室主任由教务处负责人兼任。教务处是劳动教育实施的牵头建设单位,负责协调相关职能部门和二级学院加强对大学生劳动教育培养的统筹管理和规划指导。二级学院是劳动教育培养的责任主体,负责落实劳动教育实施方案及措施。

(二)师资保障

建立专兼职相结合的劳动教育教师队伍。组建劳动教育专职教师队伍,把劳动教育兼职教师纳入二级学院领导班子、教学管理队伍、班主任、辅导员、创新创业指导教师、学业导师工作职责,同时聘请相关行业专业人士担任劳动实践指导教师。将劳动教育的新思想、新理念纳入教育行政干部、教师、辅导员培训的内容,通过开展全员培训,强化劳动意识,树牢劳动观念,提升劳动教育的自觉性。对承担劳动教育课程的教师进行专项培训,强化劳动育人意识,不断提升劳动教育专业化水平。

(三)经费保障

要统筹资金,加快建设校内劳动教育场所和校外劳动教育实践基地,加强学校劳动教育设施建设,建立学校劳动教育器材、耗材补充机制。每年设立劳动教育专项资金开展劳动教育,可采取政府购买服务方式,吸引社会力量提供劳动教育服务。

(四)安全机制保障

强化劳动安全意识,建立健全安全教育与管理并重的劳动安全保障体系。要依据学生

---

① 郭莹. 高校劳动教育与管理研究[D]. 南宁:广西大学,2018.

身心发育情况,适度安排劳动强度、时长,切实关注劳动任务及场所设施的适宜性。科学评估劳动实践活动的安全风险,认真排查、清除学生劳动实践中的各种隐患。在场所设施选择、材料选用、工具设备和防护用品使用、活动流程等方面制定安全、科学操作规范,强化劳动过程每个岗位的管理,明确各方责任,防患于未然。制定劳动实践活动风险防控预案,完善应急与事故处理机制。要特别关注劳动过程中的卫生隐患,按照疾控、卫生健康部门及行业有关规定,采取相应措施,切实保护学生的身心健康。鼓励购买劳动教育相关保险。

(五)激励机制保障

将劳动教育教学成果纳入教学成果奖评奖范围,开展劳动教育经验交流和成果展示活动,激发广大教师实践创新的潜能和动力。积极协调新闻媒体传播劳动光荣、创造伟大思想,大力宣传劳动教育先进单位、先进个人。

(六)"双向"劳动教育清单制定和反馈机制

明确劳动教育清单管理机制,由学校劳动教育领导小组领导、教务处统筹协同各组织单位制定学校学期总体劳动任务,每学期初下发二级学院并落实到学生,形成自顶向下的劳动教育清单。每学期末从学生自底向上反馈劳动教育学习和实践情况到学校。"双向"机制有效支撑劳动教育清单的落实和成效监控,有利于开展过程性评价和劳动素养评价,参见表 6-1。

表 6-1　"双向"劳动教育清单制定和反馈机制

管　理　任　务	管　理　单　位
制定学校学期总体劳动教育清单及总结	学校劳动教育领导小组
制定学院学期劳动教育清单及总结	二级学院
设置和管理劳动教育课程	教务处
马克思主义劳动观教育	马克思主义学院
个性化劳动(志愿活动)	团委
个性化劳动(生产劳动和服务性劳动项目)	二级学院
集中劳动(公共场所劳动教育)	课室管理服务中心、基建后勤与资产管理处、体育学院、二级学院
集中劳动("文明宿舍"创建活动)	学生处、二级学院
集中劳动(农耕与美育融合劳动)	基建后勤与资产管理处、二级学院
实习劳动感悟	教务处
劳动教育学分登记	二级学院
劳动素养评价	学生处、二级学院
劳动教育督导	学校督导、教务处
劳动教育教学研究	教务处及各相关单位
校园劳动文化建设	宣传部、二级学院
劳动教育师资建设	人事处、二级学院
劳动教育经费保障	财务处、教务处

四、劳动教育管理信息化

以信息化支撑教育治理体系和治理能力现代化已成为学校现代化管理的趋势。[①] 要做

---

① 教育部.教育部关于加强新时代教育管理信息化工作的通知[EB/OL].http://www.moe.gov.cn/srcsite/A16/s3342/202103/t20210322_521669.html,2021-03-15.

好劳动教育过程和结果(终结)性评价,就要建立完善的劳动教育管理信息化系统。

韩山师范学院依托"韩师慕课学习通",建设劳动教育评价系统,开展劳动教育过程监测与纪实评价。由二级学院建立劳动教育课程,把劳动教育清单作为课程内容,并布置作业进行过程性考核,最终汇总成劳动教育成绩。劳动教育评价系统支持了劳动诚信机制的建立,可随时进行写实记录抽查。

南京审计大学依托信息化手段进行劳动教育课程管理。[①] 一是依托"微总务"微信服务号,专门开发了劳动实践课信息管理系统。二是依托微信平台对劳动实践课的学生签到、劳动效果评价、成绩评定、重修补考等环节实施全流程的信息化管理。上课周期结束后,学校学务和总务部门组成的劳动实践课程工作小组汇总相关数据,结合各分组的课程响应、完成情况和劳动心得进行课程分数判定,对于未达标准的学生,编入下期劳动实践课,确保每位学生都能参与该课程。信息化系统支持了劳动教育线上线下联动管理。由总务后勤部门成立的跨部门的劳动实践课工作小组,由所有劳动班级的辅导员老师和总务物业保障中心负责人组成。劳动期间,辅导员老师通过线上跟踪学生按照手机定位签到上课下课情况,反馈学生通过手机上传劳动场景和成果照片的效果,督促学生提交电子劳动心得和劳动成果照,协同总务指导老师给予学生评定成绩等。

第二节　劳动教育评价

一、劳动教育评价特点

教育部发布的《大中小学劳动教育指导纲要(试行)》把劳动教育评价分为三方面:一是平时表现评价,即关注学生在劳动中的实际表现,及时进行评价,覆盖各类劳动教育活动;二是学段综合评价,依据学段目标和内容,对学生劳动表现、劳动素养发展情况进行综合评定,并将评定结果与评优挂钩,作为学生升学、就业的重要参考;三是加强对学校劳动教育实施情况的督查,开展区域劳动素养监测,发挥监测结果的示范、反馈改进等功能。[②]

将劳动素养纳入学生综合素质评价体系。以劳动教育目标、内容要求为依据,将过程性评价和结果性评价结合起来,健全和完善学生劳动素养评价标准、程序和方法,鼓励、支持各地利用大数据、云平台、物联网等现代信息技术手段,开展劳动教育过程管理与纪实评价,使得评价与管理有机融合。[③]

通过对学生劳动过程的评价、劳动综合素养的评价,使劳动教育评价更具真实性和综合性,且对劳动教育工作有积极的反向推动作用。

二、劳动教育评价方法

将劳动素养纳入学生综合测评评价体系。以劳动教育目标、内容要求为依据,将过程性评价和结果性评价结合起来,制订学生综合测评实施办法,健全和完善学生劳动素养评价标

---

① 强飙.高校劳动教育的创新探索——以南京审计大学劳动教育信息化实践为例[J].高校后勤研究,2019(10):78-80.

② 柳夕浪.唤起劳动教育的内在自觉[N].中国教育报,2021-01-04(002).

③ 教育部.教育部关于印发《大中小学劳动教育指导纲要(试行)》的通知,教材〔2020〕4号.

准、程序和方法。建设劳动教育评价系统,开展劳动教育过程监测与纪实评价,建立诚信机制,实行写实记录抽查制度,对弄虚作假者在评优评先方面一票否决,性质严重的应依法依规严肃处理。学生综合测评评价工作由学生处负责。重视实践教学环节劳动育人作用,在教育实习、专业实习等重要实践环节总结报告中增设劳动教育感悟要求,强化学生的马克思主义劳动观教育。①

三、劳动教育评价实施

(一)过程性评价

1. 以线上模式开展的过程性记录与评价

"要在平时劳动教育实践活动中及时进行评价,以评价促进学生发展。要覆盖各类型劳动教育活动,明确学年劳动实践类型、次数、时间等考核要求。关注学生在劳动教育活动中的实际表现……以自我评价为主,辅以教师、同伴、家长、服务对象、用人单位等他评方式,指导学生进行反思改进。要指导学生如实记录劳动教育活动情况,收集整理相关制品、作品等,选择代表性的写实记录,纳入综合素质档案,作为学生学年评优评先的重要参考。"②

依靠信息技术实现线上线下相结合的评价手段,依托"韩师慕课学习通",由学生所在二级学院建立劳动教育课程,将劳动教育清单任务作为课程内容,以定期布置作业的形式进行过程性考核,学生将劳动过程中的视频、图片、文章、作品等提交上传,二级学院根据学生的实录资料给予过程性评价,实现以线上模式开展学生的过程性记录与评价,以及对学生积极引导,对劳动过程开展积极的反思。

2. 学生劳动任务清单

制定学生劳动清单,记录学生每一学期的劳动实践类型、次数、时间以及成绩,汇总劳动过程的评价,同时也作为学生综合劳动素养评价的重要依据,参见表6-2。

表6-2　韩山师范学院学生劳动任务清单

二级学院：　　　专业：　　　年级：　　　学生学号：　　　学生姓名：

劳动任务	完成学期	完成情况	成绩(百分制)	评定人
马克思主义劳动观教育学习				
个性化劳动				
集体劳动				
特色劳动				
总评				

① 韩山师范学院.韩山师范学院加强劳动教育实施方案(试行),粤韩师〔2020〕286号.
② 教育部.教育部关于印发《大中小学劳动教育指导纲要(试行)》的通知,教材〔2020〕4号.

3. 综合测评

综合测评是学校对学生在学期间德智体美劳诸方面表现的综合评价,综合测评成绩是考核学生、评优、评奖、毕业生鉴定的主要依据。综合测评的内容包括学生的德、智、体、美、劳等五方面。[①] 综合测评的构成比例中,劳育占综合测评总分的10%。

学年结束时,学校根据学生学习马克思主义劳动观教育、参加个性化劳动、参加公共场所集体劳动、服务性劳动、生产性劳动以及文明宿舍创建活动等方面的综合表现,给予学生本学年综合劳动素养评价。

(二)终结性评价

终结性评价是根据劳动教育的目标对劳动教育的达成度进行恰当的评价,是对劳动教育的效果进行价值评断。

终结性评价包括对学校总体劳动教育工作的开展、学院劳动教育工作实施,以及劳动教育对学生德、智、体、美、劳五育融合人才培养成效的综合评价。

韩山师范学院以教育部颁布的《大中小学劳动教育指导纲要(试行)》的教育目标为主要评价依据,对学校全面开展劳动教育工作的过程与成效、过程与发展状况进行终结性评价。

评价要覆盖清单:"马克思主义劳动观教育+个性化劳动+集体劳动+特色劳动",参见表6-3。

表 6-3 过程性评价和终结性评价方案

过程性评价项目		计 分 方 法	计分数据来源部门
马克思主义劳动观教育(20%)		全部完成得20分,缺少则记不合格,补考	马克思主义学院
个性化劳动与特色劳动(30%)		志愿时数达标得30分,缺少则记不合格,补考	团委
集体劳动(50%)	公共场所劳动(30%)	至少一学年,缺少则记不合格,补考 组织单位和二级学院各50%评分。全部任务合计后取平均分计分 参加韩东校区农耕项目的公共场所劳动总分加5分	二级学院
	文明宿舍(20%)	必须全部达标,缺少则记不合格,补考;取平均分计分	学生处

复习和思考题

如何制订中小学劳动教育实施计划?

---

① 韩山师范学院.关于印发《韩山师范学院学生综合测评实施办法(2021年修订)》的通知,粤韩师〔2021〕90号.

第二部分

劳动实践

第七章

个性化劳动

学习目标

1. 理解个性化劳动实践的意义；
2. 了解个性化劳动实践的类型。

第一节　个性化劳动概述

一、个性化劳动类型

《大中小学劳动教育指导纲要（试行）》中明确指出：普通高等学校要"强化马克思主义劳动观教育，注重围绕创新创业，结合学科专业开展生产劳动和服务性劳动，积累职业经验，培育创造性劳动能力和诚实守信的合法劳动意识。"[1]学校对劳动教育进行整体设计、系统规划，研究制定"学校学期劳动教育计划"，注重学生个性化劳动任务设计与指导，明确学生个性化劳动实践的劳动类型与劳动内容。

个性化劳动类型主要有以下三类：志愿服务活动、生产劳动、服务性劳动。

志愿服务活动：志愿服务是指在不求回报的情况下，为改善社会，促进社会进步而自愿付出个人的时间及精力所作出的服务工作。如扶贫开发、社区建设、环境保护、大型赛会、应急救助、海外服务等。

生产劳动：生产劳动是指劳动者借助劳动资料，使自己的劳动作用于劳动对象，按照预定的目的生产某种产品的活动。[2] 如学科技能竞赛、创新创业活动、社团活动、实习实践等。

服务性劳动：也叫社会服务性劳动，是指直接服务于社会的有组织的不计报酬的义务劳动。既为生产服务，也为生活服务。[3] 如勤工俭学、假期三下乡社会实践活动、假期招生宣传活动、志愿服务等。

---

① 教育部. 教育部关于印发《大中小学劳动教育指导纲要（试行）》的通知，教材〔2020〕4 号.
② 生产劳动-MBA 智库百科(mbalib.com).
③ 社会服务性劳动-MBA 智库百科(mbalib.com).

二、个性化劳动意义

《中共中央　国务院关于全面加强新时代大中小学劳动教育的意见》中指出：劳动教育是国民教育体系的重要内容，是学生成长的必要途径，具有树德、增智、强体、育美的综合育人价值。实施劳动教育重点是在系统的文化知识学习之外，有目的、有计划地组织学生参加日常生活劳动、生产劳动和服务性劳动，让学生动手实践、出力流汗，接受锻炼、磨炼意志，培养学生正确劳动价值观和良好劳动品质。根据教育目标，针对不同学段、类型学生特点，以日常生活劳动、生产劳动和服务性劳动为主要内容开展劳动教育。结合产业新业态、劳动新形态，注重选择新型服务性劳动的内容。[①]

学校注重学生个性化劳动任务设计与指导，明确学生个性化劳动实践的劳动类型与劳动内容，使志愿服务、生产劳动、服务性劳动在劳动教育整个过程中得到有机融合。培养大学生的劳动观念、职业道德和劳动技能，学生应用所学知识和技能服务于社会、服务于人民，培养为人民服务的道德观，弘扬社会主义道德风尚。

个性化劳动既提高了学生的思想政治素质，树立正确的马克思主义劳动观，又在个性化劳动过程中实现专业理论与实践的结合应用，服务于人民、服务于社会的同时，增长了学生的实践本领，逐步培养自身良好的劳动品格，增强社会主义现代化建设者的社会责任感与历史使命感。

第二节　个性化劳动实践

一、任务要求

学生自入学起至大学三年级结束的六个学期内，须完成志愿服务活动（指向团委报备登记的服务公共场所或开展社会性公益活动）服务时长满30小时；

参加一次生产劳动（如学科技能竞赛、创新创业活动、社团活动、实习实践等）；

参加一次服务性劳动活动（如勤工俭学、假期三下乡社会实践活动、假期招生宣传活动、志愿服务等）。

二、任务评价

学生每一学期的志愿服务活动完成情况（个性化劳动）由团委根据学生完成劳动教育的六个学期总时长给予评价，记录于《韩山师范学院学生劳动任务清单》中"个性化劳动"一栏。

学生每一学期的生产劳动和服务性劳动项目（个性化劳动）由学生所在二级学院根据学生上传至学习通课程中的劳动过程材料，视完成情况给予评价，记录在《韩山师范学院学生劳动任务清单》中"个性化劳动"一栏。

每学期末从学生自底向上反馈个性化劳动的实践情况到学校，实现学生个性化劳动的过程性评价及劳动素养评价。

---

① 中共中央　国务院关于全面加强新时代大中小学劳动教育的意见[J].中华人民共和国国务院公报,2020(10)：7-11.

复习和思考题

个性化劳动实践的类型有哪些?

第八章

集体性劳动

学习目标

1. 理解集体性劳动的意义；

2. 了解集体性劳动的类型。

第一节　集体性劳动概述

一、集体性劳动类型

当代大学生的劳动教育主要任务包括"日常生活劳动、生产劳动和服务性劳动中的知识、技能与价值观。"其中日常生活劳动"立足个人生活事务处理，结合开展新时代校园爱国卫生运动，注重生活能力和良好卫生习惯培养树立自立自强意识。"[①]

大学校园的日常生活劳动指在校园集体生活中所需要处理的与个人日常生活、学习相关的劳动活动，包括宿舍、教室、实习实训实验室、校园公共场所、绿化美化等区域的卫生保洁及维护，系集体性劳动。

集体性劳动类型主要有以下几种：

(1)教室劳动教育任务。

(2)绿化区域及学习交流区域劳动教育任务。

(3)体育场所劳动教育任务。

(4)"文明宿舍"创建活动。

二、集体性劳动意义

通过集体性劳动的开展，使学生更好地理解马克思主义劳动观和社会主义劳动的关系，树立自强自立的劳动观，提高劳动主动性和积极性；在个人与集体的协作劳动中，培

[①]　教育部.教育部关于印发《大中小学劳动教育指导纲要(试行)》的通知,教材〔2020〕4号.

养艰苦耐劳的奋斗精神与合作精神；掌握通用的日常生活劳动科学知识、养成良好的卫生习惯。

第二节　集体性劳动实践

一、教室劳动教育任务

1. 具体劳动任务

教室室内地板；课桌椅；黑板；窗户（建筑外墙一侧的室内面、走廊一侧窗户内外面）；室内蜘蛛网；教室外非法张贴或涂写小广告；公告栏；教室内外挂画；走廊及学习空间地面。

劳动时间可安排于工作日中午或周末未排课期间，如在周一至周五安排在未排课时间段开展，须在教务系统申请该教室为"占用状态"。

2. 劳动安全操作技能要点

以确保安全为原则，按照从上往下的顺序使用劳动工具（扫把、拖把、手套、口罩等）开展打扫，并收集好垃圾，收放至每一教学楼层的垃圾收放点。扫：使用长杆扫把扫除天花板与墙壁角落的蜘蛛网；擦：使用干的长杆布把擦拭室内外窗户；除：去除室内非法张贴或涂写小广告，擦拭黑板和讲台表面；清：清除课桌内垃圾并使用湿抹布擦拭课桌椅；拖：清理地面垃圾后进一步清洁地面。去除课室门外非法张贴的广告、宣传海报，完成室外走廊、学习空间地面的垃圾以及桌椅清洁。

3. 评分标准

通过检查天花板与墙壁角落蜘蛛网、窗户擦拭、公共场合无关小广告、室内小张贴、桌子底下垃圾的残余量和室内扫地拖地情况为依据酌量评分优良中及合格与否。

二、绿化区域及学习交流区域劳动教育任务

1. 具体劳动任务

校园绿化带除杂草、捡杂物任务；清理沟井盖里的落叶杂物、清除非法张贴或涂写小广告、检查卫生死角等任务；教学楼楼道卫生清扫任务。

2. 劳动安全操作技能要点

以确保安全为原则，使用劳动工具（劳保手套、长钳子、小铲刀、手套、口罩等）在绿化带及草坪、沟井盖和卫生死角进行除草和垃圾清理，并清理楼宇外墙面非法张贴或涂写的小广告。将装有杂草和杂物垃圾的袋子集中放至指定的垃圾车或垃圾收集点，记录劳动过程中发现的卫生死角等环境问题，学院指定专人整理并反馈到爱国卫生运动分片区工作组。

3. 评分标准

从劳动态度、劳动技能以及劳动效果三方面来评价劳动成果，他们分别是工作是否积极主动、认真投入；劳动工具的使用及劳动的熟练程度如何；绿化带及草坪杂草是否拔除，各类杂物垃圾捡拾是否干净，沟井盖内的杂物垃圾和外墙面的小张贴是否清理干净等。

三、体育场馆劳动教育任务

1. 具体劳动任务

校区室外球场场地打扫,场地水洗;校区室外田径场捡垃圾,除杂草;校区室内体育场馆场地打扫。

2. 劳动安全操作技能要点

以确保安全为原则,将参加劳动的人数分成三队,按照学院安排场地顺序使用劳动工具(塑料扫把、竹扫把、簸箕、口罩等)进行场地打扫,并收集好垃圾。建立专兼职相结合的劳动教育教师队伍。根据学校劳动教育需要,明确劳动教育责任。

3. 评分标准

从劳动态度及劳动效果两方面来评价劳动成果。劳动态度方面以劳动是否到场参加和劳动时是否积极主动等为评分依据;劳动效果方面从室内场馆墙壁角落蜘蛛网,与训练、学习无关的小张贴的清理,场馆窗户擦拭和扫地拖地,包括室外场馆绿化及草坪上的杂草拔除,全部垃圾收集放到指定的收集点,需水洗场地的场馆是否清洗等情况为依据酌量对劳动成果评分优良中及合格与否。

四、"文明宿舍"创建活动

1. 活动内容

以加强学生宿舍的管理,为学生创造一个安静、舒适、整洁的学习、生活环境为主旨。按照相关考核准则做好个人和宿舍的卫生工作,辅导员、助理辅导员定期进行"文明卫生宿舍"检查评比考核工作。

活动主要内容为宿舍室内外的卫生清洁与美化;宿舍消防安全意识与习惯;宿舍楼内公共场所的卫生清洁与美化。

2. 活动案例

以本校学生宿舍住宿的学生为考核对象,依托学工系统建立"宿舍卫生"专栏,由各二级学院组织按照《韩山师范学院文明卫生宿舍考核表》(表 8-1)计分标准进行评比记分。

自 2019 级开始,劳动教育被纳入本专科专业人才培养方案,独立设置劳动教育公共必修课程,文明卫生宿舍考核结果与劳动教育学分修读相关,二级学院每次学生文明卫生宿舍检查成绩将作为劳动学分基础分数。对少数一贯不遵守宿舍纪律、不讲卫生、屡教不改者,将影响劳动学分获得。

韩山师范学院学生文明卫生宿舍评比设置校级"文明卫生文明宿舍"和院级"文明卫生优胜宿舍"荣誉称号。分别由二级学院和学生处宿管科评选,院级"文明卫生优胜宿舍"荣誉称号颁发数量由二级学院按学院内宿舍数量的 10% 为上限;校级"文明卫生文明宿舍"由学生处宿管科评选,其个人和集体按《韩山师范学院学生手册》相关规定给予奖励,同时将在全校范围内通报表彰。

将"文明宿舍"创建活动评比划为三个等级:

(1)宿舍评比总分为 100 分,其中原始基础分为 85 分,优胜宿舍附加分为 15 分。得分记录在《韩山师范学院文明卫生宿舍检查成绩表》(表 8-2)上。

(2)文明卫生宿舍检查记分采用扣分形式,按照宿舍违规类型和个人违规类型分别扣分。宿舍成员当月取得成绩由宿舍违规扣分和个人违规扣分累积成绩,宿舍评比总分为宿舍成员当月取得成绩平均分。

（3）宿舍成员当月取得成绩按下列分数段划分为 A、B、C 三个等级（按 1 次 A 级等同于 2 次 B 级计算）：

85＜宿舍成员当月取得成绩≤100 分之间划为 A 级；

60≤宿舍成员当月取得成绩≤85 分之间划为 B 级；

宿舍成员当月取得成绩＜60 分以下划为 C 级。

（4）本科生需取得 16 次达标（即 B 级）成绩、专科生取得 12 次达标成绩。在读学生中,本科生住宿时间不满五学期,或专科生住宿时间不满四学期,则按照在宿每学期需取得 3 次达标（即 B 级）成绩计算。

其中韩山师范学院学生文明卫生宿舍评比记分成绩由定期检查和不定期抽查两部分组成。定期检查由各二级学院按期自行组织、当月开展,每学期 3 次,具体开展月份为秋季学期 10 月、11 月、12 月,春季学期 3 月、4 月、5 月；不定期抽查由学生处宿管科负责,主要由入驻宿舍的社区辅导员开展,结合校级相关部门组织的不定期抽查同时进行。不定期抽查不另设成绩次数,宿管科组织人员根据突击检查的实际,在定期检查当月的基础分上,按《韩山师范学院文明卫生宿舍考核表》(表 8-1),各项依次累计扣分,成绩同时累计,最终考核分数体现在次月 1 日的评比记分中,拒检宿舍当月成绩无效。

韩山师范学院学生文明卫生宿舍评比采取"补考制度"。

（1）面向每学期未取得 3 次达标成绩的学生和累积未取得最终达标成绩的学生,由学生处宿管科负责,由入驻宿舍的社区辅导员开展。

（2）每学期未取得 3 次达标成绩的学生,在秋季学期 1 月和春季学期 6 月可申请补考各一次,允许申请跨学期补考。

（3）累积未取得最终达标成绩的学生中,本科生自三年级春季学期 4 月份起可申请补考,专科生自三年级秋季学期 10 月份起可申请补考。学生在校住宿期间,每月设置一次补考机会。具体开展补考的月份为秋季学期 10 月、11 月、12 月、1 月,春季学期 3 月、4 月、5 月、6 月。

3. 劳动安全操作技能要点

学生宿舍不仅是学生生活、休息的主要场所,也是学生教育、管理、服务工作的主要阵地和载体。

室内家具和生活用品按规范化要求定点摆放。寝室布置力求美观大方；窗面、墙面、地面、床面及桌面保持干净美观；阳台护栏上不摆放盆栽或者可能掉下的物品；建立健全宿舍卫生轮值制度,保持宿舍内及走廊清洁卫生。值日人员要切实履行职责,做好宿舍当天的清洁卫生工作,制定相应的宿舍公约,相互督促,共同遵守；不做违反国家法律法规、有损大学生形象、有悖社会公序良俗的活动及影响公共环境卫生和秩序的行为；按学校指定的房间床位住宿,不擅自调换宿位或进住他人宿舍；未经学校同意,不私自在校内外租房居住,不带外人到宿舍留宿；合理安排作息时间,按规定时间回宿舍就寝；爱护公共财物公用设施；尊重宿舍管理人员,支持宿舍管理工作；提倡节约用电用水；自觉树立防范意识,注意防盗安全,养成离寝室锁门和睡觉时闩门的好习惯；遵守宿舍消防规定；注意保护宿舍内财产和物品安全。

4. 评分标准

韩山师范学院文明卫生宿舍考核表如表 8-1 所示。

表 8-1　韩山师范学院文明卫生宿舍考核表

项　目	内　容	违 规 事 项	扣　分
卫生清洁	宿舍周围	走廊极其杂乱，长期大量堆放垃圾杂物、鞋子等	10 分
		走廊不清洁，鞋架较杂乱	5 分
		走廊较清洁，垃圾桶放于走廊	2 分
	室内	室内卫生极差，整个宿舍堆满多日垃圾	10 分
		室内有异味	5 分
		地面长期未清洁	2 分
		门后杂乱	5 分
		床底、桌底堆放垃圾（正常放置垃圾桶或垃圾袋不扣分）	10 分
		床上乱挂衣服	2 分
		桌面不整洁，书架杂乱长期未整理	5 分
	卫生间	严重积垢（非遗留问题）	10 分
		较脏乱，异味	5 分
		未经常清洁整理	2 分
	阳台	严重积垢（非遗留问题）	10 分
		栏杆置物，如盆花、洗漱物品、拖把、杂物等	10 分
		较脏乱	5 分
		未经常清洁整理	2 分
消防安全	违规用电	电线网线拉线有安全隐患	2 分
		存在打火机、蜡烛等取火物品	5 分
		使用吹风筒等完毕，插头未拔出	5 分
	小型违规电器	小锅等所有烹饪用具（含养生壶）	5 分
	大型违规电器	室内存放电瓶车电池，或给其充电	10 分
		电磁炉、电饭煲、电烤炉、热得快等	10 分
个人行为习惯		抽烟	10 分
		喂养动物	10 分
附注		若个别宿舍存在某些在评分规则里无明确规定的情况，则可根据宿舍检查人员理性判断后，予以扣分。	
总计得分			

韩山师范学院文明卫生宿舍检查成绩表如表 8-2 所示。

表 8-2（a）　韩山师范学院文明卫生宿舍检查成绩表（本科）

学　院		姓　名		学　号	
宿　舍	区　栋	年　级		班　级	
文明宿舍考核结果					
次数	时间	考核人	分数	等级	备注
1	年　月　日		分	□A□B□C	
2	年　月　日		分	□A□B□C	
3	年　月　日		分	□A□B□C	

续表

次数	时间	考核人	分数	等级	备注
4	年　月　日		分	□A□B□C	
5	年　月　日		分	□A□B□C	
6	年　月　日		分	□A□B□C	
7	年　月　日		分	□A□B□C	
8	年　月　日		分	□A□B□C	
9	年　月　日		分	□A□B□C	
10	年　月　日		分	□A□B□C	
11	年　月　日		分	□A□B□C	
12	年　月　日		分	□A□B□C	
13	年　月　日		分	□A□B□C	
14	年　月　日		分	□A□B□C	
15	年　月　日		分	□A□B□C	
16	年　月　日		分	□A□B□C	

补考成绩

次数	时间	考核人	分数	等级	备注
1	年　月　日		分	□A□B□C	
2	年　月　日		分	□A□B□C	
3	年　月　日		分	□A□B□C	
4	年　月　日		分	□A□B□C	
5	年　月　日		分	□A□B□C	
6	年　月　日		分	□A□B□C	
7	年　月　日		分	□A□B□C	
8	年　月　日		分	□A□B□C	
最终获得	A　B　C			是否达标	□是□否
折合劳动学分					

所在学院意见

签名(盖学院公章)：　　　年　月　日

学生处意见

公章：　　　年　月　日

教务处意见

公章：　　　年　月　日

表 8-2（b） 韩山师范学院文明卫生宿舍检查成绩表（专科）

学　院		姓　名		学　号	
宿　舍	区　栋	年　级		班　级	

文明宿舍考核结果

次数	时间	考核人	分数	等级	备注
1	年　月　日		分	□A□B□C	
2	年　月　日		分	□A□B□C	
3	年　月　日		分	□A□B□C	
4	年　月　日		分	□A□B□C	
5	年　月　日		分	□A□B□C	
6	年　月　日		分	□A□B□C	
7	年　月　日		分	□A□B□C	
8	年　月　日		分	□A□B□C	
9	年　月　日		分	□A□B□C	
10	年　月　日		分	□A□B□C	
11	年　月　日		分	□A□B□C	
12	年　月　日		分	□A□B□C	

补考成绩

次数	时间	考核人	分数	等级	备注
1	年　月　日		分	□A□B□C	
2	年　月　日		分	□A□B□C	
3	年　月　日		分	□A□B□C	
4	年　月　日		分	□A□B□C	
5	年　月　日		分	□A□B□C	
6	年　月　日		分	□A□B□C	
7	年　月　日		分	□A□B□C	
8	年　月　日		分	□A□B□C	
最终获得		A　B　C		是否达标	□是□否
折合劳动学分					

所在学院意见	签名（盖学院公章）：　　　　年　月　日
学生处意见	公章：　　　　年　月　日
教务处意见	公章：　　　　年　月　日

五、活力农耕与自然美育融合劳动任务

劳动教育之于育人具有基础性、综合性及精神价值性,与大自然和土地联结的农耕劳动教育结合自然美育对于培养充分、自由、统一、和谐全面发展的人更是具有重要意义。然而,在长期劳动教育与美育的教育实践中,却出现如下的困境:

首先,大中小学学生与土地的联结被割裂,与自然的关系客体化、甚至异化。当下以脑力劳动为主的科技化劳动受到了极力吹捧,而作为其他所有劳动形式之根基的自然化体力劳动,其价值却得不到重视,自然化体力劳动最典型的形式就是与大自然深度联结的活力农耕劳动。

其次,美育是道德纯洁、体魄强健和精神丰盛的源泉,旨在培养孩子能从周围世界的美中感受精神的高尚、良善、真挚,滋养自身而立美。美源于大自然,而我国的美育却长期被狭隘化为音乐和美术教育,更甚的是课程实施过程不仅音乐、美术教育被弱化、边缘化,甚至被进一步异化为技能训练,自然美育几近被忽视。不仅如此,劳动教育和自然美育之困境呈现出从小学到大学逐步加剧的趋势。自然化劳动和自然美育的偏废造就了"自然缺失症""美的缺失症"的一代,这严重制约学生的全面健康发展,大学阶段可能是弥补这两大缺失的最后一课。

再次,学校自然环境文化建设过程难以将育人理念与教育实践融入其中,导致育人资源的错位配置与浪费。一方面,学校耗费大量的经费一厢情愿打造的学校自然环境,却不一定契合学生身心发展的需求,难以得到学生的认同。另一方面,学生以客体的身份享受学校文化建设成果,却极少以主体的姿态积极参与学校文化建设,学校文化育人功能被忽视。

基于此,对学校育人资源的重新优化配置与整合,通过实践,探索融活力农耕劳动教育、自然美育于学校文化建设的协同育人模式具有重要的理论价值和实践意义。完整的课程体系设计与实施是破解以上困境的重中之重,而课程任务要求、劳动安全、课程评价是实现育人目标的基础、保障和核心。

(一)任务要求

1. 劳动教育与自然美育的培训

(1)"歌德植物观察"、"虫自在"等课程培训(2 节课);

(2)农耕技能与劳动安全规程培训(4 节课)。

2. 班集体活力农耕

(1)耕种前准备:班集体参与本学院各班级园地创意设计、种植调研、规划、选种与分组分工。

① 自愿参加本学院总片区的各班级园地划分设计的征集。

② 选种子要求:班级园地一半种花/观赏植物、一半种水果;由班集体自主选择适合学校地理、气候、土壤条件的植物,成熟期均要求半年左右(1 学期+寒/暑假,如选择成熟期很短的,则需要种两造以上)。

③ 分组:集体耕种部分由全班同学一起劳动,5~6 人为一个小组,组长 1 名(建议选择有农耕经验的学生作为组长)。

④ 为自己班级园地命名,制作个性化的标识牌。

（2）活力农耕。

① 集体播种希望：完成除草、松土、播种、积肥、浇水等劳动。

② 分组日常守护：日常管养（浇水、施肥、修剪、抓虫子等）可分组轮流劳动。

③ 丰硕果实共享：集体收获（摘花和水果、收集种子等），分享劳动果实。

注：遇节日或放长假，可申请由后勤绿化管养部门托管。

3. 完成个人的歌德植物观察作品和美育作品

（1）必选作品：每位学生在自己耕种的作物中找一株你感兴趣的植物，做4次完整的歌德观察，完成自然笔记4份，要求如下：

① 记录植物生长的4个节点（如发芽、开花、结果、枯萎等）。

② 每个节点记录内容：歌德植物观察的"准备、客观观察、主观想象、在注视中看见、人与植物合一"五方面。需要强调的是：绘画是歌德植物观察过程中很重要的环节，它并不要求学生有专业的绘画功底，学生只要全然打开五大感官，用心观察、用心绘画，不管画出怎样的作品，那都是自己最独特的视角。

③ 4份作品合并成一份PDF格式文档提交，要求图片清晰，排版整齐、美观。

（2）美育作品1份（任选以下4类中的1小项，加分项）

① 文学作品：选择你自己感兴趣的一种/多种文学形式，如绘本、诗、词、歌、赋、故事、作文等，书写你与植物之间的故事。

② 美育作品：插花或将种植的花制作成干花、扎染、植物贴画、植物拓印、花嵌入陶艺作品中、干花香包、摄影等。

③ 虫自在作品：自然笔记、绘画、摄影、标本等。

④ 花果及加工作品：自己耕种的新鲜水果或花果制作成花茶（如玫瑰茶、洛神花茶、菊花茶）、果酱（草莓酱、番茄酱等）、水果糕点等等。

4. 活力农耕和自然美育作品展示及传承种子仪式

课程结束时，举行各班级耕种园地和个人作品展，评选出优秀集体作品和个人作品。同时举行传承仪式，班集体成员将种子、园地传承给下一届的师弟师妹们。

（二）劳动安全操作手册

活力农耕旨在培养学生亲身体验传统自然生态农业精耕细作的全过程，通过不断地探索、实践与反思，以重构并在实践中内化自然生态、绿色可持续发展的理念。即因时、因地遵从生态节律、生物多样性和自然规律，维护土壤、生态系统和人类健康的农耕生产体系。基于以上目标，结合学生身心发展的特点，提出如下安全操作规程，以保证学生劳动过程的安全和身心健康。

1. 劳动环境和危害因素的控制

（1）天气因素。学生农耕劳动需要在田地间露天进行，因此严寒酷暑等天气因素会对身体造成一定的伤害，需要做好如下防护：如高温天气和太阳辐射危害，劳动可避开中午高温暴晒；避免皮肤裸露于太阳底下，涂上防晒霜等护肤用品以防晒伤。如冬季在低温环境劳动，加强保暖，做好防冻措施。

（2）生物因素。农耕劳动过程中可能会遭遇红蚂蚁、蜂虫叮咬，可能会接触到植物花粉、真菌孢子、昆虫皮毛等过敏原。因此，除了由学校相关部门对农耕基地进行生物危害因素的排查、清理外，学生在农耕过程中应选择避免皮肤裸露的着装，同时密切观察身边的生物危害因素，提高警惕，保护自己。如遇到有害昆虫等危害因素，在保证安全的前提下，做好标记，交由学校相关部门处理。

（3）体力因素。学生在农耕劳动中应根据自己的身体状况，采用正确的姿势劳动，避免超重负荷、不良体位的劳动和外伤。

2. 农具、化肥农药使用安全守则

（1）农具使用安全守则。"工欲善其事，必先利其器"，农具可以提高劳动的效率，但遵循安全使用的规程是重要的前提。农耕劳动常用的工具包括锄头、铁锹、钉耙、镰刀、木工锯、剪枝刀、铁斗车等铁制工具，以及水管、水桶、喷洒器、水漂、粪箕、竹篮等塑料和木质工具。学生在使用时需要做到：

① 使用工具的学生，必须熟知工具的性能、特点、使用和保养等常识。

② 学生使用工具前，必须对工具进行检查，严禁使用腐蚀、变形、松动、有故障、破损等不合格工具。如发现损坏，请贴上标签，由工作人员进行检修。

③ 学生使用工具时可戴手套进行防护，使用时要注意与其他同学保持安全距离，防止伤人。

④ 工具使用完毕应清扫干净，放回工具房指定位置。

（2）化肥农药使用安全守则。基于生态绿色农耕的理念和要求，对于农耕地过程中的化肥农药的使用，须遵守以下安全规程：

① 尽量以自然轮作、复种，种植豆科作物和绿肥的方式恢复土壤肥力，如确实需要施肥，用耕地内在养分和有机肥替代化肥，并做到精准施肥。

② 对于病虫害的防治，以无毒无害、生态绿色为原则，除虫害可通过人工抓虫、自然天敌等方式，禁止滥用农药、激素、抗生素等药物，严禁使用国家禁止生产销售和使用的农药。

③ 学生在防治病虫害过程中，注意做好个人安全防护措施，以免造成衣物、皮肤及呼吸道的污染而发生中毒事故。

3. 农耕植物残余的处理

农耕植物残余主要是作物秸秆、枯枝落叶等，是农用有机肥料。鼓励生物类专业学生成立研究团队研发绿色环保的处理方法。处理的注意事项如下：

① 不宜采用田间随意焚烧，因为会产生二氧化硫、二氧化氮、可吸入颗粒物等污染物，从而造成局部空气质量污染，危害人群健康；同时焚烧使地面温度升高，会烧死、烫死土壤中的有益微生物，影响土壤养分。

② 可采用植物残余还田、基质发酵剂对秸秆和枯枝落叶进行发酵处理、环保型设备进行处理，也可作为饲料、肥料、基料、原料等方式开展综合利用。

（三）评分标准

评分标准见表 8-3。

表 8-3 活力农耕与自然美育融合劳动任务考核方法

项　目	劳动教育必做项目（85%）				劳动教育选做项目（15%）
	平时成绩（含考勤、培训、线上自学、讨论、调查等）（占15%）	班集体劳动成果成绩（占40%）		个人成绩（占30%）	加分项
		教师评价（80%）	学生评价（20%）	个人自然笔记成绩（占30%）	个人劳动拓展成果及公共服务（15%）
学习目标	(1) 理解活力农耕与自然美育的价值和意义，掌握歌德植物观察法、虫自在观察等方法； (2) 掌握农耕基本的技能，熟悉劳动安全规程	(1) 激发班集体成员对班级园地的责任感、荣誉感，培养劳动意识、劳动技能、劳动精神等，并逐步内化为对大自然的敬畏和责任担当； (2) 增强班集体的凝聚力、归属感，在集体完成农耕劳动任务过程中，提升班级成员的沟通交流能力、团队协作精神与能力； (3) 激励、督促、引导班集体成员养成正确的劳动观和审美观，提升劳动素养和审辨素养		引导、激励学生个体于劳动教育、自然美育过程中的建立与自然的联结；深度体验、感受自然，感受美、创造美，最终内化为自身的劳动素养和审美素养	激励学生以文学、美育等形式深化劳动教育成果，积极、主动参与农耕基地公共服务，培养学生责任担当、奉献精神等素养
学习通实施方法	(1) 培训设置为作业，学生上传练习作品或讨论感受，教师根据培训过程的学生表现和作业评分； (2) 其他按学习通功能设置，自动计分	设置PBL，学生自由建组，设置教师评价80%，学生组间互评10%，学生组内互评10%。匿名评价，手动结束		设置为作业，教师评价，占30%	(1) 拓展成果设置为作业，教师评价，占10%； (2) 公共服务占5% ① 后勤额外任务，如搬草到积肥坑、挖池塘等，由后勤负责老师评价； ② 各学院额外任务，由学院负责老师负责评价
		教师评价分为： (1) 后勤负责老师占40%，根据各班园地现场的耕种结果进行评价，每班一个分数； (2) 学院负责老师占40%，根据劳动过程与结果、纪录片进行评价，各小组分别评分	生生评价分为： (1) 学生组间互评10%； (2) 学生组内互评10%； 注：如缺少学生评价，则该部分成绩为0，建议期末提醒学生，并要求客观公正评价		
评价时间	各环节实施结束	由班级自主选择耕种的作物最美、果实丰收时间	期末	期末	期末

续表

项　目	劳动教育必做项目（85%）				劳动教育选做项目（15%）
	平时成绩（含考勤、培训、线上自学、讨论、调查等）（占15%）	班集体劳动成果成绩（占40%）		个人成绩（占30%）	加分项
		教师评价（80%）	学生评价（20%）	个人自然笔记成绩（占30%）	个人劳动拓展成果及公共服务（15%）
评价指标	根据完成度计分	PBL指标： (1) 耕种结果（土地、植物）； (2) 劳动和美育设计与创造； (3) 劳动成果纪录片； (4) 劳动素养美育素养（参与、合作、责任、文化、能力等）		(1) 完成数量：四份作品，每份作品涵盖歌德植物观察的五个环节 (2) 完成品质： ① 作业排版的清晰度、美观度； ② 对植物观察的细致、深入度； ③ 与植物的联结、对话、体验、反思的广度与深度； ④ 由此建构、内化为自身对自然、对美的感受、鉴赏、创造等审美水平与素养的高低	(1) 美育加分作品：文学作品/其他美育作品/美食作品/虫自在作品完成品质参照自然笔记评价指标进行评价 (2) 公共服务：根据学生参与公共服务劳动的参与、合作、责任等意识与态度；劳动任务完成过程与结果；劳动过程所体现的劳动知识与能力、过程与方法等劳动素养进行评价

复习和思考题

1. 集体性劳动实践的类型有哪些？
2. 请从培养学生劳动素养的角度，分析五种不同类型集体性劳动的特点。

附　　录

附录A　国家文件

中共中央　国务院
关于全面加强新时代大中小学劳动教育的意见
（2020 年 3 月 20 日）

为构建德智体美劳全面培养的教育体系，现就加强新时代大中小学劳动教育提出如下意见。

一、充分认识新时代培养社会主义建设者和接班人对加强劳动教育的新要求

（一）重大意义。劳动教育是中国特色社会主义教育制度的重要内容，直接决定社会主义建设者和接班人的劳动精神面貌、劳动价值取向和劳动技能水平。长期以来，各地区和学校坚持教育与生产劳动相结合，在实践育人方面取得了一定成效。同时也要看到，近年来一些青少年中出现了不珍惜劳动成果、不想劳动、不会劳动的现象，劳动的独特育人价值在一定程度上被忽视，劳动教育正被淡化、弱化。对此，全党全社会必须高度重视，采取有效措施切实加强劳动教育。

（二）指导思想。以习近平新时代中国特色社会主义思想为指导，全面贯彻党的教育方针，落实全国教育大会精神，坚持立德树人，坚持培育和践行社会主义核心价值观，把劳动教育纳入人才培养全过程，贯通大中小学各学段，贯穿家庭、学校、社会各方面，与德育、智育、体育、美育相融合，紧密结合经济社会发展变化和学生生活实际，积极探索具有中国特色的劳动教育模式，创新体制机制，注重教育实效，实现知行合一，促进学生形成正确的世界观、人生观、价值观。

（三）基本原则

——把握育人导向。坚持党的领导，围绕培养担当民族复兴大任的时代新人，着力提升学生综合素质，促进学生全面发展、健康成长。把准劳动教育价值取向，引导学生树立正确的劳动观，崇尚劳动、尊重劳动，增强对劳动人民的感情，报效国家，奉献社会。

——遵循教育规律。符合学生年龄特点，以体力劳动为主，注意手脑并用、安全适度，强化实践体验，让学生亲历劳动过程，提升育人实效性。

——体现时代特征。适应科技发展和产业变革，针对劳动新形态，注重新兴技术支撑和社会服务新变化。深化产教融合，改进劳动教育方式。强化诚实合法劳动意识，培养科学精神，提高创造性劳动能力。

——强化综合实施。加强政府统筹，拓宽劳动教育途径，整合家庭、学校、社会各方面力量。家庭劳动教育要日常化，学校劳动教育要规范化，社会劳动教育要多样化，形成协同育

人格局。

——坚持因地制宜。根据各地区和学校实际,结合当地在自然、经济、文化等方面条件,充分挖掘行业企业、职业院校等可利用资源,宜工则工、宜农则农,采取多种方式开展劳动教育,避免"一刀切"。

二、全面构建体现时代特征的劳动教育体系

(四)把握劳动教育基本内涵。劳动教育是国民教育体系的重要内容,是学生成长的必要途径,具有树德、增智、强体、育美的综合育人价值。实施劳动教育重点是在系统的文化知识学习之外,有目的、有计划地组织学生参加日常生活劳动、生产劳动和服务性劳动,让学生动手实践、出力流汗,接受锻炼、磨炼意志,培养学生正确劳动价值观和良好劳动品质。

(五)明确劳动教育总体目标。通过劳动教育,使学生能够理解和形成马克思主义劳动观,牢固树立劳动最光荣、劳动最崇高、劳动最伟大、劳动最美丽的观念;体会劳动创造美好生活,体认劳动不分贵贱,热爱劳动,尊重普通劳动者,培养勤俭、奋斗、创新、奉献的劳动精神;具备满足生存发展需要的基本劳动能力,形成良好劳动习惯。

(六)设置劳动教育课程。整体优化学校课程设置,将劳动教育纳入中小学国家课程方案和职业院校、普通高等学校人才培养方案,形成具有综合性、实践性、开放性、针对性的劳动教育课程体系。

根据各学段特点,在大中小学设立劳动教育必修课程,系统加强劳动教育。中小学劳动教育课每周不少于1课时,学校要对学生每天课外校外劳动时间作出规定。职业院校以实习实训课为主要载体开展劳动教育,其中劳动精神、劳模精神、工匠精神专题教育不少于16学时。普通高等学校要明确劳动教育主要依托课程,其中本科阶段不少于32学时。除劳动教育必修课程外,其他课程结合学科、专业特点,有机融入劳动教育内容。大中小学每学年设立劳动周,可在学年内或寒暑假自主安排,以集体劳动为主。高等学校也可安排劳动月,集中落实各学年劳动周要求。

根据需要编写劳动实践指导手册,明确教学目标、活动设计、工具使用、考核评价、安全保护等劳动教育要求。

(七)确定劳动教育内容要求。根据教育目标,针对不同学段、类型学生特点,以日常生活劳动、生产劳动和服务性劳动为主要内容开展劳动教育。结合产业新业态、劳动新形态,注重选择新型服务性劳动的内容。

小学低年级要注重围绕劳动意识的启蒙,让学生学习日常生活自理,感知劳动乐趣,知道人人都要劳动。小学中高年级要注重围绕卫生、劳动习惯养成,让学生做好个人清洁卫生,主动分担家务,适当参加校内外公益劳动,学会与他人合作劳动,体会到劳动光荣。初中要注重围绕增加劳动知识、技能,加强家政学习,开展社区服务,适当参加生产劳动,使学生初步养成认真负责、吃苦耐劳的品质和职业意识。普通高中要注重围绕丰富职业体验,开展服务性劳动、参加生产劳动,使学生熟练掌握一定劳动技能,理解劳动创造价值,具有劳动自立意识和主动服务他人、服务社会的情怀。中等职业学校重点是结合专业人才培养,增强学生职业荣誉感,提高职业技能水平,培育学生精益求精的工匠精神和爱岗敬业的劳动态度。高等学校要注重围绕创新创业,结合学科和专业积极开展实习实训、专业服务、社会实践、勤

工助学等,重视新知识、新技术、新工艺、新方法应用,创造性地解决实际问题,使学生增强诚实劳动意识,积累职业经验,提升就业创业能力,树立正确择业观,具有到艰苦地区和行业工作的奋斗精神,懂得空谈误国、实干兴邦的深刻道理;注重培育公共服务意识,使学生具有面对重大疫情、灾害等危机主动作为的奉献精神。

(八)健全劳动素养评价制度。将劳动素养纳入学生综合素质评价体系,制定评价标准,建立激励机制,组织开展劳动技能和劳动成果展示、劳动竞赛等活动,全面客观记录课内外劳动过程和结果,加强实际劳动技能和价值体认情况的考核。建立公示、审核制度,确保记录真实可靠。把劳动素养评价结果作为衡量学生全面发展情况的重要内容,作为评优评先的重要参考和毕业依据,作为高一级学校录取的重要参考或依据。

三、广泛开展劳动教育实践活动

(九)家庭要发挥在劳动教育中的基础作用。注重抓住衣食住行等日常生活中的劳动实践机会,鼓励孩子自觉参与、自己动手、随时随地、坚持不懈地进行劳动,掌握洗衣做饭等必要的家务劳动技能,每年有针对性地学会1至2项生活技能。鼓励学校(家委会)和社区等组织开展学生生活技能展示活动。学生参加家务劳动和掌握生活技能的情况要按年度记入学生综合素质档案。鼓励孩子利用节假日参加各种社会劳动。家庭要树立崇尚劳动的良好家风,家长要通过日常生活的言传身教、潜移默化,让孩子养成从小爱劳动的好习惯。

(十)学校要发挥在劳动教育中的主导作用。学校要切实承担劳动教育主体责任,明确实施机构和人员,开齐开足劳动教育课程,不得挤占、挪用劳动实践时间。明确学校劳动教育要求,着重引导学生形成马克思主义劳动观,系统学习掌握必要的劳动技能。根据学生身体发育情况,科学设计课内外劳动项目,采取灵活多样形式,激发学生劳动的内在需求和动力。统筹安排课内外时间,可采用集中与分散相结合的方式。组织实施好劳动周,小学低中年级以校园劳动为主,小学高年级和中学可适当走向社会、参与集中劳动,高等学校要组织学生走向社会、以校外劳动锻炼为主。

(十一)社会要发挥在劳动教育中的支持作用。充分利用社会各方面资源,为劳动教育提供必要保障。各级政府部门要积极协调和引导企业公司、工厂农场等组织履行社会责任,开放实践场所,支持学校组织学生参加力所能及的生产劳动、参与新型服务性劳动,使学生与普通劳动者一起经历劳动过程。鼓励高新企业为学生体验现代科技条件下劳动实践新形态、新方式提供支持。工会、共青团、妇联等群团组织以及各类公益基金会、社会福利组织要组织动员相关力量、搭建活动平台,共同支持学生深入城乡社区、福利院和公共场所等参加志愿服务,开展公益劳动,参与社区治理。

四、着力提升劳动教育支撑保障能力

(十二)多渠道拓展实践场所。大力拓展实践场所,满足各级各类学校多样化劳动实践需求。充分利用现有综合实践基地、青少年校外活动场所、职业院校和普通高等学校劳动实践场所,建立健全开放共享机制。农村地区可安排相应土地、山林、草场等作为学农实践基地,城镇地区可确认一批企事业单位和社会机构,作为学生参加生产劳动、服务性劳动的实践场所。建立以县为主、政府统筹规划配置中小学(含中等职业学校)劳动教育资源的机制。

进一步完善学校建设标准,学校逐步建好配齐劳动实践教室、实训基地。高等学校要充分发挥自身专业优势和服务社会功能,建立相对稳定的实习和劳动实践基地。

（十三）多举措加强人才队伍建设。采取多种措施,建立专兼职相结合的劳动教育师资队伍。根据学校劳动教育需要,为学校配备必要的专任教师。高等学校要加强劳动教育师资培养,有条件的师范院校开设劳动教育相关专业。设立劳模工作室、技能大师工作室、荣誉教师岗位等,聘请相关行业专业人士担任劳动实践指导教师。把劳动教育纳入教师培训内容,开展全员培训,强化每位教师的劳动意识、劳动观念,提升实施劳动教育的自觉性,对承担劳动教育课程的教师进行专项培训,提高劳动教育专业化水平。建立健全劳动教育教师工作考核体系,分类完善评价标准。

（十四）健全经费投入机制。各地区要统筹中央补助资金和自有财力,多种形式筹措资金,加快建设校内劳动教育场所和校外劳动教育实践基地,加强学校劳动教育设施标准化建设,建立学校劳动教育器材、耗材补充机制。学校可按照规定统筹安排公用经费等资金开展劳动教育。可采取政府购买服务方式,吸引社会力量提供劳动教育服务。

（十五）多方面强化安全保障。各地区要建立政府负责、社会协同、有关部门共同参与的安全管控机制。建立政府、学校、家庭、社会共同参与的劳动教育风险分散机制,鼓励购买劳动教育相关保险,保障劳动教育正常开展。各学校要加强对师生的劳动安全教育,强化劳动风险意识,建立健全安全教育与管理并重的劳动安全保障体系。科学评估劳动实践活动的安全风险,认真排查、清除学生劳动实践中的各种隐患特别是辐射、疾病传染等,在场所设施选择、材料选用、工具设备和防护用品使用、活动流程等方面制定安全、科学的操作规范,强化对劳动过程每个岗位的管理,明确各方责任,防患于未然。制定劳动实践活动风险防控预案,完善应急与事故处理机制。

五、切实加强劳动教育的组织实施

（十六）加强组织领导。在党委统一领导下,各级政府要把劳动教育摆上重要议事日程,出台相关政策措施,切实解决劳动教育实施过程中的重大问题,做好督促落实。省级政府要加强劳动教育工作的统筹协调,明确市地级、县级政府及有关部门加强劳动教育的职责,推动建立全面实施劳动教育的长效机制。

（十七）强化督导检查。把劳动教育纳入教育督导体系,完善督导办法。对地方各级政府和有关部门保障劳动教育情况以及学校组织实施劳动教育情况进行督导,督导结果向社会公开,同时作为衡量区域教育质量和水平的重要指标,作为对被督导部门和学校及其主要负责人考核奖惩的依据。开展劳动教育质量监测,强化反馈和指导。

（十八）加强宣传引导。引导家长树立正确劳动观念,支持配合学校开展劳动教育。加强劳动教育科学研究,宣传推广劳动教育典型经验。积极宣传企事业单位和社会机构提供劳动教育服务的先进事迹。注重挖掘在抗疫救灾等重大事件中涌现出来的典型人物和事迹,大力宣传不畏艰难、百折不挠、敢于担当的高尚品格。鼓励和支持创作更多以歌颂普通劳动者为主题的优秀作品,大力宣传辛勤劳动、诚实劳动、创造性劳动的典型人物和事迹,弘扬劳动光荣、创造伟大的主旋律,旗帜鲜明地反对一切不劳而获、贪图享乐、崇尚暴富的错误观念,营造全社会关心和支持劳动教育的良好氛围。

教育部关于印发《大中小学劳动教育指导纲要(试行)》的通知

(2020 年 7 月 7 日)

教材〔2020〕4 号

为深入贯彻习近平总书记关于教育的重要论述,全面贯彻党的教育方针,落实《中共中央 国务院关于全面加强新时代大中小学劳动教育的意见》,加快构建德智体美劳全面培养的教育体系,制定本指导纲要。

一、劳动教育性质和基本理念

(一)劳动教育性质

劳动是创造物质财富和精神财富的过程,是人类特有的基本社会实践活动。劳动教育是发挥劳动的育人功能,对学生进行热爱劳动、热爱劳动人民的教育活动。当前实施劳动教育的重点是在系统的文化知识学习之外,有目的、有计划地组织学生参加日常生活劳动、生产劳动和服务性劳动,让学生动手实践、出力流汗,接受锻炼、磨炼意志,培养学生正确劳动价值观和良好劳动品质。

劳动教育是新时代党对教育的新要求,是中国特色社会主义教育制度的重要内容,是全面发展教育体系的重要组成部分,是大中小学必须开展的教育活动。它具有鲜明的思想性,必须将马克思主义劳动观贯彻始终,强调劳动是一切财富、价值的源泉,劳动者是国家的主人,一切劳动和劳动者都应该得到鼓励和尊重;倡导通过诚实劳动创造美好生活、实现人生梦想,反对一切不劳而获、崇尚暴富、贪图享乐的错误思想。具有突出的社会性,必须加强学校教育与社会生活、生产实践的直接联系,发挥劳动在个人与社会之间的纽带作用,引导学生认识社会,增强社会责任感;同时注重让学生学会分工合作,体会社会主义社会平等、和谐的新型劳动关系。具有显著的实践性,必须面向真实的生活世界和职业世界,引导学生以动手实践为主要方式,在认识世界的基础上,获得有积极意义的价值体验,学会建设世界,塑造自己,实现树德、增智、强体、育美的目的。

(二)劳动教育基本理念

1. 强化劳动观念,弘扬劳动精神。将劳动观念和劳动精神教育贯穿人才培养全过程,贯穿家庭、学校、社会各方面。注重让学生在学习和掌握基本劳动知识技能的过程中,领悟劳动的意义价值,形成勤俭、奋斗、创新、奉献的劳动精神。

2. 强调身心参与,注重手脑并用。把握劳动教育的根本特征,让学生面对真实的个人生活、生产和社会性服务任务情境,亲历实际的劳动过程,善于观察思考,注重运用所学知识解决实际问题,提高劳动质量和效率。

3. 继承优良传统,彰显时代特征。在充分发挥传统劳动、传统工艺项目育人功能的同时,紧跟科技发展和产业变革,准确把握新时代劳动工具、劳动技术、劳动形态的新变化,创新劳动教育内容、途径、方式,增强劳动教育的时代性。

4. 发挥主体作用,激发创新创造。关注学生劳动过程中的体验和感悟,引导学生感受劳动的艰辛和收获的快乐,增强获得感、成就感、荣誉感。鼓励学生在学习和借鉴他人丰富经验、技艺的基础上,尝试新方法、探索新技术,打破僵化思维方式,推陈出新。

二、劳动教育目标和内容

（一）总体目标

准确把握社会主义建设者和接班人的劳动精神面貌、劳动价值取向和劳动技能水平的培养要求，全面提高学生劳动素养，使学生：

树立正确的劳动观念。正确理解劳动是人类发展和社会进步的根本力量，认识劳动创造人、劳动创造价值、创造财富、创造美好生活的道理，尊重劳动，尊重普通劳动者，牢固树立劳动最光荣、劳动最崇高、劳动最伟大、劳动最美丽的思想观念。

具有必备的劳动能力。掌握基本的劳动知识和技能，正确使用常见劳动工具，增强体力、智力和创造力，具备完成一定劳动任务所需要的设计、操作能力及团队合作能力。

培育积极的劳动精神。领会"幸福是奋斗出来的"内涵与意义，继承中华民族勤俭节约、敬业奉献的优良传统，弘扬开拓创新、砥砺奋进的时代精神。

养成良好的劳动习惯和品质。能够自觉自愿、认真负责、安全规范、坚持不懈地参与劳动，形成诚实守信、吃苦耐劳的品质。珍惜劳动成果，养成良好的消费习惯，杜绝浪费。

（二）主要内容

主要包括日常生活劳动、生产劳动和服务性劳动中的知识、技能与价值观。日常生活劳动教育立足个人生活事务处理，结合开展新时代校园爱国卫生运动，注重生活能力和良好卫生习惯培养，树立自立自强意识。生产劳动教育要让学生在工农业生产过程中直接经历物质财富的创造过程，体验从简单劳动、原始劳动向复杂劳动、创造性劳动的发展过程，学会使用工具，掌握相关技术，感受劳动创造价值，增强产品质量意识，体会平凡劳动中的伟大。服务性劳动教育让学生利用知识、技能等为他人和社会提供服务，在服务性岗位上见习实习，树立服务意识，实践服务技能；在公益劳动、志愿服务中强化社会责任感。

（三）学段要求

1. 小学

低年级：以个人生活起居为主要内容，开展劳动教育，注重培养劳动意识和劳动安全意识，使学生懂得人人都要劳动，感知劳动乐趣，爱惜劳动成果。指导学生：（1）完成个人物品整理、清洗，进行简单的家庭清扫和垃圾分类等，树立自己的事情自己做的意识，提高生活自理能力；（2）参与适当的班级集体劳动，主动维护教室内外环境卫生等，培养集体荣誉感；（3）进行简单手工制作，照顾身边的动植物，关爱生命，热爱自然。

中高年级：以校园劳动和家庭劳动为主要内容开展劳动教育，体会劳动光荣，尊重普通劳动者，初步养成热爱劳动、热爱生活的态度。指导学生：（1）参与家居清洁、收纳整理，制作简单的家常餐等，每年学会1～2项生活技能，增强生活自理能力和勤俭节约意识，培养家庭责任感；（2）参加校园卫生保洁、垃圾分类处理、绿化美化等，适当参加社区环保、公共卫生等力所能及的公益劳动，增强公共服务意识；（3）初步体验种植、养殖、手工制作等简单的生产劳动，初步学会与他人合作劳动，懂得生活用品、食品来之不易，珍惜劳动成果。

2. 初中

兼顾家政学习、校内外生产劳动、服务性劳动，安排劳动教育内容，开展职业启蒙教育，体会劳动创造美好生活，养成认真负责、吃苦耐劳的劳动品质和安全意识，增强公共服务意识和担当精神。让学生:(1)承担一定的家庭日常清洁、烹饪、家居美化等劳动,进一步培养生活自理能力和习惯,增强家庭责任意识;(2)定期开展校园包干区域保洁和美化,以及助残、敬老、扶弱等服务性劳动,初步形成对学校、社区负责任的态度和社会公德意识;(3)适当体验包括金工、木工、电工、陶艺、布艺等项目在内的劳动及传统工艺制作过程,尝试家用器具、家具、电器的简单修理,参与种植、养殖等生产活动,学习相关技术,获得初步的职业体验,形成初步的生涯规划意识。

3. 普通高中

注重围绕丰富职业体验,开展服务性劳动和生产劳动,理解劳动创造价值,接受锻炼、磨炼意志,具有劳动自立意识和主动服务他人、服务社会的情怀。指导学生:(1)持续开展日常生活劳动,增强生活自理能力,固化良好劳动习惯;(2)选择服务性岗位,经历真实的岗位工作过程,获得真切的职业体验,培养职业兴趣,积极参加大型赛事、社区建设、环境保护等公益活动、志愿服务,强化社会责任意识和奉献精神;(3)统筹劳动教育与通用技术课程相关内容,从工业、农业、现代服务业以及中华优秀传统文化特色项目中,自主选择1~2项生产劳动,经历完整的实践过程,提高创意物化能力,养成吃苦耐劳、精益求精的品质,增强生涯规划的意识和能力。

4. 职业院校

重点结合专业特点,增强职业荣誉感和责任感,提高职业劳动技能水平,培育积极向上的劳动精神和认真负责的劳动态度。组织学生:(1)持续开展日常生活劳动,自我管理生活,提高劳动自立自强的意识和能力;(2)定期开展校内外公益服务性劳动,做好校园环境秩序维护,运用专业技能为社会、为他人提供相关公益服务,培育社会公德,厚植爱国爱民的情怀;(3)依托实习实训,参与真实的生产劳动和服务性劳动,增强职业认同感和劳动自豪感,提升创意物化能力,培育不断探索、精益求精、追求卓越的工匠精神和爱岗敬业的劳动态度,坚信"三百六十行,行行出状元",体认劳动不分贵贱,任何职业都很光荣,都能出彩。

5. 普通高等学校

强化马克思主义劳动观教育,注重围绕创新创业,结合学科专业开展生产劳动和服务性劳动,积累职业经验,培育创造性劳动能力和诚实守信的合法劳动意识。使学生:(1)掌握通用劳动科学知识,深刻理解马克思主义劳动观和社会主义劳动关系,树立正确的择业就业创业观,具有到艰苦地区和行业工作的奋斗精神;(2)巩固良好日常生活劳动习惯,自觉做好宿舍卫生保洁,独立处理个人生活事务,积极参加勤工助学活动,提高劳动自立自强能力;(3)强化服务性劳动,自觉参与教室、食堂、校园场所的卫生保洁、绿化美化和管理服务等,结合"三支一扶"、大学生志愿服务西部计划、"青年红色筑梦之旅""三下乡"等社会实践活动开展服务性劳动,强化公共服务意识和面对重大疫情、灾害等危机主动作为的奉献精神;(4)重视生产劳动锻炼,积极参加实习实训、专业服务和创新创业活动,重视新知识、新技术、新工艺、新方法的运用,提高在生产实践中发现问题和创造性解决问题的能力,在动手实践的过程中创造有价值的物化劳动成果。

三、劳动教育途径、关键环节和评价

(一)劳动教育途径

将劳动教育纳入人才培养全过程,丰富、拓展劳动教育实施途径。

1. 独立开设劳动教育必修课

在大中小学设立劳动教育必修课程。中小学劳动教育课平均每周不少于 1 课时,用于活动策划、技能指导、练习实践、总结交流等,与通用技术和地方课程、校本课程等有关内容进行必要统筹。职业院校开设劳动专题教育必修课,不少于 16 学时;主要围绕劳动精神、劳模精神、工匠精神、劳动组织、劳动安全和劳动法规等方面设计。普通高等学校要将劳动教育纳入专业人才培养方案,明确主要依托的课程,可在已有课程中专设劳动教育模块,也可专门开设劳动专题教育必修课,本科阶段不少于 32 学时;课程内容应加强马克思主义劳动观教育,普及与学生职业发展密切相关的通用劳动科学知识,并经历必要的实践体验。

2. 在学科专业中有机渗透劳动教育

中小学道德与法治(思想政治)、语文、历史、艺术等学科要有重点地纳入劳动创造人本身、劳动创造历史、劳动创造世界、劳动不分贵贱等马克思主义劳动观,纳入歌颂劳模、歌颂普通劳动者的选文选材,纳入阐释勤劳、节俭、艰苦奋斗等中华民族优良传统的内容,加强对学生辛勤劳动、诚实劳动、合法劳动等方面的教育。数学、科学、地理、技术、体育与健康等学科要注重培养学生劳动的科学态度、规范意识、效率观念和创新精神。

职业院校要将劳动教育全面融入公共基础课,要强化马克思主义劳动观、劳动安全、劳动法规教育。专业课在进行职业劳动知识技能教学的同时,注重培养"干一行爱一行"的敬业精神,吃苦耐劳、团结合作、严谨细致的工作态度。

普通高等学校要将劳动教育有机纳入专业教育、创新创业教育,不断深化产教融合,强化劳动锻炼要求,加强高等学校与行业骨干企业、高新企业、中小微企业紧密协同,推动人才培养模式改革。专业类课程主要与服务学习、实习实训、科学实验、社会实践、毕业设计等相结合开展各类劳动实践,注重分析相关劳动形态发展趋势,强化劳动品质培养。在公共必修课中,要进一步强化马克思主义劳动观教育、劳动相关法律法规与政策教育。

3. 在课外校外活动中安排劳动实践

将劳动教育与学生的个人生活、校园生活和社会生活有机结合起来,丰富劳动体验,提高劳动能力,深化对劳动价值的理解。

中小学每周课外活动和家庭生活中劳动时间,小学 1 至 2 年级不少于 2 小时,其他年级不少于 3 小时;职业院校和普通高等学校要明确生活中的劳动事项和时间,纳入学生日常管理工作。

大中小学每学年设立劳动周,采用专题讲座、主题演讲、劳动技能竞赛、劳动成果展示、劳动项目实践等形式进行。小学以校内为主,小学高年级可适当安排部分校外劳动;普通中学、职业院校和普通高等学校兼顾校内外,可在学年内或寒暑假安排,以集体劳动为主,由学校组织实施。高等学校也可安排劳动月,集中落实各学年劳动周要求。

4. 在校园文化建设中强化劳动文化

学校要将劳动习惯、劳动品质的养成教育融入校园文化建设之中。要通过制定劳动公约、每日劳动常规、学期劳动任务单,采取与劳动教育有关的兴趣小组、社团等组织形式,结合植树节、学雷锋纪念日、五一劳动节、农民丰收节、志愿者日等,开展丰富的劳动主题教育活动,营造劳动光荣、创造伟大的校园文化。

要举办"劳模大讲堂""大国工匠进校园"、优秀毕业生报告会等劳动榜样人物进校园活动,组织劳动技能和劳动成果展示,综合运用讲座、宣传栏、新媒体等,广泛宣传劳动榜样人物事迹,特别是身边的普通劳动者事迹,让师生在校园里近距离接触劳动模范,聆听劳模故事,观摩精湛技艺,感受并领悟勤勉敬业的劳动精神,争做新时代的奋斗者。

(二)劳动教育关键环节

各地和学校要注重围绕劳动教育的目标和内容要求,从提高劳动教育的效果出发,把握劳动教育任务的特点,抓住关键环节,选择适宜的劳动教育方式。

1. 讲解说明。围绕劳动为什么、是什么问题,有重点地进行讲解,让学生懂得劳动的意义和价值。加强劳动观念、劳动纪律、劳动相关法律法规的正面引导,指明轻视劳动特别是轻视普通劳动的危害,让学生明辨是非。加强劳动知识技能的讲解,让学生认清事理,掌握实践操作的基本原理、程序、规则,正确使用工具的方法和技术。讲解要与启发思考、示范、练习等结合起来。

2. 淬炼操作。围绕如何做的问题,注重示范与练习,让学生会劳动。强化规范意识,注重从最基本的程序学起,严守规则,避免主观随意。强化质量意识,注重引导学生关注细节,每个步骤、环节都要精准到位。强化专注品质,注重引导学生对操作行为的评估与监控,做到眼到手到心到,有始有终。

3. 项目实践。围绕劳动能力的培养,让学生完成真实、综合任务,经历完整劳动过程。注重劳动价值体认,引导学生从现实生活中发现需求,选择和确定劳动项目。强化规划设计意识,充分发挥学生的主动性、积极性、创造性,引导学生对项目实践进行整体构思,综合运用所学知识、技术,不断优化行动方案。强化身体力行,锤炼意志品质,敢于在困难与挑战中完成行动任务。

4. 反思交流。围绕劳动价值意义的建构,引导学生总结、交流,促进学生形成反思交流习惯。指导学生思考劳动过程和结果与社会进步、个体成长的关联,避免停留在简单的苦乐体验上。组织学生交流分享劳动的体验和收获,肯定具有积极意义的认识,纠正观念上的偏差。将反思交流与改进结合起来,使学生在劳动中获得成长。

5. 榜样激励。围绕劳动的精神追求,树立典型,激发劳动热情。注意遴选、树立多类型榜样,不仅要有大国工匠、劳动模范,还要有身边劳动表现优异的普通劳动者和同学。指导学生从榜样的具体事迹中领悟他们的高尚精神和优良品质。明确要求学生在日常劳动实践中努力向榜样看齐。

(三)劳动教育评价

将劳动素养纳入学生综合素质评价体系。以劳动教育目标、内容要求为依据,将过程性评价和结果性评价结合起来,健全和完善学生劳动素养评价标准、程序和方法,鼓励、支持各地利用大数据、云平台、物联网等现代信息技术手段,开展劳动教育过程监测与纪实评价,发挥评价的育人导向和反馈改进功能。

1. 平时表现评价

要在平时劳动教育实践活动中及时进行评价,以评价促进学生发展。要覆盖各类型劳动教育活动,明确学年劳动实践类型、次数、时间等考核要求。关注学生在劳动教育活动中的实际表现,注重从行为表现中分析把握劳动观念形成情况。以自我评价为主,辅以教师、同伴、家长、服务对象、用人单位等他评方式,指导学生进行反思改进。要指导学生如实记录劳动教育活动情况,收集整理相关制品、作品等,选择代表性的写实记录,纳入综合素质档案,作为学生学年评优评先的重要参考。

2. 学段综合评价

学段结束时,要依据学段目标和内容,结合综合素质档案分析,兼顾必修课学习和课外劳动实践,对劳动观念、劳动能力、劳动精神、劳动习惯和品质等劳动素养发展状况进行综合评定。建立诚信机制,实行写实记录抽查制度,对弄虚作假者在评优评先方面一票否决,性质严重的应依法依规严肃处理。在高中和大学开展志愿者星级认证。高中学校和高等学校要将考核结果作为毕业依据之一。推动将学段综合评价结果作为学生升学、就业的重要参考。

3. 开展学生劳动素养监测

将学生劳动素养监测纳入基础教育质量监测、职业院校教学质量评估和普通高等学校本科教学质量评估。可委托有关专业机构,定期组织开展关于学生劳动素养状况调查,注重学生劳动观念、劳动能力、劳动精神、劳动习惯和品质等的监测。发挥监测结果的示范引导、反馈改进等功能。

四、学校劳动教育的规划与实施

(一)整体规划劳动教育

学校是劳动教育的实施主体,应根据国家相关规定,结合当地和本校实际情况,对劳动教育进行整体设计、系统规划,形成劳动教育总体实施方案。方案要明确劳动教育目标内容、课时安排、主要劳动实践活动安排、劳动教育过程组织与指导及考核评价办法等。同时要基于学生的年段特征、阶段性教育要求,研究制定"学校学年(或学期)劳动教育计划",对学年、学期劳动教育实践活动作出具体安排,特别是规划好劳动周等集中劳动,细化有关要求。使总体实施方案和学年(或学期)活动计划相互配套、衔接,形成可持续开展的劳动教育实施方案。

学校在劳动教育规划时要注意处理以下几方面的关系:

1. 理论学习和实践锻炼的关系

理论学习和实践锻炼都是劳动教育的必要内容。理论学习重在让学生理解和掌握"劳动创造了人本身""劳动创造世界"等历史唯物主义基本理论主张以及劳动相关法律、法规、政策,作为行动的指南。实践锻炼重在将所学知识转化为真正有用的实际本领,形成良好的劳动习惯,弘扬劳动精神。规划劳动教育时,要两者兼顾,坚持以实践锻炼为主,切实保证每一个学生都有必要的劳动实践经历,不能只是口头上喊劳动、课堂上讲劳动。要通过学生实践前的计划构想、实践中的观察思考和实践后的反思交流,加深对有关思想理论、法规政策的理解,实现理论学习和实践锻炼的统一。

2. 劳动教育与其他教育活动的关系

在开足专门劳动教育必修课的同时,中小学劳动教育必修课实践环节中与综合实践活动的社会服务、设计制作、职业体验重叠部分,可整合实施。职业院校、普通高等学校劳动教育中学生生产劳动和服务性劳动可以通过专业实习、实训、创新创业等实践环节完成,日常生活劳动可以通过学生管理落实。

3. 劳动的传统形态与新形态的关系

将日常生活劳动教育贯穿大中小学始终。在安排生产劳动和服务性劳动项目时,中小学要以使用传统工具、传统工艺的劳动为主,引导学生体会劳动人民的艰辛与智慧,传承中华优秀传统文化,兼顾使用新知识、新技术、新工艺、新方法的劳动。职业院校、普通高等学校要注重结合产业新业态、劳动新形态,选择现代农业、工业、服务业项目,提升创造性劳动能力。

(二)劳动教育的组织实施

1. 实施机构和人员

学校要建立健全劳动教育组织实施的工作机制。明确主管校领导,设置机构或明确相关部门负责劳动教育的规划设计、组织协调、资源整合、师资培训、过程管理、总结评价等。

要建立专兼职相结合的劳动教育教师队伍。根据学校劳动教育需要,明确劳动教育责任人,进行劳动教育规划、组织实施、评价等,配齐劳动教育必修课教师,保持教师队伍的相对稳定性。要充分发挥教职员工特别是班主任、辅导员、导师的作用,利用少先队、共青团、党组织以及学生社团等各方面的力量,合力开展劳动教育实践活动。充分利用家长及当地人力资源,聘请相关行业专业人士担任劳动实践指导教师。

2. 劳动安全风险防范与管理

学校要把劳动安全教育与管理作为组织实施的必要内容,强化劳动安全意识,建立健全安全教育与管理并重的劳动安全保障体系。

要依据学生身心发育情况,适度安排劳动强度、时长,切实关注劳动任务及场所设施的适宜性。科学评估劳动实践活动的安全风险,认真排查、清除学生劳动实践中的各种隐患。在场所设施选择、材料选用、工具设备和防护用品使用、活动流程等方面制定安全、科学操作规范,强化劳动过程每个岗位的管理,明确各方责任,防患于未然。制定劳动实践活动风险防控预案,完善应急与事故处理机制。要特别关注劳动过程中的卫生隐患,按照疾控、卫生健康部门及行业有关规定,采取相应措施,切实保护学生的身心健康。鼓励购买劳动教育相关保险。

3. 建立协同实施机制

中小学要推动建立以学校为主导、家庭为基础、社区为依托的协同实施机制,形成共育合力。学校要通过家长会、家长学校、社区宣讲、网络媒体等途径,引导家长树立正确的劳动观;明确家长的劳动教育责任,让家长主动指导和督促孩子完成家庭、社区劳动任务;学校要与相关社会实践基地共同开发并实施劳动教育课程。

职业院校、普通高等学校要建立学校负责规划设计,行业企业社会机构主要负责业务指导,双方共同管理的劳动教育实施机制。通过建立劳模工作室、技能大师工作室,设置荣誉教师、实务导师岗位等,多渠道引入社会力量参与学校劳动教育。要联合社会力量,共建共享稳定的劳动实践基地、校外实习实训基地、各类型创新创业孵化平台,多渠道拓展劳动实践场所。

五、劳动教育条件保障与专业支持

地方教育行政部门要切实加强对劳动教育工作的组织领导,明确机构和人员承担区域推进劳动教育的职责任务,切实加强条件保障、专业支持和督导评估,整体提高大中小学劳动教育质量和水平。

（一）条件建设

1. 丰富和拓展劳动实践场所

地方教育行政部门要统筹规划和配置劳动教育实践资源,满足学校多样化劳动实践需求。充分利用现有综合实践基地、青少年校外活动场所、职业院校和普通高等学校劳动实践场所,建立健全开放共享机制,特别是充分利用职业院校实训实习场所、设施设备,为普通中小学和普通高等学校提供所需要的服务。可安排一批土地、山林、草场等作为学农实践基地,确认一批厂矿企业作为学工实践基地,认定一批城乡社区、福利院、医院、博物馆、科技馆、图书馆等事业单位、社会机构、公共场所作为服务性劳动基地。推动学校充分利用校内学习、生活有关场所,逐步建好配齐劳动技术实践教室、实训基地,丰富劳动教育资源。

2. 加强师资队伍建设

要明确劳动课教师管理要求,保障劳动课教师在绩效考核、职称评聘、评先评优、专业发展等方面与其他专任教师享受同等待遇。推动中小学、职业院校与普通高等学校建立师资交流共享机制,发挥职业院校教师的专业优势,承担普通学校劳动教育教学任务。建立劳动课教师特聘制度,为学校聘请具有实践经验的社会专业技术人员、劳动模范等担任兼职教师创造条件。

高等学校要加强劳动教育师资培养,有条件的院校开设劳动教育相关专业。把劳动教育纳入教育行政干部、校长、教师、辅导员培训内容,开展全员培训,强化劳动意识、劳动观念,提升劳动教育的自觉性。对承担劳动教育课程的教师进行专项培训,提高劳动育人意识和专业化水平。

3. 健全经费投入机制

各地要统筹中央补助资金和自有财力,多种形式筹措资金,加快建设校内劳动教育场所和校外劳动教育实践基地,加强学校劳动教育设施建设,建立学校劳动教育器材、耗材补充机制。学校可按照规定统筹安排公用经费等资金开展劳动教育,可采取政府购买服务方式,吸引社会力量提供劳动教育服务。

（二）加强专业研究和指导

1. 加强劳动教育研究与指导

在全国教育科学规划、教育部人文社会科学研究项目中支持劳动教育研究。地方教育行政部门鼓励和支持相关机构设立劳动教育研究项目。设立一批试验区或试验学校,注重开展跟踪研究、行动研究。举办论坛讲座,营造良好学术氛围。

各级中小学教研机构要配备劳动教育教研员,组织开展专题教研、区域教研、网络教研,通过协同创新、校际联动、区域推进,提高劳动教育整体实施水平。鼓励高等学校依托有关专业机构开展劳动教育教学研究。

2. 组织开展劳动教育课程资源研发

基于劳动教育教学的实际需要,省级教育行政部门明确中小学劳动实践指导手册编写要求,体现"一纲多本",满足不同地区学校的多样化需求,负责组织审查。职业院校可组织编写劳动精神、劳模精神、工匠精神专题读本,由编写院校或委托专业机构进行审查。鼓励学校、学术团体、专业机构等收集整理反映劳动先进人物事迹和精神的影视资料,组织研发展示劳动过程、劳动安全要求的数字资源,梳理遴选来自教学一线的典型案例和鲜活经验,形成分学段、分专题的劳动教育课程资源包,促进优质资源的共享与使用。

(三)督导评估与激励

1. 加强对学校劳动教育实施情况的督查

把劳动教育纳入教育督导体系,完善督导办法。对地方各级人民政府和有关部门保障劳动教育情况进行督导。对学校劳动教育开课率、学生劳动实践组织的有序性,教学指导的针对性,保障措施的有效性等进行督查和指导。督导结果要向社会公开,作为衡量区域教育质量和水平的重要指标,作为对被督导部门和学校及其主要负责人考核奖惩的依据。

2. 建立健全劳动教育激励机制

在国家级、省级教学成果奖励中,将劳动教育教学成果纳入评奖范围,对优秀成果予以奖励。依托有关专业组织、教科研机构等开展劳动教育经验交流和成果展示活动,激发广大教师实践创新的潜能和动力。积极协调新闻媒体传播劳动光荣、创造伟大思想,大力宣传劳动教育先进学校、先进个人。

附录 B　韩山师范学院文件

韩山师范学院加强劳动教育实施方案(试行)

为深入贯彻习近平总书记关于教育的重要论述,全面贯彻党的教育方针,落实《中共中央 国务院关于全面加强新时代大中小学劳动教育的意见》《中共中央 国务院深化新时代教育评价改革总体方案》《教育部大中小学劳动教育指导纲要(试行)》等文件精神,加强劳动教育,引导学生崇尚劳动、尊重劳动、热爱劳动,培养德智体美劳全面发展的社会主义建设者和接班人,现结合我校实际,制订本实施方案。

一、指导思想

以习近平新时代中国特色社会主义思想为指导,全面贯彻党的教育方针,落实全国教育大会精神,将劳动教育融入全员全过程全方位育人格局,促使劳动教育与德育、智育、体育、美育相融合,实现"以劳树德、以劳增智、以劳强体、以劳育美和以劳促创",积极探索具有韩师特色的劳动教育模式和劳动教育评价机制,教育引导学生懂得劳动最光荣、劳动最伟大、劳动最美丽的道理,体会劳动创造美好生活,体认劳动不分贵贱,培养学生勤俭、奋斗、创新、奉献的劳动精神,增强学生生存发展需要的基本劳动能力,形成良好的劳动习惯,促进学生形成正确的世界观、人生观、价值观。

二、总体原则

坚持立德树人的理念,全面提高学生劳动素养,强化马克思主义劳动观教育。坚持理论教学与实践教学相结合,构建完善的劳动实践教学体系,实现知行合一;坚持劳动教育与专业教育相结合,结合学科专业教育开展生产劳动和服务性劳动,提高在生产实践中发现问题和解决问题的能力;坚持劳动教育与创新创业相结合,拓展劳动教育新途径,培育创造性劳动能力;坚持劳动教育与公益服务相结合,强化学生公共服务意识和奉献精神。

三、主要举措

（一）独立设置劳动教育课程

从 2019 级开始,将劳动教育纳入本专科专业人才培养方案,独立设置劳动教育公共必修课程,2 学分,本科阶段不少于 32 学时。课程采取"马克思主义劳动观教育＋个性化劳动＋集体劳动"相结合的教育方式进行。

1. 马克思主义劳动观教育。采用线上教学方式进行马克思主义劳动观教育。主要做法是在"韩师慕课学习通"开设劳动观教育模块,学生必须完成线上学习马克思主义劳动观教育、劳动相关法律法规与政策教育。马克思主义学院负责网络课程的建设与管理。

2. 个性化劳动。坚持劳动教育与专业教育相结合,每生大学期间必须参与志愿服务活动(指向团委报备登记的服务公共场所或开展社会性公益活动),原则上志愿服务时长满 30 小时。同时必须参加一次其他类型的生产劳动和服务性劳动项目活动(例如假期三下乡社会实践活动、假期招生宣传活动、勤工俭学、学科技能竞赛、创新创业活动、社团活动、志愿服务活动等活动)。团委负责志愿服务活动的报备审批。各二级学院负责明确学生个性化生产劳动和服务性劳动项目劳动内容。

3. 集中劳动。开展"文明公共场所""文明宿舍"创建活动,展现学生风采,树立"一室之不治,何以天下家国为"的理念。

(1) 公共场所劳动教育。公共场所劳动可以是"文明教室"创建劳动或者体育场馆等公共场所劳动。每个自然班必须承担一学年的公共场所劳动,并开展"文明公共场所"创建活动。教务处(课室管理服务中心)负责教室劳动教育任务、基建后勤与资产管理处负责绿化区域和室内外师生学习交流区域的劳动教育任务、体育学院负责体育场馆劳动教育任务。二级学院协同公共场所劳动教育的落实。

(2) "文明宿舍"创建活动。每生大学期间必须参与学生宿舍卫生劳动,学生宿舍劳动以常规考核、突击考核相结合的方式,学生宿舍卫生考核情况作为集中劳动学分获取的依据。每次学生宿舍卫生情况考核结果分 A、B、C 三个等级,其中,85 分以上为 A 级,60 至 85 分为 B 级,60 分以下为 C 级,按 1 个 A 等同于 2 个 B 计。原则上本科生必须取得 16 个达标(即 B 级)成绩、专科生取得 12 个达标成绩。学生处负责"文明宿舍"劳动实践的管理和考核工作。

4. 劳动教育学分登记。在完成马克思主义劳动观教育、个性化劳动、集体劳动等劳动任务后,本科生在第 6 学期(专科生在第 4 学期)登记劳动教育学分,劳动教育课程纳入补考重修机制。二级学院负责学生劳动教育学分登记,由年级辅导员汇总后录入教务系统。登记前,团委将个性化劳动情况统计表、学生处须将宿舍卫生情况评比统计表、马克思主义学院将马克思主义劳动观教育学习情况统计表、课室管理服务中心将班级教室劳动考核情况表、基建后勤与资产管理处将绿化区域和室内外师生学习交流区域劳动教育考核情况表、体育学院将体育场馆劳动教育考核情况表等提供给各二级学院。

（二）创新劳动教育评价方式

将劳动素养纳入学生综合测评价体系。以劳动教育目标、内容要求为依据,将过程性评价和结果性评价结合起来,修订学生综合测评实施办法,健全和完善学生劳动素养评价标准、程序和方法。建设劳动教育评价系统,开展劳动教育过程监测与纪实评价,建立诚信机制,实行写实记录抽查制度,对弄虚作假者在评优评先方面一票否决,性质严重的应依法依规严肃处理。学生综合测评评价工作由学生处负责。

重视实践教学环节劳动育人作用,在教育实习、专业实习等重要实践环节总结报告中增设劳动教育感悟要求,强化学生的马克思主义劳动观教育。

(三)加强劳动教育研究与指导

在教学改革研究项目中设立劳动教育研究专项,鼓励校内相关学科专业和校外有关专业机构协同开展劳动教育教学研究,鼓励开展劳动教育课程资源研发,收集整理反映劳动先进人物事迹和精神的影视资料,组织研发展示劳动过程、劳动安全要求的数字资源,梳理遴选来自教学一线的典型案例和鲜活经验,形成劳动教育课程资源包,出版校本特色劳动教育教材,促进优质资源的共享与使用。

(四)重视校园劳动文化建设

要将劳动习惯、劳动品质的养成教育融入校园文化建设之中。结合"文明宿舍""文明教室"建设制定劳动公约、每日劳动常规、学期劳动任务单,结合社团等组织形式,在植树节、学雷锋纪念日、五一劳动节、农民丰收节、志愿者日、主题班会等,开展丰富的劳动主题教育活动,创造劳动光荣的校园文化。第二课堂的劳动教育由学生处、团委负责。

要举办优秀毕业生报告会、优秀教师等劳动榜样人物进校园活动,组织劳动技能和劳动成果展示,综合运用讲座、宣传栏、新媒体等,广泛宣传劳动榜样人物事迹,特别是身边的普通劳动者事迹,让师生在校园里近距离接触劳动模范,聆听劳模故事,观摩精湛技艺,感受并领悟勤勉敬业的劳动精神,争做新时代的奋斗者。劳动文化的宣导由宣传部负责、各二级学院配合。

四、保障措施

(一)组织保障

学校各相关部门应协同创新、共同对劳动教育进行整体设计、系统规划,研究制定"学校学期劳动教育计划",对每学期劳动教育实践活动做出具体安排,学生建立个人劳动任务单,形成可持续开展的劳动教育实施方案。

建立健全劳动教育组织实施的工作机制,由分管教学副校长担任劳动教育领导小组组长,成员包括教务处、学生处、宣传部、团委、人事处、财务处、基建后勤与资产管理处、马克思主义学院、各二级学院、课室管理服务中心负责人。领导小组下设办公室,挂靠在教务处,负责劳动教育的日常管理工作,办公室主任由教务处负责人兼任。教务处是劳动教育实施的牵头建设单位,负责协调相关职能部门和二级学院加强对大学生劳动教育培养的统筹管理和规划指导。二级学院是劳动教育培养的责任主体,负责落实劳动教育实施方案及措施。

(二)师资保障

建立专兼职相结合的劳动教育教师队伍。学校依托马克思主义学院组建劳动教育专职教师队伍,把劳动教育兼职教师纳入二级学院领导班子、教学管理队伍、班主任、辅导员、创新创业指导教师、学业导师工作职责,同时聘请相关行业专业人士担任劳动实践指导教师。将劳动教育的新思想、新理念纳入教育行政干部、教师、辅导员培训的内容,通过开展全员培训,强化劳动意识,树牢劳动观念,提升劳动教育的自觉性。对承担劳动教育课程的教师进行专项培训,强化劳动育人意识,不断提升劳动教育专业化水平。

(三)经费保障

要统筹资金,加快建设校内劳动教育场所和校外劳动教育实践基地,加强学校劳动教育设施建设,建立学校劳动教育器材、耗材补充机制。每年设立劳动教育专项资金开展劳动教育,可采取政府购买服务方式,吸引社会力量提供劳动教育服务。资金统筹由财务处负责。

(四)安全机制保障

强化劳动安全意识,建立健全安全教育与管理并重的劳动安全保障体系。要依据学生身心发育情况,适度安排劳动强度、时长,切实关注劳动任务及场所设施的适宜性。科学评估劳动实践活动的安全风险,认真排查、清除学生劳动实践中的各种隐患。在场所设施选择、材料选用、工具设备和防护用品使用、活动流程等方面制定安全、科学操作规范,强化劳动过程每个岗位的管理,明确各方责任,防患于未然。制定劳动实践活动风险防控预案,完善应急与事故处理机制。要特别关注劳动过程中的卫生隐患,按照疾控、卫生健康部门及行业有关规定,采取相应措施,切实保护学生的身心健康。鼓励购买劳动教育相关保险。劳动安全保障体系由基建后勤与资产管理处负责。

(五)激励机制保障

将劳动教育教学成果纳入教学成果奖评奖范围,开展劳动教育经验交流和成果展示活动,激发广大教师实践创新的潜能和动力。积极协调新闻媒体传播劳动光荣、创造伟大思想,大力宣传劳动教育先进单位、先进个人。

韩山师范学院学生综合测评实施办法

第一章　总则

第一条　为贯彻落实中共中央、国务院《深化新时代教育评价改革总体方案》,完善学生德智体美劳过程性评价的综合素质评价体系,特制定本办法。

第二条　综合测评的内容包括学生的德、智、体、美、劳等五方面。构成比例是:综合测评总分=德育×15%+智育(学业表现分)×55%+体育×10%+美育×10%+劳育×10%。

第三条　综合测评每学年评定一次,按同年级同专业(班级)排定名次。综合测评是学校对学生在学期间德智体美劳诸方面表现的综合评价,综合测评成绩是考核学生、评优、评奖、毕业生鉴定的主要依据。

第二章　德育

第四条　德育测评成绩由基本分(60分)、附加分(40分)、扣分三部分累计构成,计算方式:总分=基本分+附加分-扣分。

第五条　德育的基本分为60分,包括以下六项内容,每项满分为10分。

(一)自觉参加政治学习,增强"四个意识",坚定"四个自信",做到"两个维护",不参与影响国家统一和社会稳定的活动,不参与封建迷信和邪教活动。

(二)热爱祖国,甘于奉献,遵纪守法,积极践行社会主义核心价值观,投身社会公益工作和实践活动,参加学校、学院、班级组织的各项活动,并完成各项任务。积极参加团学干部、社团培训等。

（三）勤奋学习，遵守教学纪律，完成规定学业；遵从学术规范，恪守学术道德，不作弊，不剽窃。

（四）诚实守信，按规定交纳学费及有关费用，按自身家庭经济困难情况如实申请助学贷款及助学金并履行相应义务。

（五）遵守社会公德，尊敬师长，团结同学；待人礼貌，仪表整洁，男女交往文明；谦虚俭朴，爱护公物，维护公共秩序；讲究卫生，爱护环境，节约水电；不酗酒，不赌博，不打架斗殴；按规定住宿，按时作息。

（六）自觉维护互联网信息安全，不登录非法网站，不接收和传播不良信息；不参与非法传销；不买卖非法书刊和音像制品。

第六条 德育的附加分为40分，超过40分者以40分计。

（一）义务献血者每次加3分。对见义勇为、同各种违纪违法行为作斗争，维护社会秩序、学校稳定等方面有突出表现者，经相关部门证实，酌情加5分以上。

（二）在各级学生干部组织任职满一年，能履行职责，学校团委学生兼职副书记、学校学生会主席团成员、学生社团联合会团总支书记、学生社团联合会主席团成员加7分；校团委、校学生会委员、二级学院团总支学生兼职副书记、二级学院学生会主席团成员、学生助理辅导员加6.5分；校团委、校学生会、学生社团联合会、二级学院团总支、二级学院学生会部门主要负责人及助理班主任加5.5分，部门其他负责人加5分；二级学院团总支、二级学院学生会各部门干事加3分；团支书、班长、副班长加5.5分，团支委、班委加3分。

（三）在校学生社团、学生队伍（青年志愿者服务队、校红十字会、校通讯组、校报、广播台、《韩师青年》编辑部、校军训教导队、学校国旗护卫队、笔架山新媒体中心、朋辈心理咨询服务队、礼仪队等）任职满一年，能履行职责，学生社团、队伍主要负责人加5.5分，其他负责人加5分，部门（区域）主要负责人加4.5分，部门（区域）其他负责人加4分，干事加3分；二级学院学生社团、学生队伍负责人加4.5分、其他负责人加4分，部长加3.5分，干事加2.5分。学生社团成员不能以加入社团为由加分。

（四）学生兼任学生干部职务的，就高不累加；对不能较好履行职责的，在相应分值范围内适当扣分或不加分；学生干部述职评议结果为差或者不合格的不予加分。对属正常换届的，任满一学期，能履行职责的，按该职务的分数一半加分。已在第六条（二）（三）加分的学生完成职责范围内的工作不能重复加分。

（五）学年度因表现突出，被评为校级以上先进个人的，国家级、省级、市级、校级分别加8分、6分、3分、2分。被评为校、院级各类活动"积极分子"的加1分、0.5分。

（六）获"优良学风班"、"优秀团支部"、"学习型班级"、先进班集体（含军训）的集体成员每人加1分。

（七）以班级为单位组织参加各类比赛（主题班会、诚信月等）获一、二、三等奖的参与者，校级分别加0.6分、0.5分、0.4分，院级分别加0.3分、0.2分、0.1分。以团支部为单位参加广东省"活力在基层"主题团日竞赛（万申报、千入围、百优、灯塔团支部、最佳项目、最具人气项目等）获奖的参与者，省级分别加0.5分、0.8分、1.2分、1.5分、2分、2分。

第七条 德育的扣分。

（一）未经请假批准而在政治学习、组织生活、升国旗仪式等按规定应参加的集体活动中缺席的，每次扣1分。

（二）有弄虚作假、剽窃他人成果、骗取荣誉或经济资助等行为，视其情节扣 12 分以上。

（三）参加非法组织和非法集会、游行，乱张贴大小字报，散布谣言，扰乱社会秩序者，视其情节扣 20 分以上。

（四）违反学校规定，破坏学校水电设施等行为，每次扣 1 分，同一学年度内多次破坏学校水电设施或情况严重的，扣 4 分。

（五）除上述内容外，凡有违反党纪团纪，违反学校规章制度，违背社会公德现象或有不文明等行为，受口头批评扣 1 分、通报批评扣 2 分、警告扣 4 分、严重警告扣 6 分、记过扣 12 分、留校察看或留党留团察看扣 20 分、开除党籍团籍扣 40 分。

第三章　智育（学业表现）

第八条　智育（学业表现）测评成绩由基本分（90 分）、附加分（10 分）、扣分三部分累计构成。计算方式：总分＝基本分＋附加分－扣分。

第九条　学业基础分 90 分，包括本专业全部课程成绩。总评成绩按实际分数计算，如科目按五级制"优秀、良好、中等、及格、不及格"转换为分数为：

五级制	优 秀	良 好	中 等	及 格	不及格
绩点	4.5	3.5	2.5	1.5	0
分数	95	85	75	65	0

必修课和限选课重修的课程按实际修读学期的成绩计分。学业基本分的计算公式为：
$$\sum（单科成绩 \times 该科学分）÷ \sum 学分 \times 0.9。$$

第十条　智育（学业表现）的附加分为 10 分，超过 10 分者按 10 分计。

（一）本学年内取得发明专利者加 5 分，其他专利及软件著作权者加 2 分。

（二）本学年内在核心学术期刊（含外文期刊）上发表学术论文或成果的，每篇加 5 分，在非核心学术期刊（有 CN 刊号）上发表学术论文或成果的，每篇加 2 分；参与国家、省、市、校级课题并结项完成者，分别加 3 分、2 分、1.5 分、1 分。同一作品多次发表的，计分就高不累加。同一作品（项目）有多名完成人，以"韩山师范学院"为完成单位的集体作品（项目）按 2 倍分值，个人作品（项目）按 1 倍分值，由作品（项目）负责人进行加分分配。

（三）本学年内非计算机专业参加计算机水平等级考试，成绩合格者加 0.4 分。参加普通话测试，取得二级乙等加 0.4 分，二级甲等以上加 0.6 分。非英语专业参加大学英语四六级考试，四级成绩合格（425 分及以上）者加 0.4 分，六级成绩合格（425 分及以上）者加 0.6 分。英语专业参加专业英语四八级考试，四级成绩合格者加 0.4 分，八级成绩合格者加 0.6 分。

（四）参加教师资格证考试（幼儿园、小学、中学、中职）且面试成绩合格加 5 分。参加其他国家承认的职业技能考试，成绩合格获得证书者加 2 分。

（五）在本专业相关的各级文化科技、专业技能竞赛中获得一、二、三等奖，国家级的分别加 6 分、5 分、4 分；省级的分别加 3 分、2.5 分、2 分；市（分区）级的分别加 2.5 分、2 分、1.5 分，校级的分别加 1.5 分、1.2 分、1 分，院级的分别加 1 分、0.8 分、0.6 分；各类协会举办的对照相应级别降一级加分。不同级别不同场次的现场比赛获奖累计加分；其他非现场比赛或一次比赛多级评奖的计分就高不累加。

经学校推荐入选国家级、省级、市(分区)级比赛的分别加1分、0.5分、0.3分,经学院推荐入选校级比赛的加0.2分;各类协会举办的对照相应级别降一级加分。

已经在学科成绩中加分的获奖项目,不重复加分。

第十一条 智育(学业表现)的扣分。

(一)每旷课一节扣0.5分,迟到或早退一次扣0.2分。

(二)无故不交作业,抄袭他人作业,不参加教学实验活动,每次扣1分。

(三)违反课堂纪律、考场纪律、晚自修规定,违反教室、实验室、图书馆管理规定等,造成教学设备损坏的行为,根据情节和后果,每次扣1~5分。

(四)必修课每无故缺考或取消考试资格1门扣1分。

第四章 体育

第十二条 体育测评成绩表现由基本分(70分)、附加分(30分)、扣分三部分累计构成,计算方式:总分=基本分+附加分-扣分。

第十三条 体育表现的基本分为70分,据国家学生体质健康标准测试总评成绩等级计分:体测成绩达良好及以上的(成绩≥80分)计70分;体测成绩及格的(80分>成绩≥60分)计60分;体测成绩合格的(60分>成绩≥50分)计40分,体测成绩不合格的(成绩<50分)计0分。确实丧失运动能力、被免予执行《国家学生体质健康标准》的残疾学生,按40分计;因其他原因未参加体测者按不合格等级执行,计0分。

第十四条 体育表现的附加分为30分,超过30分者以30分计。

(一)学校运动队的队员,按规参训并完成任务,经学校体委会认定,每学年最高可加4分;未完成训练任务者,酌情减分。

(二)在各级体育比赛中获得一、二、三等奖,国家级的分别加30分、26分、20分,省级的分别加15分、12分、10分,市(分区、分站)级的分别加7分、6分、5分,校级的分别加5分、4分、3分,院级的分别加3分、2分、1分;各类协会举办的对照相应级别降一级加分。不同级别不同场次的竞技类比赛获奖累计加分;非竞技类比赛获多项奖项的,计分就高不累加。

(三)经学校选拔参加政府主管部门组织的国家级、省级、市级(分区、分站)比赛而未获奖的分别加8分、4分、2分;经学院推荐参加校级比赛而未获奖的加1分。各类协会举办的对照相应级别降一级加分。

(四)参加各类商业性质的体育活动,不能加分。参加体育活动的后勤服务工作在劳育表现附加分中加分。

第十五条 体育的扣分。

未经请假批准不参加学校、学院组织的各项体育活动,每缺1次扣1.5分。

第五章 美育

第十六条 美育测评成绩由基本分(60分)、附加分(40分)、扣分三部分累计构成,计算方式:总分=基本分+附加分-扣分。

第十七条 美育素质基础分为60分,主要包括以下六项内容,每项满分为10分。

坚持以社会主义核心价值观为引领,弘扬中华优秀传统文化、革命文化、社会主义先进文化,树立正确的历史观、民族观、国家观、文化观,增强文化自信。

树立正确的审美观念,陶冶高尚的道德情操,塑造美好心灵,拥有自尊自信、理性平和、积极向上的健康心态。坚持言行雅正,自觉抵制各种低级趣味活动如"黄赌毒"等。

完成公共艺术课程(包括音乐鉴赏、美术鉴赏、乐理与视唱练耳等)和通识必修课学习,成绩合格。

主动参与涉及艺术、自然、科学、社会、文化等方面的美育教育,积极参加校、院、班组织的参观书画馆、书法馆或博物馆等艺术场馆活动,积极参加美育主题班会或艺术实践活动。

积极参加校园文化活动,培养健康高雅的艺术爱好。

积极参加美育类社会服务或公益活动,在活动中提高艺术素养。

第十八条 美育素质附加分为 40 分,超过 40 分者以 40 分计。

参与高校美育浸润行动计划、原创文化精品推广行动计划的队员,经相关部门证实,每学年分别加 6 分。

参加学校艺术团训练的队员,按规定参加训练并完成训练任务,经相关部门证实,每学年分别加 4 分,未达到全年训练任务的,按时间酌情减分。

参加学校特色人才培养班,修满一学年课程并顺利通过考核的,加 6 分。

在各级文化艺术类比赛(包括音乐、美术、书画、舞蹈、戏剧、戏曲、影视、摄影、征文、朗诵、演讲、主持、辩论、演唱、阅读等)中获一、二、三等奖,国家级的分别加 30 分、26 分、20 分,省级的分别加 15 分、12 分、10 分,市(分区)级的分别加 7 分、6 分、5 分,校级的分别加 5 分、4 分、3 分,院级的分别加 3 分、2 分、1 分;经学校选拔参加国家级、省级、市(分区)级比赛而未获奖的,分别加 8 分、4 分、2 分;经学院推荐参加校级比赛而未获奖的加 1 分。各类协会举办的对照相应级别降一级加分。不同级别不同场次的现场表演类比赛获奖累计加分;同一作品、节目获多项奖励,计分就高不累加。

由学院、学校选派参加各级文化艺术演出的,国家级、省级、市级、校级、院级分别加 12 分、8 分、4 分、2 分、1 分;表演项目获奖已在第十八条(四)中加分的,不得在本项重复加分;参加商业性质的文艺活动不能加分。参加文艺活动的后勤服务工作在劳育表现附加分中加分。

在校内外主流媒体、微信公众号、报纸等官方平台发表文章和新闻稿件的,经相关单位证实,国家级、省级、市级、校级(包括校网、校报、校刊、校公众号等)、院级(包括院网、院报、院刊、院公众号)分别加 4 分、3 分、2 分、1.5 分、1 分;同一稿件获多次发表,计分就高不累加。同一作品(稿件)有多名完成人,以"韩山师范学院"为完成单位的集体作品(稿件)按 2 倍分值,个人作品(项目)按 1 倍分值,由作品(项目)负责人进行加分分配。

第十九条 美育的扣分。

(一)从事或者参与有损大学生形象、有悖社会公序良俗的活动,每次视情况扣 2~10 分。

(二)未经请假批准不参加校、院、班统一组织的艺术类活动、校园文化活动等,每次扣 1.5 分。

第六章 劳育

第二十条 劳育测评成绩由基本分(60 分)、附加分(40 分)、扣分三部分累计构成,计算方式:基本分+附加分-扣分。

第二十一条 劳育素质基础分为 60 分,主要包括以下三项内容,每项满分为 20 分。

(一)认真学习马克思主义劳动观教育,树立正确的劳动观,理解劳动能够创造价值,具有劳动自立意识和主动服务他人、服务社会的情怀。

（二）积极参加学院的个性化劳动,具有认真负责、吃苦耐劳的品质;积极参与志愿服务活动,在劳动中能够深刻认识劳动的意义,端正劳动态度,增强劳动观念,具有奉献精神。

（三）积极参加公共场所集体劳动,树立正确的劳动价值观念,强化劳动精神,形成劳动习惯,铸造勤劳品格;参与学生宿舍卫生劳动,讲究卫生,爱护宿舍公共物品,具有集体意识,宿舍卫生情况考核合格。

第二十二条 劳育素质附加分为 40 分,超过 40 分者以 40 分计。

（一）参加志愿服务、勤工助学活动。

1. 参加由校内各部门、二级学院以及国家、省、市各级部门统一组织的义教、义劳及其他形式志愿服务活动及校内勤工助学,经相关单位证实,每次加 0.2 分,累计加分上限为 8 分。

2. 参加寒暑假三下乡社会实践活动,每人每次加 2 分;所在服务队获得"优秀服务队"、"先进社会实践队"、"优秀项目"等称号,国家级、省级、市级、校级分别在原基础分上每人再加 8 分、6 分、4 分、2 分。

3. 参加社会调研且撰写的社会调查报告获一、二、三等奖,国家级的分别加 30 分、26 分、20 分,省级的分别加 15 分、12 分、10 分,市（分区）级的分别加 7 分、6 分、5 分,校级的分别加 5 分、4 分、3 分,院级的分别加 3 分、2 分、1 分。奖项加分就高不累计。

4. 为集体活动做服务工作,经相关单位核实后按服务时长和强度每项（次）加 0.1~0.4 分。

（二）文明宿舍创建活动

1. 获得校级、院级优胜宿舍,分别每次每人加 0.5 分、0.2 分。

2. 获得校级优秀党员宿舍,该室党员（负责人）加 1 分,同宿舍其余每人加 0.5 分。

第二十三条 劳育的扣分。

（一）在参加志愿服务、勤工助学活动中敷衍了事,完成质量差,每次扣 1 分。

（二）不按时提交社会实践调查报告,每次扣 1 分。

（三）未经请假批准不参加班级或宿舍承担的公共场所劳动,每人每次扣 1.5 分。

（四）宿舍卫生考核结果不达标,该宿舍每人每次扣 1 分。

（五）在宿舍检查中查到违规电器或拒绝接受宿舍检查,相关人员每人每次扣 1.5 分。

（六）被列为"警告宿舍",该宿舍每人每次扣 2 分。

第七章 评审程序

第二十四条 每学年结束后（毕业班在该学年度的第一学期结束后）,学生必须实事求是地按测评的五项内容作出总结,并填写各项基本分、附加分、扣分,由班主任和学生代表组成的班测评小组,负责评议核实各项分数,报学院测评领导小组审核;各学院成立由党政领导班子成员、辅导员、班主任及学生代表组成的测评领导小组,负责全面审核各班测评成绩,审核后,在全院范围内进行公示,学生可提出质疑,如确有异议,学院测评领导小组应予以重新审核,并公布第二榜。

第二十五条 对在综合测评中弄虚作假者,一经查实,给予批评教育直至纪律处分,取消其当年度一切评优资格。

第八章　附则

第二十六条　各二级学院可根据本办法,结合本单位的实际情况,对学生德、智、体、美、劳等方面的加分和扣分制订施行细则并报学生处备案。

第二十七条　本办法由学生处负责解释。

第二十八条　本办法自颁布之日起施行,学校原《韩山师范学院学生综合测评实施办法》(粤韩师〔2017〕180号)同时废止。

附录 C　韩师慕课学习通建课指引

一、主要流程

韩师慕课主要流程见附图1。

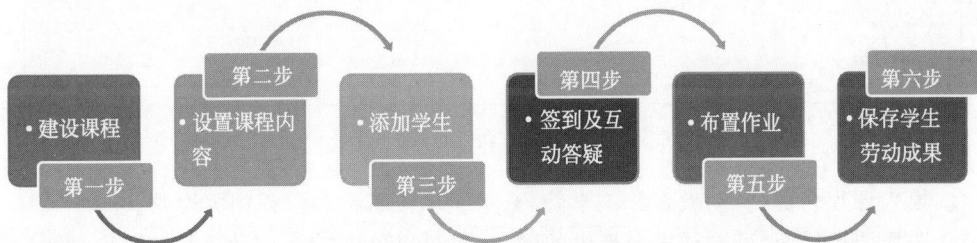

附图1　韩师慕课学习通劳动教育课程建课流程

二、操作指南

1. 建设课程

(1)登录韩师慕课学习通教学平台网址 http://hstc.fanya.chaoxing.com,见附图2。

附图2　韩师慕课学习通教学平台

如果已绑定手机号可直接登录,如果使用工号/学号登录,请选择"其他方式登录"选择所在单位登录(浏览器首选谷歌、火狐、360浏览器,建议定期清除浏览器缓存,体验会更流畅)。

(2)新建课程。教师进入空间后,选择"我教的课",单击右上方"创建课程"按钮或者点击白色框内的"＋"号即可进入新建课程界面,见附图3。

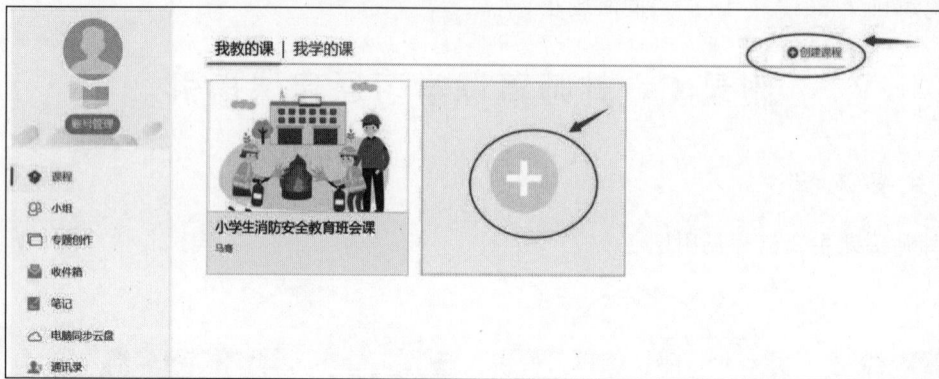

附图3　新建课程

① 填入课程名称《劳动教育(＊＊学院)》、组织单位名称和课程相关说明。

② 选择课程封面,可选择平台提供的图片,也可以单击"上传文件"上传图片,见附图4。

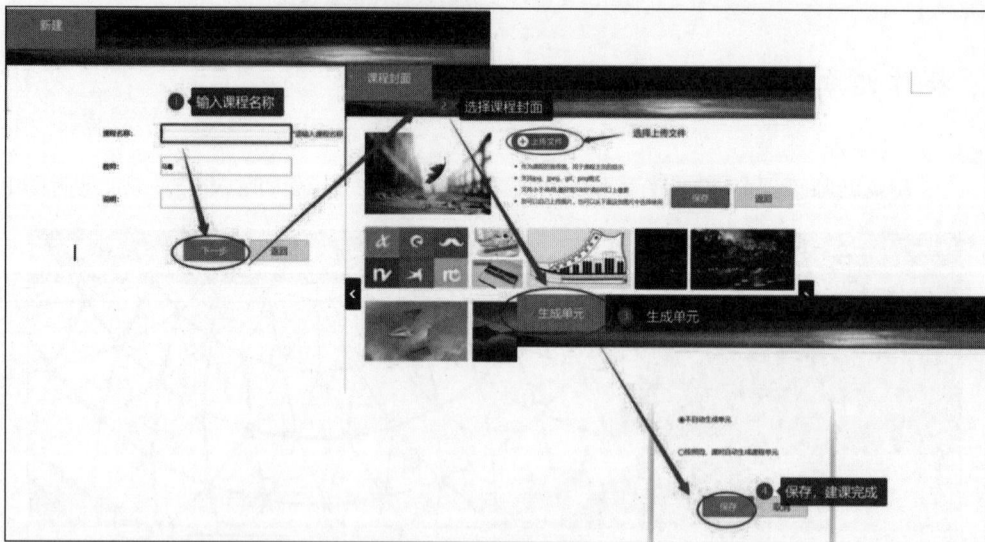

附图4　设置课程信息

③ 单击课程选择按照周、课时自动生成课程单元,也可以选择不自动生成课程单元,在稍后进入课程编辑后再自行设置。

2. 设置课程内容

(1)进入课程空间,单击"编辑",进入如下界面。可以编辑课程章节内的具体内容。

设立两大章节,分别为《个性化劳动》及《集体劳动》,见附图5～附图7。

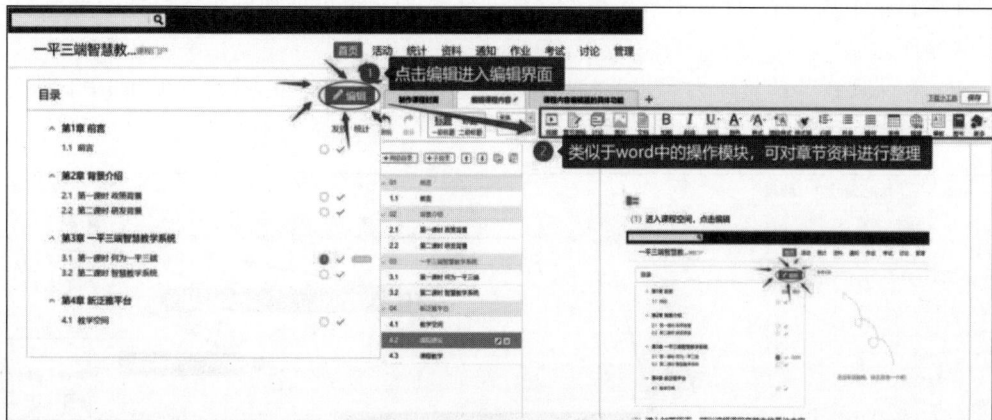

附图 5　添加课程学习章节

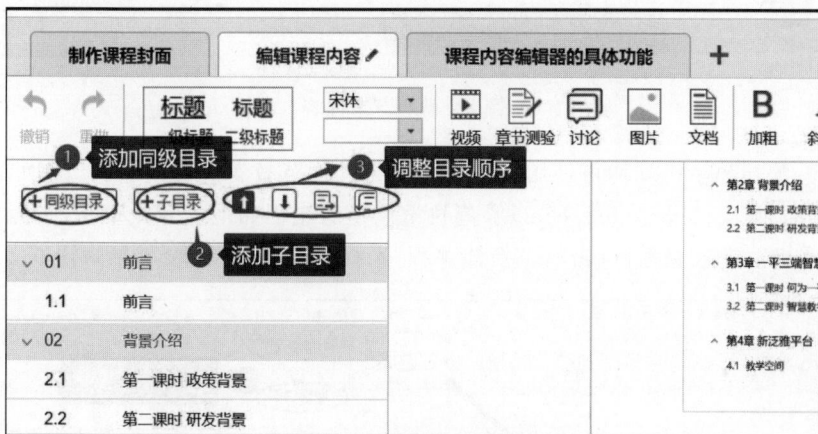

附图 6　课程章节调整

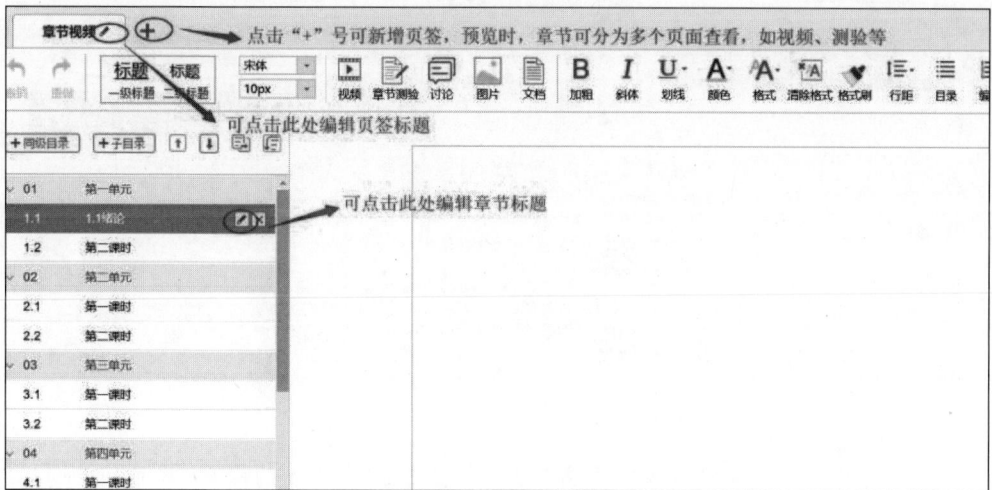

附图 7　编辑章节标题

在编辑章节内容前,可对章节名称及页签进行管理。也可增加同级章节和子章节,并调整目录顺序。

(2) 对课程章节的具体内容进行编辑制作,也可以上传课程的视频资源和 PPT 课件及其他资源,见附图 8。

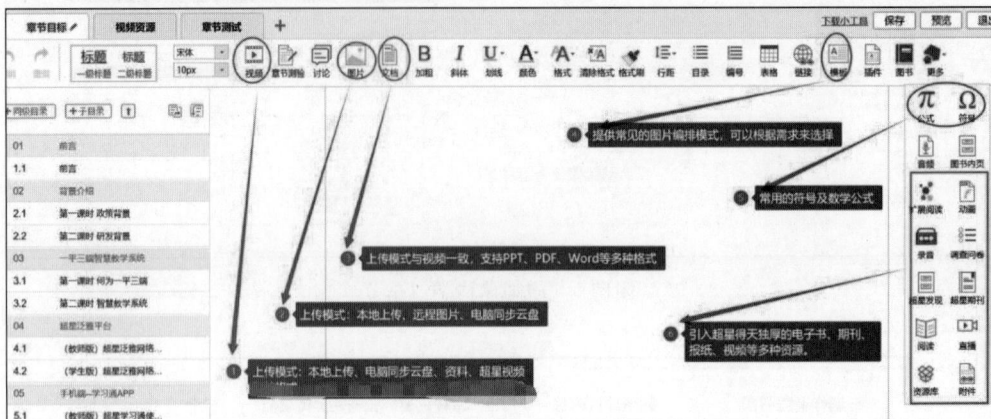

附图 8　编辑章节内容

此外,电脑端和手机端均可使用"学习通"提供的示范教学包快速建课。例如,手机端安装"学习通"应用(app. chaoxing. com)示范教学包建课流程如下。

① 在手机上进入课程,点击"＋"新建课程,选择示范教学包建课,见附图 9。

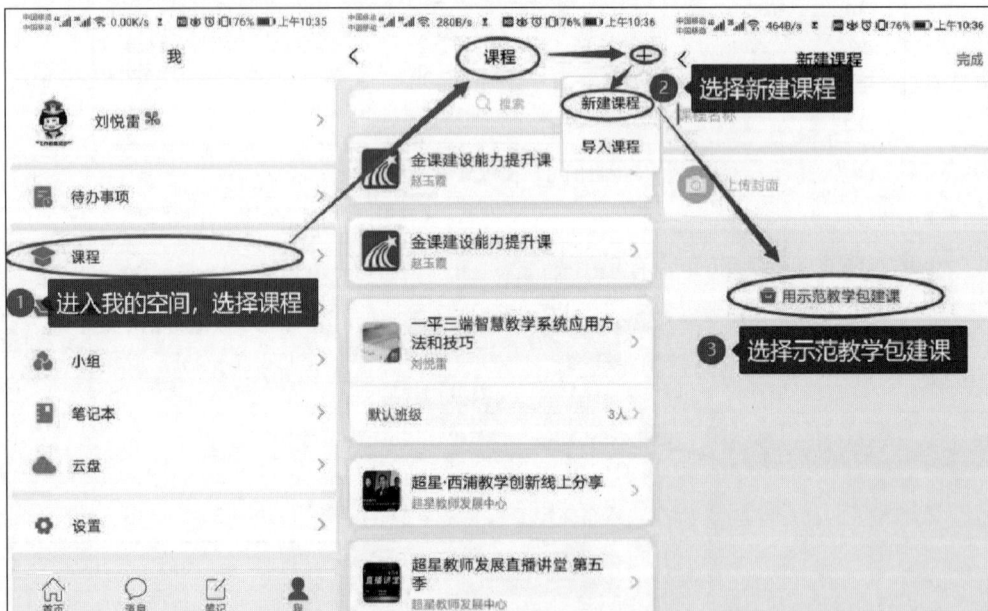

附图 9　韩师慕课学习通手机端建课

② 进入示范教学包门户,单击上方"搜索",搜索您所教授的课程,找到后:选择"建课",单击"完成",即可在课程界面中看到所建的课程(如果搜索不到就说明该门课程目前还没有完善好,建议采用方法一电脑端自建课程),见附图 10。

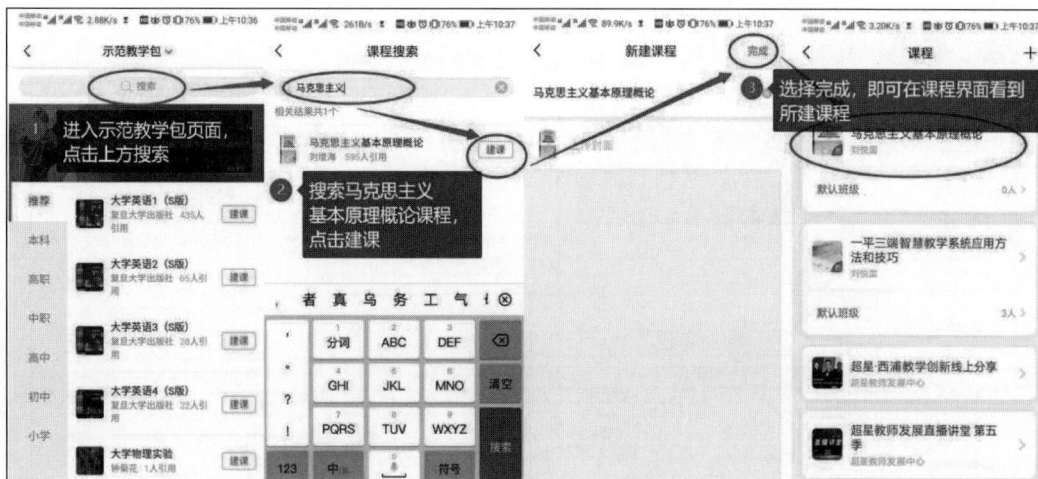

附图 10　使用示范教学包建课

③ 进入课程门户,可以查看及修改所有的课程资料:教案、章节资源、资料以及作业、考试等教学资源,见附图 11。

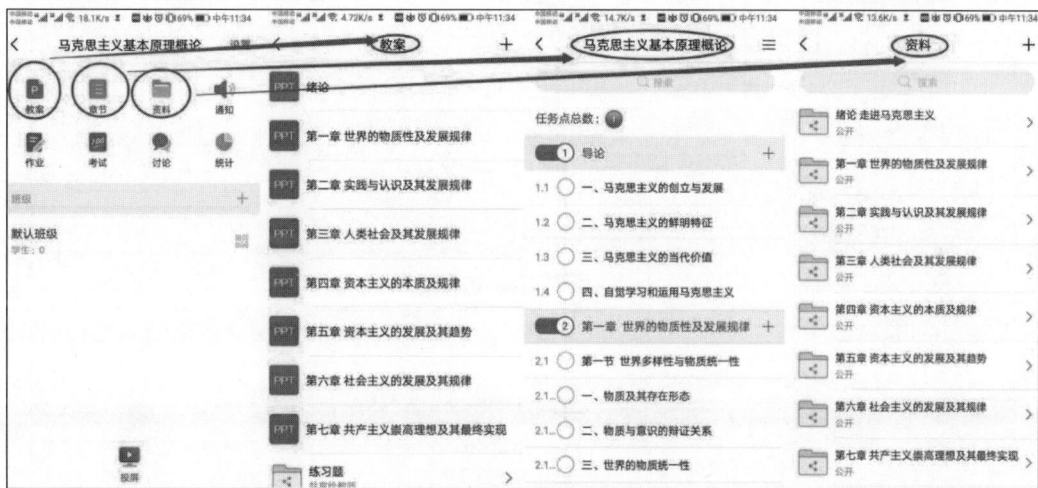

附图 11　课程功能模块

3. 添加学生

方式一:电脑 PC 端

(1) 进入本校网络教学平台,登录后,单击进入已经建设好的课程,见附图 12。

(2) 单击"管理",在班级管理内,新建班级,见附图 13。

(3) 导入学生信息。

已下载学习通的学生可扫班级二维码或者输入邀请码加入,见附图 14。

添加学生名单,见附图 15、附图 16。

批量添加名单,见附图 17、附图 18。

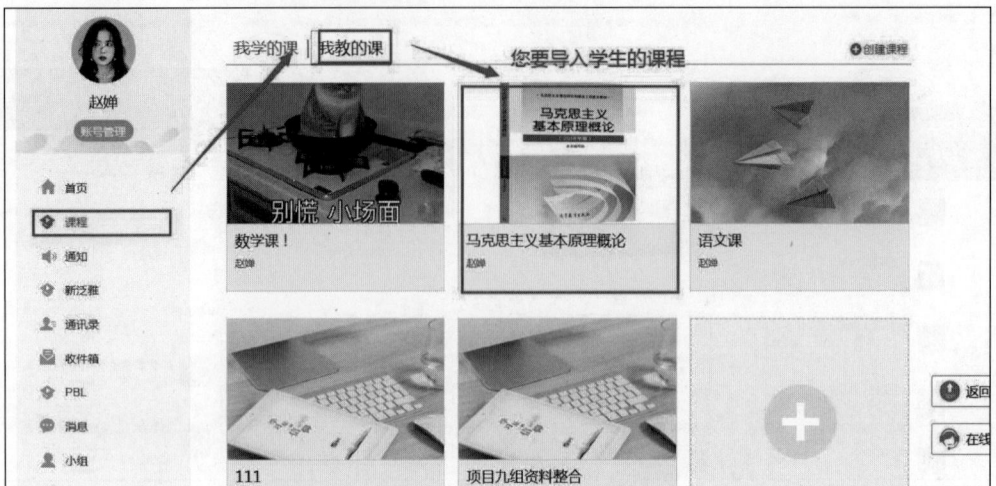

附图 12　教师课程列表

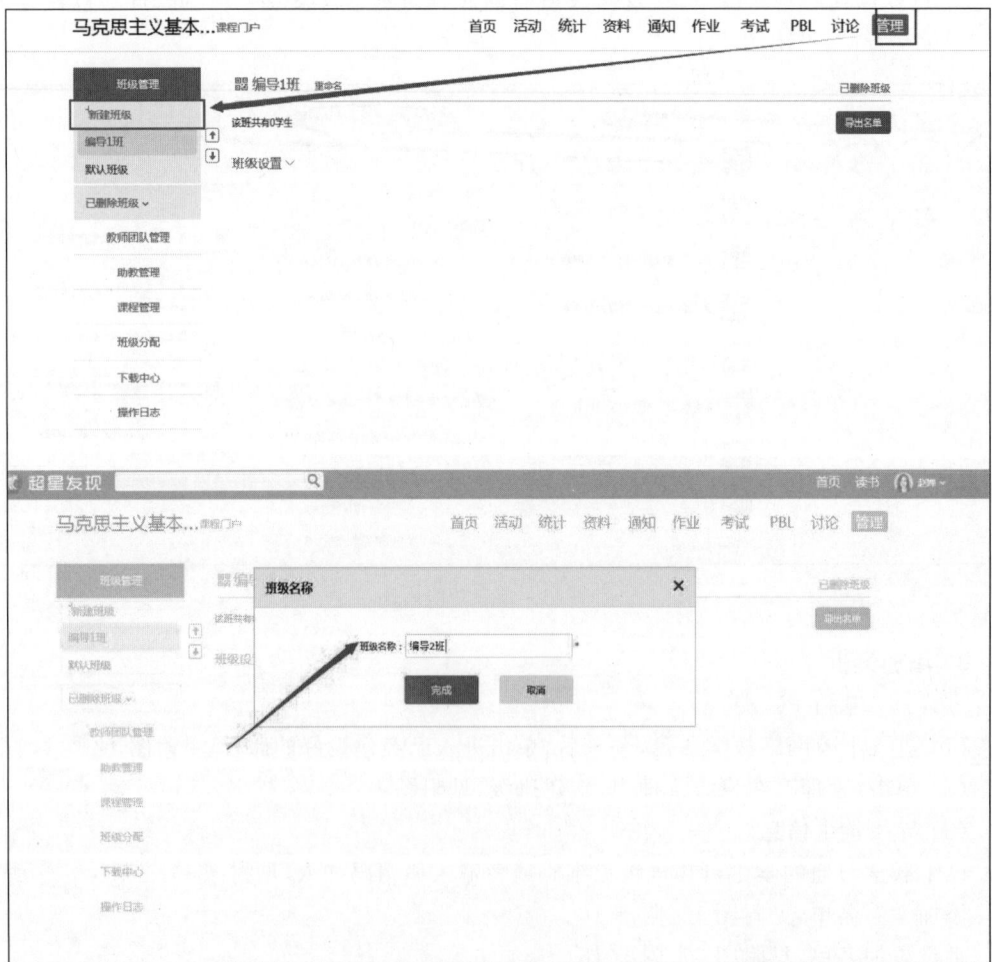

附图 13　创建班级

附图 14　学生加入课程邀请码

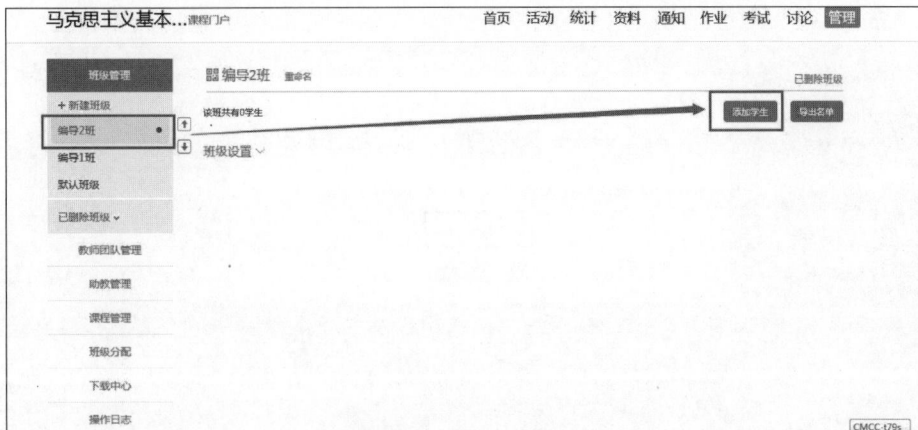

附图 15　添加学生名单

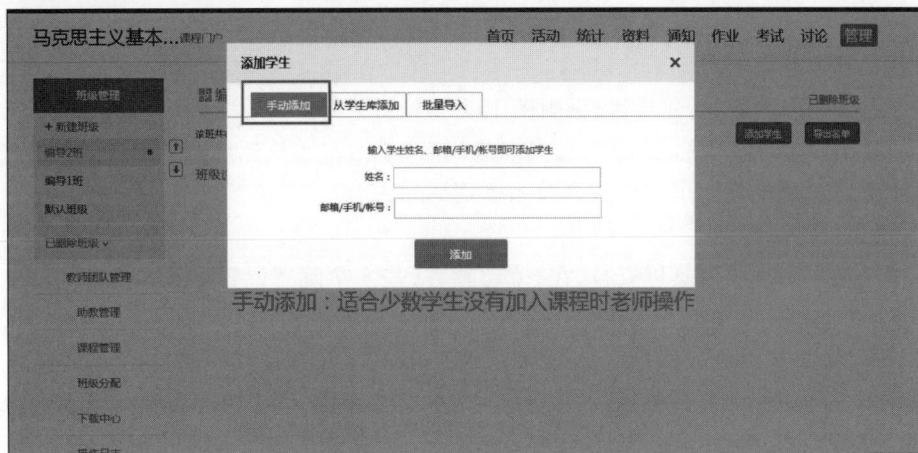

附图 16　添加单个学生名单

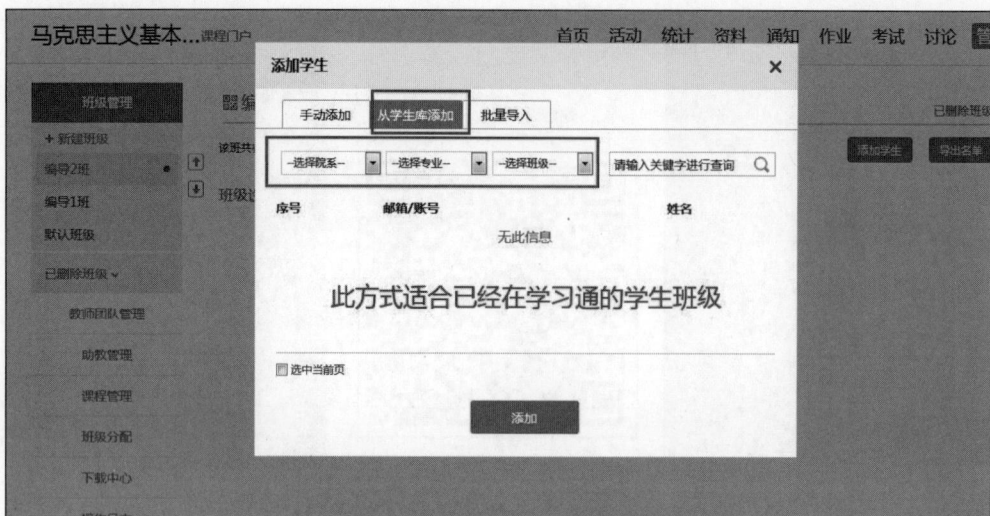

附图 17　批量添加学生名单

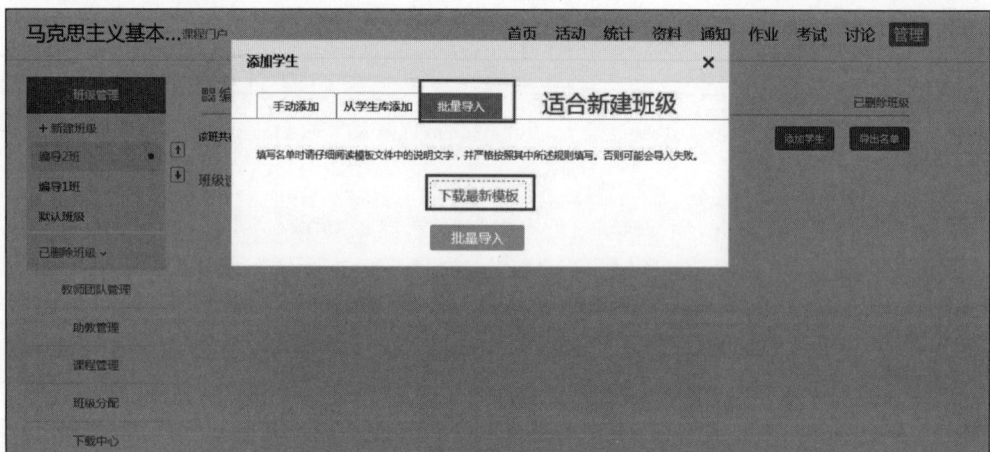

附图 18　批量导入学生名单

方式二：学习通

（1）进入我的课程，新建班级，见附图 19。

（2）单击新建班级后的二维码，放大二维码后，单击右上角分享给学生，见附图 20。

已下载学习通的学生可扫码或者输入邀请码加入。

4. 签到及互动答疑

二级学院可根据学院具体安排，在"劳动教育（××学院）"课程中设置签到、讨论、作业等内容，个性化和集体性劳动占比须超过 80%，见附图 21。

5. 布置作业

在线发放作业等课程考核任务，或者在章节中设置测验作业提交入口，以便学生提交劳动成果，见附图 22、附图 23。

附图 19　新建班级

附图 20　学生加入班级邀请码

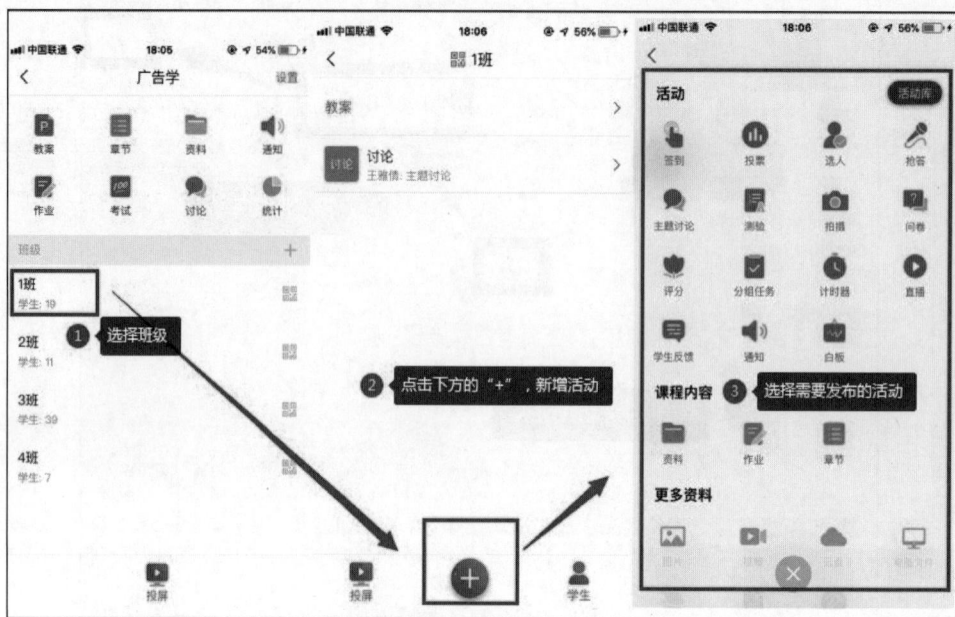

附图 21　手机端课程功能

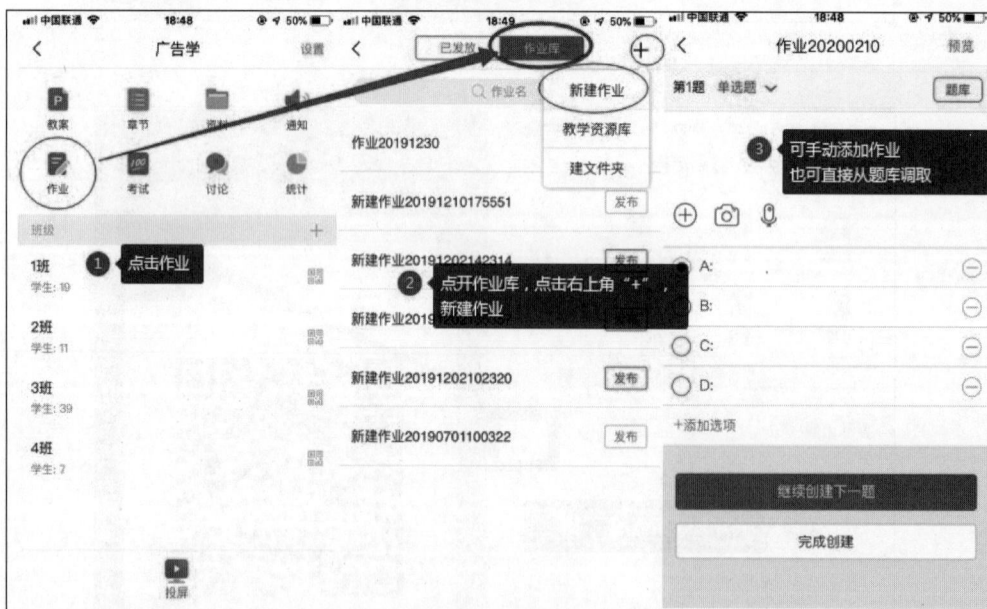

附图 22　布置作业

6. 保存学生劳动成果

（1）登录学校超星网络教学平台，筛选学期后进入课程空间。

（2）单击课程封面，进入课程主页面-作业区。

（3）选择班级后，展示本班发布的所有作业，单击"查看"作业，见附图 24。

（4）进入作业页面，可导出作业成绩，通过"导出作业附件"即可导出作业详情。

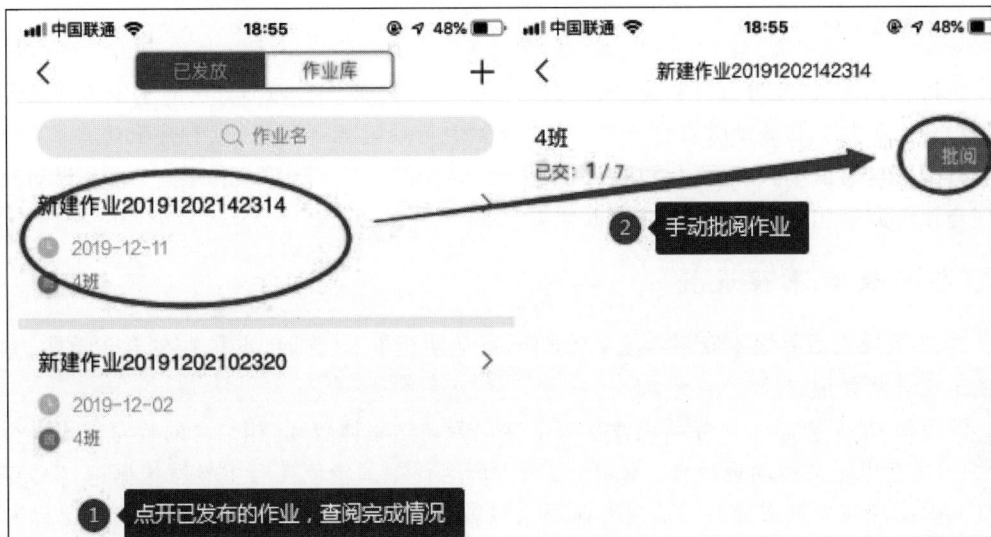

附图 23　作业管理

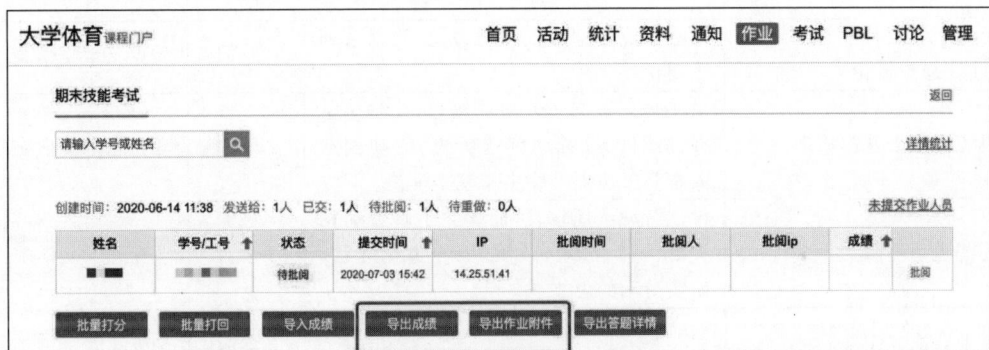

附图 24　成绩和学生作业管理

附录 D　韩山师范学院教务处文件

粤韩师教〔2022〕91 号

韩山师范学院劳动教育课程
评价方法（2022 年修订）

　　为贯彻落实中共中央、国务院《深化新时代教育评价改革总体方案》《关于全面加强新时代大中小学劳动教育的意见》,教育部《大中小学劳动教育指导纲要(试行)》,《广东省教育厅关于进一步推进大中小学劳动教育的通知》及《韩山师范学院贯彻落实＜深化新时代教育评价改革总体方案＞工作方案》《韩山师范学院加强劳动教育实施方案(试行)》等文件精神,加强劳动教育评价,推进学校劳动教育工作质量,结合实际,制定本方法。

一、指导思想

坚持立德树人,充分发挥教育评价的指挥棒作用,完善具有韩师特色的基于劳动素养的劳动教育清单制度和劳动教育评价机制,健全学生劳动素养评价标准、程序和方法,实施劳动教育学分学时清单管理,强化过程评价,强化专业教育与劳动教育相融合,推进劳动教育管理与评价数字化,完善劳动教育育人体系。

二、劳动教育课程设置

2022 级及之后年级本专科学生:1 学分,每学期至少 32 学时,本科生在第 8 学期、专科生在第 6 学期登记成绩。

课程采取"马克思主义劳动观教育＋个性化劳动＋集体劳动"相结合的教育方式进行。

1. 马克思主义劳动观教育。依托《习近平新时代中国特色社会主义思想概论》《马克思主义基本原理》《思想道德与法治》《专业导论》《就业指导》《创新创业基础》等六门课程专设劳动教育模块,并开设"劳模工匠进校园"系列讲座,实行学时制,至少 14 学时。

模　块	要　求	学时	牵头单位
《习近平新时代中国特色社会主义思想概论》	设立习近平总书记关于劳动教育系列重要论述	2 学时	马克思主义学院
《马克思主义基本原理》	设立马克思主义劳动观教育,让学生掌握创造世界、劳动创造历史、劳动创造人本身等历史唯物主义基本理论	2 学时	马克思主义学院
《思想道德与法治》	设立劳动法规教育,让学生了解劳动相关的法律、法规、政策,倡导遵纪守法、诚实劳动的思想	2 学时	马克思主义学院
《专业导论》	设立劳动教育课程解读,让学生了解课程目标和要求	2 学时	二级学院
《就业指导》	设立就业观和爱岗敬业观教育,让学生了解当前社会职业需求、就业前景,树立正确的就业思想	2 学时	学生就业指导中心
《创新创业基础》	设立创业就业观教育内容,引导学生参加创新创业教育和实践训练,提升创新意识	2 学时	创新创业学院
劳模工匠进校园讲座	开设劳动模范、工匠、杰出校友等讲座,让学生在校园聆听劳模故事,激发爱国热情	2 学时/每场	教务处、二级学院

2. 个性化劳动。强化劳动教育与学生发展相结合,劳动教育与专业教育相结合,个性化劳动内容包括学生参与的生产劳动和服务性劳动项目。

(1) 专业生产劳动实践。其中包含专业类课程实践实训、见习实习、顶岗支教、各类竞赛、创新创业项目、参与学术科研项目、助理班主任、课程助教、美育体育浸润计划、农耕基地示范项目等。

(2) 社会服务志愿实践。每生大学期间必须参与志愿服务活动(指向团委报备登记的服务公共场所、勤工助学或开展社会性公益活动),原则上志愿服务时长满30小时以上(以i志愿系统上登记志愿服务时长为准),社会服务志愿实践达标标准由计分数据来源单位制定。

3. 集中劳动。开展"文明公共场所""文明宿舍"创建活动,展现学生风采,树立"一室之不治,何以天下家国为"的理念。

(1) 公共场所劳动教育。公共场所劳动可以是"文明教室"创建劳动或者实验室、体育场馆等公共场所劳动。每个自然班必须承担至少一学年的公共场所劳动,并开展"文明公共场所"创建活动。

(2) "文明宿舍"创建活动。每生大学期间必须参与学生宿舍卫生劳动,学生宿舍劳动以常规考核、突击考核相结合的方式,学生宿舍卫生考核情况作为集中劳动学分获取的依据。每次学生宿舍卫生情况考核结果分A、B、C 3个等级,其中,85分以上为A级,60至85分为B级,60分以下为C级,按1个A等同于2个B计。原则上本科生取得16个达标(即B级)成绩、专科生取得12个达标成绩。文明宿舍达标标准由计分数据来源单位制定。

三、评价程序

1. 过程性评价:按照"马克思主义劳动观教育+个性化劳动+集体劳动"分项评分,必须有评分依据和评分记录。

2. 总结性评价:采取百分制,按马克思主义劳动观教育(20%)、个性化劳动(40%)、集体劳动(40%)比例计算。

3. 劳动教育学分登记:每学期劳动教育学时满足32学时要求,可登记劳动教育学分;总结性评价作为课程期末成绩录入教务系统,即平时(0%)、期末(100%);如不及格,成绩记为0分,并告知学生具体情况。二级学院负责学生劳动教育学分登记。

4. 补考和重修:劳动教育课程纳入补考重修机制;补考成绩记录全部任务总成绩。重修则再次修读不达标任务。劳动教育学时不满足每学期32学时要求的,可在学分登记学期修满足够学时。

5. 特殊情况按学校规定执行,如休学、缓考等。

四、评价标准

过程性评价项目		计分方法	学时计算	计分数据来源单位
马克思主义劳动观教育(20%)		所依托课程全部合格且至少参加一次讲座得20分;未完成则记总评不合格。	至少14学时	教务处
个性化劳动(40%)	专业生产劳动实践(25%)	专业类课程融合计15分,其它类别计10分。	参考附件1	教务处、二级学院
	社会服务志愿实践(15%)	志愿时数达标得满分;不达标则记总评不合格。	每志愿时数计1.5学时	团委、二级学院

续表

过程性评价项目		计 分 方 法	学时计算	计分数据 来源单位
集体 劳动 （40％）	公共场 所劳动 （25％）	至少一学年，不足的则记总评不 合格；组织单位和二级学院各 50％评分；全部任务合计后取平 均分计分。	10学时/每学期	二级学院、相关职能 部门
	文明 宿舍 （15％）	必须全部达标；不达标则记总评 不合格；取全部任务平均分 计分。	6学时/每学期	学生处

注：采用百分制计分；社会服务志愿实践和文明宿舍达标标准由计分数据来源单位制定；专升本等特殊学制专业由计分数据来源单位制定；专业生产劳动实践计分规则由二级学院制定。

五、工作要求

1. 各单位劳动教育工作领导小组要高度重视劳动教育工作，统筹做好劳动教育清单管理（附件2、附件3），组织专业特色劳动教育活动，确保每学期至少32劳动教育学时，做好评价工作组织，充分调动劳动教育教师队伍积极性，向学生解读清楚评价要求，督促学生完成劳动清单任务，确保劳动教育成效。

2. 要重视过程性评价及课程档案存档管理，建立诚信机制，落实写实记录抽查制度，对弄虚作假者在评优评先方面一票否决，性质严重的应依法依规严肃处理。

3. 劳动教育学时较多并有突出表现的学生，推荐评选劳动教育先进表彰。

六、其他说明

1. 本方法由教务处负责解释。

2. 本方法适用于2022级及之后年级本专科学生，与高职联合培养学生可参照执行。

附件：1.专业生产劳动实践学时计算参考方法

2.学生劳动教育学分学时清单

3.学生学期劳动教育学时清单

韩山师范学院教务处

2022年9月9日

附录 E 韩山师范学院劳动教育课程评价方法
（2022 年修订）相关附件

附件 1

专业生产劳动实践学时计算参考方法
（具体计算方法由二级学院制定，报教务处备案）

1. 专业类课程：专业类实践课程、见习实习按实际学时计算，以周为单位的每周计 40 学时，最高不超过 64 学时，纳入课程由二级学院指定。

2. 顶岗支教：按 64 学时计算。

3. 各类竞赛：单个国家级获奖项目计 10 学时、省级计 5 学时、校级计 3 学时，由指导教师或学生所在学院出具学时分配证明。

4. 创新创业项目：单个已结题的国家级项目计 10 学时、省级 8 计学时、校级计 5 学时，凭创新创业学院开具的结题证书（证明），由全部指导老师出具学时分配证明。

5. 参与学术科研项目：项目负责人出具实际工作学时，1 天最高不超过 8 学时。

6. 助理班主任、课程助教：班主任、课程负责人出具实际工作学时，1 天最高不超过 8 学时。

7. 美育体育浸润计划、美育特色人才培养班：按每半天 4 学时计算。

8. 农耕项目等示范项目：按 16 学时/学期计算。

9. 其他：提交申请报告及佐证材料。

附件 2

学生劳动教育学分学时清单

项目类别		劳动教育项目	完成学期	学时	成绩	评定单位
马克思主义劳动观教育（20%）						
个性化劳动（40%）	专业生产劳动实践（25%）					
	社会服务志愿实践（15%）					

续表

项目类别		劳动教育项目	完成学期	学时	成绩	评定单位
集体劳动(40%)	公共场所劳动(25%)					
	文明宿舍(15%)					

注：二级学院可根据实际修改本表。

附件3

学生学期劳动教育学时清单

完成学期	项目类别	劳动教育项目	学时	成绩	评定单位
第一学期	马克思主义劳动观教育				
	个性化劳动				
	集体劳动				
学时合计					
第二学期	马克思主义劳动观教育				
	个性化劳动				
	集体劳动				
学时合计					
第＊学期	马克思主义劳动观教育				
	个性化劳动				
	集体劳动				
学时合计					

注：二级学院可根据实际修改本表。